Pobl y Ffordd
100 o Gristnogion Cymru

Alun Tudur

Hawlfraint yr argraffiad Cymraeg
© 2005 Cyhoeddiadau'r Gair
Cyngor Ysgolion Sul Cymru,
Ysgol Addysg, PCB,
Safle'r Normal,
Bangor, Gwynedd, LL57 2PX

Testun Cymraeg: Alun Tudur
Golygydd Cyffredinol: Aled Davies
Cysodwr: Ynyr Roberts

Dymuna'r cyhoeddwyr gydnabod cymorth
Adran Olygyddol Cyngor Llyfrau Cymru.

ISBN 1 85994 547 3

Argraffwyd yng Nghymru

Cyflwynedig i
Gwilym a Lowri
ac i'r genhedlaeth
nesaf y mae Duw
yn ei galw i'w waith.

Rhagair

Hoffwn ddiolch i Gyhoeddiadau'r Gair am y cyfle i baratoi'r gyfrol hon. Cefais flas ar y gwaith ac fe'm hatgoffwyd o rychwant eang a chyfoeth ein hanes Cristnogol unigryw fel Cymry ac o'r cymeriadau rhyfeddol a ddefnyddiwyd gan Dduw i ddwyn tystiolaeth i'w gariad a'i ras yn Iesu Grist. Y mae'r bobl hyn yn esiampl ac yn ysbrydoliaeth i ni fel Cristnogion Cymraeg i ddyfalbarhau â'r gwaith, i fyw i'r Arglwydd ac i gyhoeddi iachawdwriaeth yn ei enw. Y mae'r cymeriadau yn y gyfrol hon yn cynnwys amrywiaeth o wrêng a bonedd, y cyffredin a'r anghyffredin, y syml a'r doeth, yr amrwd a'r hoffus. (Gresyn nad ysgrifennwyd mwy dros y canrifoedd am gyfraniad merched i'n hanes Cristnogol. Adlewyrchir y diffyg hwn yn y nifer bychan o ferched a gynhwysir rhwng y cloriau hyn.) Mae'n bwysig atgoffa'n gilydd yn gyson o arwyr ffydd, gan ymfalchïo yn ein hanes yn hytrach na mabwysiadu arwyr estron yn slafaidd o dan bwysau cyfryngau torfol secwlar sy'n caru unffurfiaeth.

> Onid yw'r cofio'n cael ei adnewyddu'n barhaus,
> ac o genhedlaeth i genhedlaeth,
> fe dderfydd y dreftadaeth ei hun.
>
> *R. Tudur Jones*

Diolch o galon i'm teulu am eu hamynedd mawr dros y misoedd o ddarllen ac ysgrifennu, ac i aelodau Ebeneser, Caerdydd, am fod yn hirymarhous gyda'u gweinidog. Diolch hefyd i'r canlynol am eu cymorth mewn amrywiol ffyrdd: y Parch. Ddr Geraint Tudur, Dafydd Tudur, y Parchedigion Cynwil Williams, Denzil John; Herbert Hughes, Dr Noel Gibbard, Beryl Hall, Gwen a John Emyr, Petra Bennett a Dafydd Watkins; i ddarllenwyr pedair tudalen y papurau enwadol am ymateb ac i Dduw am iechyd i wneud y gwaith.

Rhestr Amseryddol – Pobl y Ffordd

Dewi Sant, ganed c. 520
Nawddsant Cymru

Arglwyddi, frodyr a chwiorydd, byddwch lawen a chedwch eich ffydd a'ch cred, a gwnewch y pethau bychain a glywsoch ac a welsoch gennyf fi.

Dewi Sant

Cadwai gŵr o'r enw Peulin, un o ddisgyblion Illtyd, ysgol ym Mhuliniog ger Narberth a'r Tŷ-gwyn-ar-Daf. I'r ysgol hon yr aeth Dewi i dderbyn addysg. Dywedid mai Sant, brenin Ceredigion, oedd tad Dewi, ac mai gwraig o'r enw Non oedd ei fam.

Y mae hanes fod genedigaeth Dewi wedi ei rhagfynegi gan angel a ymddangosodd i'w dad. Un diwrnod aeth Sant i hela ar lan afon Teifi a daeth o hyd i garw, pysgodyn a nyth gwenyn. Yn ôl gorchymyn yr angel rhoddodd ran o'r tri hyn yn rhodd i fynachlog gerllaw, a dywedid bod y tair rhodd yn arwyddo tair rhinwedd a fyddai'n perthyn i'w fab.

Yn ôl pob tebyg ganwyd Dewi tua'r flwyddyn 520 mewn bwthyn a enwyd yn ddiweddarach yn Gapel Non. Bedyddiwyd ef mewn ffynnon gerllaw a chafodd ei addysg gynnar yn Henfynwy cyn mynd i ysgol Peulin yn ddiweddarach. Yno rhoddodd ei ddwylo ar lygaid Peulin, a oedd yn ddall, ac fe gafodd yr athro ei olwg yn ôl.

Ar ôl iddo orffen ei addysg aeth Dewi ar daith trwy Loegr a Chymru i rannu'r Efengyl â'r trigolion. Dywedir iddo ffoi i Lydaw am gyfnod oherwydd pla difrifol a ledodd trwy Gymru, ac yno y bu farw ei fam. Gelwid Dewi yn Dewi Ddyfrwr, enw sy'n awgrymu ei fod yn perthyn i blaid o fynaich a bwysleisiai fywyd syml a hunanaberthol. Eu bwyd arferol oedd llysiau a dŵr, a gweithient yn eithriadol o galed yn trin y tir. Diben y bywyd caled hwn oedd disgyblu'r corff er mwyn i'r enaid gael rhyddid llawn i wasanaethu Duw. Adeiladodd Dewi fynachlog i'w ddilynwyr yng Nglyn Rhosyn lle byddent yn helpu tlodion yr ardal. Heddiw saif Eglwys Gadeiriol Tyddewi ar y man lle'r oedd y fynachlog.

Cysylltir nifer o chwedlau â Dewi, fel yr hanes amdano'n pregethu yn Llanddewibrefi a'r tir yn codi o dan ei draed er mwyn i bob un yn y dorf ei weld a'i glywed.

Yn ystod teyrnasiad y Pab Calixtus II cyhoeddwyd Dewi yn Sant a'i gynnwys yng nghalendr Seintiau Eglwys y Gorllewin. Y mae'n amlwg bod ei ddylanwad yn eithriadol ac wedi ymestyn ar hyd a lled Cymru a thu hwnt. Y mae ei enw wedi ei gysylltu ag eglwysi yng Nghymru, Llydaw, Cernyw a de-orllewin Lloegr. Bu farw ar 1 Mawrth, oddeutu'r flwyddyn 588.

Santes Melangell, c. 6ed ganrif
Santes anifeiliaid

Cwm Pennant galant gweli – cwm uchel
i ochel caledi;
Cwm iachus nid oes i chi
ond cam i'r nef o'n Cwm ni.

Meilir Pennant Lewis

Dywedir mai merch neu wyres i Tudwal Tudclud o gyff Macsen Wledig oedd Melangell, ac yn ôl traddodiad, Ethni Wyddeles oedd ei mam. Yr oeddent yn byw yn Iwerddon ac fe drefnodd ei thad fod Melangell i briodi gŵr o deulu blaenllaw. Ond roedd hi'n anhapus â'r trefniant ac fe benderfynodd ffoi o afael a dylanwad ei theulu. Wedi teithio am ddyddiau lawer dros fôr a thir cyrhaeddodd gwm prydferth a thangnefeddus ynghanol bryniau Trefaldwyn, cwm a elwir hyd heddiw'n Pennant Melangell. Yno, yn unigeddau'r bryniau, bu'n byw bywyd syml yn gwasanaethu Duw ynghanol rhyfeddodau'r greadigaeth, ei phlanhigion a'i chreaduriaid, gan ddibynnu ar y tir am ei chynhaliaeth.

Y mae un hanes arbennig am Melangell. Un dydd yr oedd Brochwel Ysgithrog, tywysog Powys, a'i ddynion yn hela ysgyfarnogod yn yr ardal honno gyda haid o fytheiaid. Yno gwelodd y tywysog y ferch harddaf a welsai erioed yn gweddïo'n daer, a rhedodd yr ysgyfarnog i blygion ei gwisg i geisio lloches. Yr oedd yn amlwg fod yr anifail yn teimlo'n gwbl ddiogel yn ei chwmni. Gwylltiodd y bytheiaid yn drybeilig ond nid oedd mymryn o'u hofn ar Melangell. Er i Brochwel annog y cŵn at yr ysgyfarnog, gwrthodent fynd ddim nes ati ond yn hytrach udo a chilio'n ôl. Penderfynodd y byddai'n cael sgwrs â'r ferch ryfedd hon ac fe gafodd ei holl hanes.

Synnwyd ef gan ei duwioldeb a dywedodd, 'Gan fod Duw wedi caniatáu lloches i ysgyfarnog fechan yn dy wisg, cyflwynaf i ti'r tir hwn, sy'n rhan o'm teyrnas, yn rhodd, i fod yn noddfa i neb a fydd mewn angen, boed berson neu anifail.'

Galwodd Brochwel ar ei ddynion, ac wedi ffarwelio â Melangell aethant tua thre. Ar eu hymadawiad edrychodd Brochwel yn ôl i lawr i'r cwm a gweld Melangell yno, wedi ei hamgylchynu gan lu o adar ac anifeiliaid mân. Gwelodd ddarlun o gytgord a harmoni rhwng y Creawdwr, ei greaduriaid a'i greadigaeth.

Dywedir bod Melangell wedi treulio deugain mlynedd fel lleian yn y cyffiniau hynny, a bod tangnefedd mawr i'w deimlo yn yr ardal. Hyfforddodd leianod eraill, a byddai croeso a diogelwch bob amser yno i holl anifeiliaid y fro.

Pennant Melangell yw'r unig eglwys sy'n dwyn ei henw. Flynyddoedd yn ddiweddarach fe ddaethpwyd i'w hadnabod fel nawddsantes yr ysgyfarnogod ac anifeiliaid yn gyffredinol. Fe'i coffeir ar ddiwrnod olaf mis Ionawr.

Santes Gwenffrewi, c. 6ed ganrif
Lleian

Yn ôl traddodiad, merch oedd Gwenffrewi i Teuyth fab Eylud a oedd yn byw mewn ardal o sir Fflint a elwid Tegeingl. Yr oedd ei mam, Gwenlo ferch Bugi, yn chwaer i Beuno Sant. Fel unig ferch meddyliai ei rhieni'r byd ohoni ac yr oeddent am ei rhoi yn llwyr i wasanaeth Duw. Gofynnwyd i Beuno ei hyfforddi yn grefyddol er mwyn ei pharatoi i fod yn lleian, a chytunodd yntau ar yr amod ei fod yn cael darn o dir i adeiladu eglwys arno. Ymgynghorodd Teuyth â'r Brenin Eliuth ac fe gafwyd lle o'r enw Sychnant lle codwyd yr eglwys.

Un tro daeth dyn anystywallt o'r enw Caradog fab Alog i'r ardal i hela a galwodd yn y bwthyn lle'r oedd Gwenffrewi'n byw. Bore Sul oedd hi ac yr oedd pawb ond Gwenffrewi wedi mynd i'r eglwys i addoli. Ceisiodd hi ffoi oddi wrth Caradog trwy redeg draw at yr eglwys, ond cyn iddi gyrraedd daliodd Caradog hi gan dorri ei phen i ffwrdd. Gwelodd Beuno Sant yr hyn a ddigwyddodd a melltithiodd Caradog gan ei droi yn gŵyr toddedig. Yna rhoddodd ben Gwenffrewi yn ôl ar ei gwddf fel nad oedd hyn yn oed graith i'w gweld. Dywedir bod ffynnon wedi tarddu lle syrthiodd ei phen, ac mae'r ffynnon honno i'w gweld yn Nhreffynnon hyd heddiw. Roedd y ffynnon yn un o saith rhyfeddod Cymru oherwydd y cyflenwad rhyfeddol o ddŵr a lifai ohoni.

Aeth Gwenffrewi i Fodfari er mwyn cael hyfforddiant pellach gan feudwy o'r enw Deifer, ond anfonodd ef hi i Wytherin ger Llangernyw at fynach o'r enw Eleri. Rhoddodd ef hi yng ngofal ei fam Theonia a oedd yn rhedeg lleiandy, ac wedi marwolaeth Theonia aeth Gwenffrewi yn bennaeth atynt. Dywedir ei bod hefyd wedi sefydlu lleiandy yn Nhreffynnon a'i redeg am saith mlynedd. Bu farw yng Ngwytherin ac fe'i claddwyd gan Eleri Sant. Y mae coel i'w gweddillion gael eu symud i abaty Amwythig ym 1138.

Neilltuwyd dau ddydd gŵyl i Gwenffrewi: gŵyl torri ei phen ar 22 Mehefin a gŵyl ei marw ar 3 Tachwedd. Nid oes llawer o eglwysi yng Nghymru wedi eu cysegru iddi, ac nid oes un eglwys, hyd yn oed eglwys Treffynnon, yn arddel ei henw.

Teilo, 6ed ganrif
Sant

Er bod y seintiau hyn yn gymeriadau hanesyddol o gig a gwaed, dros y canrifoedd y mae'r ffeithiau wedi eu plethu gyda chwedlau. Gadawaf i'r darllenydd ddidoli'r naill oddi wrth y llall – y cnau oddi wrth y plisgyn.

Ganwyd Teilo ym Mhenalun (Penally), ger Dinbych-y-pysgod, Penfro, yn fab i Gwenhaf ac Usyllt. Fe'i haddysgwyd gan Illtyd a Dyfrig Sant, a phan fu farw'r olaf fe etifeddodd Teilo ei holl fynachlogydd. Daeth yn gyfaill i nifer o dywysogion lleol a rhoddwyd tir yn rhodd iddo am ei gymorth iddynt. Ar un achlysur cynorthwyodd y Brenin Aircol Law-hir o Ddyfed a oedd yn cael trafferthion disgyblaeth gyda'i filwyr a'i weision. Yr oeddent byth a hefyd yn meddwi ac yn ymladd â'i gilydd, a byddai rhywun yn cael ei ladd yn gyson. Bendithiodd Teilo'r brenin a'i ddeiliaid a threfnodd fod dau o'i fynaich yn aros yn y llys ai ofalu am y gwaith o rannu bwyd a diod i'r gweision a'r milwyr. O'r noson honno ymlaen ni fu unrhyw feddwi, ymladd na lladd.

Yn y flwyddyn 547 daeth pla y Fad Felen i Gymru a ffodd Teilo a'i gyfeillion i Gernyw ac yna i Lydaw. Arhosodd yn Dôl yn Llydaw gyda Samson Sant am saith mlynedd a sefydlodd nifer o eglwysi yno. Wedi dychwelyd i Gymru ymsefydlodd yn Llandeilo Fawr lle'r oedd ei bencadlys. Yno yr arhosodd hyd 577 pryd y croesodd y Saeson afon Gwy a meddiannu Gwent. Casglodd y Brenin Iddom fyddin at ei gilydd i geisio concro'r goresgynwyr a gofynnodd am gymorth Teilo. Aeth y ddau i weddïo ar lethrau mynydd ac ar lan afon Trothwy. Wedi i Iddom a'i ddynion ennill y dydd, rhoddodd y tir yn anrheg i Teilo ac yno y saif Llandeilo Gresynni ym Mynwy heddiw.

Dywedir mai yn Llandeilo Fawr y bu farw a bu dadlau ffyrnig rhwng mynaich Penalun, Llandeilo a Llandaf ynglŷn â ble y dylid claddu ei gorff. Mynnai mynaich Penalun mai yno y dylai orffwys gan mai yno yr oedd ei gyndeidiau. Dywedid yn Llandeilo mai yno y dylid ei gladdu gan iddo farw yn y parthau hynny.

Dadleuai mynaich Llandaf y dylid ei ddaearu yno lle y bu'n esgob. Trannoeth i'w farw ymddangosodd tri chorff yn union yr un fath â'i gilydd a thrwy hynny bodlonwyd pawb, ond fe ddywedir ar dafod leferydd mai Llandaf a gafodd y corff go iawn. Yn achlysurol byddai cryn ddadlau ynghylch man claddu seintiau oherwydd gallai fod yn fanteisiol iawn yn ariannol i eglwys gael creiriau saint ar gyfer pererinion. Yr hen arfer o dorri'r ddadl oedd rhoi'r corff ar drol a dynnid gan ychen, a gadael i'r ychen ddilyn ei thrywydd ei hun. Coffeir Teilo ar 9 Chwefror. Y mae nifer o eglwysi wedi eu cysegru iddo, gan gynnwys Llandeilo Fawr, Eglwys Lwyd, Amroth, Trelech, Llandeilo'r-fân a Llandeilo Graban.

Yn ôl ffynhonnell arall, wedi marw Teilo ymadawodd Euddogwy, nai Teilo, â Llandeilo Fawr, ynghyd â rhai o'i ddisgyblion, gan ymsefydlu yn Llandaf. Rhoddwyd tir iddynt ar gyfer sefydlu eglwys gan frenin Morgannwg, sef Meurig ap Tewdrig. Dywedir mai Llandaf a etifeddodd draddodiadau Teilo ac enw'r eglwys gadeiriol o'r cychwyn fu Eglwys Teilo.

Tysilio, 7fed ganrif
Sant

Yn ystod cyfnod Tysilio a'i gyd-seintiau eraill, fel Teilo, Dewi, Cadfan, Cybi a Beuno, yr oedd dwy frwydr bwysig yn cael eu hymladd. Y gyntaf oedd brwydr y Brythoniaid a oedd yn ymladd am eu heinioes yn erbyn dyfodiad y Sacsoniaid; (oes arwrol y Brutaniaid ac oes Emrys Wledig ac Arthur oedd hon). Yr ail oedd brwydr Cristnogaeth Geltaidd i sicrhau'r hawl i fodoli ochr yn ochr â Christnogaeth Rufeinig Gorllewin Ewrop.

Hanai Tysilio o linach teulu brenhinol Powys, a'i dad oedd Bochwel Ysgrithrog, tywysog Powys. Mae'n drawiadol bod cynifer o'r saint cenhadol hyn yn deillio o deuluoedd breiniol. Daeth Tysilio o dan ddylanwad Gwyddfach Sant, gŵr yr oedd canolbwynt ei weithgaredd Cristnogol ym Meifod, Trefaldwyn, nid nepell o un o gartrefi'r tywysog Bochwel. Yr oedd Meifod o fewn dalgylch mynachlog Bangor Is-coed a sefydlwyd gan Deiniol Sant ac a oedd yn ganolfan Gristnogol i ogledd-ddwyrain Cymru. Yr oedd gan Deiniol ganolfan arall hefyd, ym Mangor Fawr yn Arfon.

Pan oedd yn ifanc, prif ddyhead Tysilio oedd cael bod yn fynach a byw bywyd crefyddol, ond nid oedd hyn yn plesio'i dad am ei fod yn dymuno i'w fab fod yn etifedd ac yn olynydd iddo. Ceir cyfeiriadau yn aml yn hen hanesion y seintiau at y gwrthdaro rhwng y tywysogion a'r arweinyddion Cristnogol. Yn wir, ceisiodd tad Tysilio bob ffordd i'w atal rhag dod o dan ddylanwad Gwyddfach, ond er pob cyngor i'r gwrthwyneb aeth i Feifod gan ymuno â'r brodyr oedd yno. Datblygodd Meifod yn ganolfan Gristnogol o bwys, a hi oedd cysegrfa bwysicaf Powys am gyfnod o chwe chan mlynedd hyd ddyfodiad mynachlog Glyn-y-groes, Llangollen, a adeiladwyd gan y Brodyr Gwynion yn y ddeuddegfed ganrif.

Aeth Tysilio ati i sefydlu eglwysi o fewn tiriogaeth ei dad. Yr oedd gan dywysog Powys ddau lys: un ym Mathrafal yn ne'r dywysogaeth a'r llall yng nghastell Dinas Brân, Llangollen. Nid rhyfedd felly fod Tysilio wedi sefydlu achos yng nghyffiniau

Llangollen lle y mae eglwys Llandysilio. Sefydlodd achos hefyd yr ochr arall i'r mynydd ym Mryneglwys. Yr oedd dylanwad Tysilio yn fawr yn yr ardal hon.

Pan fu Bochwel farw daeth ei fab arall Cynan yn olynydd iddo. Ar farwolaeth Cynan daeth ei fab yntau, Selyf ap Cynan, i lywodraethu ond lladdwyd ef ym mrwydr Caer yn 613. Bellach, Tysilio oedd aelod hynaf y teulu a gofynnwyd iddo a fyddai'n llywodraethu hyd nes i olynydd dyfu'n ddigon hen i gyflawni'r gwaith. Gwrthododd, a bu rhaid iddo ffoi o Bowys oherwydd ei amhoblogrwydd. Aeth i Ynys Môn gan sefydlu eglwys Llandysilio ar ynys fechan yn afon Menai ger Porthaethwy. Y mae hi bellach yng nghysgod 'yr uchelgaer', Pont y Borth. Yno cafodd heddwch a thawelwch i fyfyrio a gweddïo ac i ymroi yn llwyr i fywyd crefyddol. Bu ar deithiau yn y cyfnod hwn ac aeth i genhadu i dde Cymru. Y mae eglwysi wedi eu cysegru iddo ar arfordir de sir Aberteifi ac ar ffiniau siroedd Penfro a Chaerfyrddin. Yr oedd hi'n llawer haws teithio ar y môr nag ar y tir yn y dyddiau hynny; dyna pam y ceir eglwysi wedi eu cysegru i'r saint hyn yn fynych ar yr arfordiroedd.

William Salesbury, ?1520–?1584
Ysgolhaig a phrif gyfieithydd y Testament Newydd Cymraeg cyntaf

Hanai William Salesbury o deulu breiniol, ac roedd yn ail fab i Ffwg ap Robert ap Tomas Salbri Hen, ac Annes, merch Wiliam ap Gruffydd ap Robin o Gochwillan. Ganed ef yn Llansannan, ond treuliodd y rhan fwyaf o'i oes yn y Plas Isaf, Llanrwst. Addysgwyd ef yn Rhydychen – yn Broadgate Hall, o bosib – ac yno y cofleidiodd Brotestaniaeth. Priododd â Catrin Llwyd, merch Robert ap Rhys a chwaer Dr Elis Prys, Plas Iolyn, Pentrefoelas.

Yr oedd dau brif nod amlwg i'w waith, sef yr awydd i roi'r Beibl i'r Cymry, ac ysfa i gyflwyno dysg a gwybodaeth iddynt yn eu hiaith eu hunain. Dywedodd yn y rhagymadrodd i'w lyfr *Oll Synnwyr Pen Kembero Ygyd* (1547), sef casgliad o ddiarhebion, 'Pererindotwch yn droednoeth, at ras y Brenhin ae Gyncor i ddeisyf cael cennat y cael yr yscrythur lan yn ych iaith.'

Yr oedd yn ddyn anarferol o alluog a oedd wedi ei danio gan ddau fudiad pwysig yn Ewrop ar y pryd. Y cyntaf oedd y Dadeni Dysg a'r ail oedd y Diwygiad Protestannaidd. Sylweddolodd hefyd bwysigrwydd y dechnoleg newydd ar y pryd, sef y wasg argraffu a ddatblygwyd gan Johann Gutenberg ym Mainz, yr Almaen, tua 1450. Yr oedd yn hyddysg mewn Hebraeg, Groeg, Lladin, Saesneg, Ffrangeg ac Almaeneg, a chanddo wybodaeth helaeth mewn llawer maes. Ei gyhoeddiad cyntaf oedd geiriadur Saesneg a Chymraeg, sef *A Dictionary in English and Welshe* (1547). Nid hwn oedd y llyfr cyntaf yn y Gymraeg oherwydd cyhoeddwyd *Yn y lyvyr hwnn* gan Syr John Prys, Aberhonddu, ryw flwyddyn ynghynt. Ei gynnig cyntaf ar gyfieithu rhannau o'r Beibl i'r Gymraeg oedd *Kynniver llith a bann* (1551), a gynhwysai lithoedd gwasanaeth Cymun yr Eglwys.

Yn y flwyddyn 1563, yn ystod teyrnasiad Elisabeth, pasiwyd deddf yn gorchymyn cyfieithu'r Beibl a'r Llyfr Gweddi Gyffredin i'r Gymraeg, a gwahoddwyd Salesbury i gynorthwyo Richard Davies, Esgob Tyddewi, gyda'r cyfieithu. Gorffennwyd y Llyfr Gweddi a'r

Testament Newydd erbyn 1567 a chyhoeddwyd y ddau destun y flwyddyn honno. Salesbury a wnaeth y rhan fwyaf o'r gwaith. Ymddengys mai ef a gyfieithodd y Llyfr Gweddi a'r Testament Newydd, ar wahân i Lyfr y Datguddiad a gyfieithwyd gan Thomas Huet, cantor Tyddewi, ac 1 Timotheus, Hebreaid, Iago ac 1 a 2 Pedr a gyfieithwyd gan Richard Davies. Croeso llugoer a gafodd cyfieithiadau Salesbury a hynny oherwydd eu bod yn anodd eu darllen. Mynnai ddefnyddio ffurfiau Lladin ar eiriau Cymraeg a darddai o'r iaith honno, e.e. 'Deo' am 'Duw', 'popul' am 'pobl' ac 'eccleis' am 'eglwys'. Yn ogystal â hynny ni fyddai'n treiglo'r geiriau hyn gan y credai y byddai hynny'n llygru eu huchel dras Ladinaidd. Disgwyliai i ddarllenwyr Gymreigio'r orgraff wrth ddarllen. Bu rhaid iddo hefyd fathu geiriau newydd i'r iaith fel 'brawdgarwch' a 'cyfryngwr', gan nad oedd rhai addas yn bodoli. Er y brychau amlwg, roedd y cyfieithiadau'n orchestol ac yn ganllaw gadarn i William Morgan yn ddiweddarach.

Trosodd Salesbury lyfrau o ieithoedd eraill i'r Gymraeg hefyd; er enghraifft, ym 1552 cyfieithodd draethawd ar rethreg o'r Lladin. Ond ei gyfraniad mawr oedd cyfieithu'r Testament Newydd yn gynnar yn hanes cyfieithu yn Ewrop, gan osod sylfeini cadarn i lenyddiaeth Gymraeg. Bu farw'r Gernyweg cyn cael Beibl yn yr iaith honno ac ni chyhoeddwyd Beibl llawn yn yr Wyddeleg hyd 1685. Yn y ddeunawfed ganrif y cafwyd Beibl Manaweg, ac ar ddechrau'r bedwaredd ganrif ar bymtheg y cafwyd cyfieithiad Gaeleg.

Oni bai am gyfraniad Salesbury a phobl debyg iddo, ni fyddai'r iaith wedi goroesi. Y mae cofeb iddo wedi ei gosod ar wal y tu mewn i Eglwys Crwst, Llanrwst.

William Morgan, 1545–1604
Esgob, a chyfieithydd y Beibl Cymraeg cyntaf

Gellir dweud yn bur sicr mai un o'r prif resymau pam y mae'r iaith Gymraeg wedi goroesi hyd heddiw yw'r gwaith arloesol a gyflawnwyd gan rai megis William Morgan wrth gyfieithu'r Beibl i'r Gymraeg. Prif fwriad William Morgan wrth wneud hyn oedd rhoi'r Efengyl Gristnogol i'w bobl yn eu hiaith eu hunain, ond sgil-effaith hynny oedd gosod y Gymraeg ar seiliau cadarn fel un o ieithoedd blaengar Ewrop.

Ganed William Morgan yn y Tyddyn Mawr, Blaen Wybrnant, Plwyf Penmachno, nid nepell o Betws-y-coed, Dyffryn Conwy. Roedd yn fab i John ap Morgan ap Llywelyn, tenant ar stad Gwydir, a'i wraig Lowri, merch William ap John ap Madog. Gallai ei rieni olrhain eu hachau yn ôl i "hen lwythau brenhinol Gwynedd". Derbyniodd ei addysg gynnar gan hen fynach cyn mynd i Goleg Sant Ioan, Caergrawnt, ym 1565. Coleg oedd hwn a roddai bwyslais arbennig yn y cyfnod hwnnw ar y tair iaith glasurol, sef Hebraeg, Groeg a Lladin. Bu yn y coleg am gyfnod hirfaith o tua pymtheng mlynedd gan ennill graddau BA, MA, BD, a DD, ac mae cofeb fechan iddo ar wal eglwys y coleg. Yn y coleg hefyd daeth o dan ddylanwad yr ysgolhaig Hebraeg enwog John Immanuel Tremellius, a thalodd hynny ar ei ganfed yn ddiweddarach. Ordeiniwyd ef ym 1568 gan esgob Elai, ac fe'i penodwyd yn ficer Llanbadarn Fawr ym 1572, ac i ficeriaeth y Trallwng a rheithoriaeth Dinbych ym 1575. Roedd hi'n hen arfer penodi myfyrwyr i fywoliaethau eglwysi er mwyn eu cynnal ar gwrs yn y coleg. Wedi gadael y coleg cafodd ei sefydlu yn ficer Llanrhaeadr-ym-Mochnant a Llanarmon Mynydd Mawr ym 1578. Ym 1579 fe ddaeth i gysylltiad ag Archesgob Whitgift, a fu'n gefn mawr iddo yn y gwaith o gyfieithu'r Beibl.

Mae'n ddigon posibl iddo gychwyn ar y gwaith o gyfieithu cyn iddo adael Caergrawnt, ond gwyddwn i sicrwydd mai yn Llanrhaeadr y gorffennodd ei waith aruthrol. Pan ddechreuodd y gwaith o argraffu'r Beibl Cymraeg ym 1587 arhosodd am gyfnod yn Llundain i arolygu'r broses. Cyhoeddwyd y cyfieithiad ym 1588 ac fe'i cyflwynwyd i'r frenhines, Elisabeth I. Cyfrol ffolio o 1,122 o ddalennau mewn cloriau lledr ar bren oedd hi. Wrth gyfieithu bu rhaid iddo fathu geiriau Cymraeg newydd fel, 'arogldarth', 'caethglud', 'cerfddelw', 'cyntafanedig' a 'gwahanlen'. Ni ddaeth ymwneud/involment William Morgan â'r Beibl Cymraeg i ben ym 1588 oherwydd aeth ati'n syth i ddiwygio a chywiro'r gwaith ar gyfer argraffiad diweddarach a ymddangosodd wedi ei farwolaeth ym 1620 ac a gwblhawyd gan yr Esgob Richard Parry a'r Dr John Davies, Mallwyd. Bu'r y gwaith hwn yn gam pwysig yn natblygiad llenyddiaeth Gymraeg ac yn un o'r prif resymau pam fod yr iaith wedi goroesi.

Penodwyd ef yn Esgob Llandaf ym 1595 ac yno paratôdd adargraffiad diwygiedig o'r Llyfr Gweddi. Symudwyd ef ym 1601 i Lanelwy, esgobaeth oedd ychydig yn gyfoethocach a bu farw ym 1604. Ar ei farwolaeth nid oedd digon o arian i dalu ei ddyledion a hynny'n bennaf oherwydd treuliau argraffu Beibl 1588. Priododd â Catherine ferch George, gweddw William Lloyd, ond ni chawsant blant.

John Penri, 1563–93
Merthyr ac awdur Piwritanaidd

Ganwyd John Penri ar fferm Cefn-brith, ym mhlwyf Llangamarch, Brycheiniog. Ffermwr oedd ei dad, Meredydd Penri, a gadwai ddefaid ar lethrau Mynydd Epynt. Ym 1580 aeth i Goleg Peterhouse, Caergrawnt, lle yr enillodd radd BA ym 1584. Yna fe aeth i Neuadd Sant Alban, Rhydychen, lle yr enillodd radd MA. Yno dechreuodd bregethu, ac fe sylweddolodd mai dyma'r ffordd orau i gynnig goleuni i bobl Cymru. Meddyliodd mor dda fyddai cael pregethwyr yn cyhoeddi'r Efengyl i'r Cymry yn eu hiaith eu hunain.

Ym 1587 cyhoeddodd Penri ei lyfr cyntaf, sef *A Treatise containing the Aequity of an Humble Supplication*, a argraffwyd yn Rhydychen gan Joseph Barnes. Apêl i'r Senedd ar ran ei gyd-Gymry ydoedd. Gwaredai oherwydd cyflwr ysbrydol isel ei bobl a oedd yn ganlyniad i'w gwrthryfel yn erbyn Jehofa. Yr oedd y gweinidogion yn aneffeithiol, a golygai hynny fod miloedd o drigolion Cymru'n byw bywydau llawn ofergoeliaeth ac yn gwybod dim am Iesu Grist. Yr oedd y wlad yn frith o ddynion hysbys a dewiniaid a honnai eu bod yn cymdeithasu â'r Tylwyth Teg. Nid oedd dim ond barn Duw, colledigaeth ac uffern yn wynebu pobl y wlad.

Dadleuai Penri mai unig obaith y genedl oedd cael Jehofa yn Dduw iddi. Ymbiliodd ar y Frenhines a'r Senedd i ystyried cyflwr truenus Cymru a thrugarhau wrthi, ac apeliodd am gyflenwad o bregethwyr i ddysgu'r bobl am yr Efengyl yn eu hiaith eu hunain. Pan gyflwynodd yr *Aequity* i'r Senedd, cythruddwyd yr Archesgob John Whitgift gan ei gynnwys. Gorchmynnodd atafaelu pob copi ohono a gwysiodd Penri i ymddangos o flaen Llys yr Uchel Gomisiwn gan fod awgrym wedi ei wneud ei fod yn euog o deyrnfradwriaeth yn ei lyfr. Cadwyd ef yn y carchar am fis ac yna fe'i rhyddhawyd.

Symudodd i fyw i Northampton a oedd ar y pryd yn ferw gwyllt o weithgarwch Piwritanaidd. Ni chafodd ymateb i'w apêl, ond parhaodd i ymbil ac i ysgrifennu pamffledi fel *Exhortation unto the Governours and People of Hir Maiesties Countrie of Wales* a gyhoeddwyd ym 1588, gan ddangos angen pobl Cymru am yr Efengyl Gristnogol.

Oherwydd iddo ysgrifennu'r pamffledi hyn fe'i rhoddwyd yn y carchar, ac wedi treulio mis yno daethpwyd ag ef o flaen yr Archesgob a gofynnwyd iddo dynnu ei eiriau'n ôl. Wedi ychydig amser ychwanegol yn y carchar fe'i rhyddhawyd gan ei rybuddio pe byddai'n argraffu rhagor y byddai'n derbyn cosb drymach. Ond dechreuodd bregethu ac ysgrifennu eto ac fe ffodd i'r Alban lle y treuliodd dair blynedd. Cysylltwyd ef â chyhoeddiadau Martin Marprelate a ymosodai'n llym ar lygredd esgobion Eglwys Loegr, ond er i lawer gredu mai Penri oedd yr awdur hwnnw, ni phrofwyd hynny erioed.

Dychwelodd i Loegr ym Medi 1592 ac ymunodd ag eglwys Annibynnol Henry Barrow yn Llundain. Ar ddydd Iau, 22 Mawrth 1593, aethpwyd ag ef ac aelodau eraill o'r eglwys i'r carchar yn y Poultry Comper. Fe'i rhoddwyd ar brawf a'i ddyfarnu'n euog, ac ar 29 Mai cafodd ei grogi yn St Thomas a Watering, heb fod ymhell o'r man lle y codwyd capel Cymraeg y Boro' yn ddiweddarach. Heddiw nodir y man lle y'i dienyddiwyd gan yr enw 'Penry Street'. Gadawodd weddw a phedair merch ieuanc.

William Wroth, 1576–1641
Clerigwr Piwritanaidd a chynullydd yr eglwys Ymneilltuol gyntaf yng Nghymru

Y mae William Wroth yn gymeriad pwysig yn hanes Cymru gan mai ef a sefydlodd yr eglwys Ymneilltuol gyntaf. Wrth gwrs ni wyddai ef bryd hynny faint o ddylanwad y byddai Ymneilltuaeth yn ei gael ar fywyd a hanes ein cenedl am y tri chan mlynedd dilynol.

Ganwyd William Wroth yn Llandeilo Bertholau, Gwent. Aeth i Rydychen yn gymharol ifanc ac fe'i haddysgwyd i ddechrau yn y New Inn Hall gan fatricwleiddio pan oedd yn bedair ar ddeg oed. Treuliodd bymtheng mlynedd yn y ddinas honno gan ennill BA yng Ngholeg Crist ym 1596, ac MA o Goleg Iesu ym 1605. Y mae peth dryswch ynglŷn â blwyddyn ei benodi'n rheithor Llanfaches gan fod tystiolaeth i hyn ddigwydd un ai ym 1611 neu 1617. Ymddengys bod Syr Edward Lewis wedi cynnig y fywoliaeth iddo ym 1611 ond na ddaeth y penodiad yn weithredol hyd 1617. Bu hefyd yn gyfrifol am Lanfihangel Rhosied o 1613 hyd ei ymddiswyddiad ym 1626. Ychydig iawn a wyddom amdano cyn ei dröedigaeth, ar wahân i'r ffaith iddo gael ei geryddu gan Esgob Llandaf am ei ymddygiad annerbyniol yn Llanfaches. Mae'n debygol iddo ddod i'r bywyd oddeutu 1625–6 pan oedd yn hanner cant oed, ac wedi hynny fe ddatblygodd yn Biwritan o argyhoeddiad ac yn bregethwr grymus. Byddai'r torfeydd a ddeuai i wrando arno mor fawr fel y byddai'n rhaid cynnal yr oedfaon yn y fynwent.

Oherwydd ei wrthwynebiad i Biwritaniaeth gofynnodd William Laud, Archesgob Caergaint, i'r Brenin ailgyhoeddi *Y Llyfr Chwaraeon* ym 1633 a gorchymyn iddo gael ei ddarllen yn yr eglwysi. Gwrthododd William Wroth wneud hynny ac fe aeth gerbron yr awdurdodau. Holwyd ef gan William Murray, Esgob Llandaf, ar ei ymweliad blynyddol â phlwyf Llanfaches, ac fe hysbysodd Lys yr Uchel Gomisiwn yn Llundain am ei ymddygiad gresynus. Gwysiwyd ef, William Erbury a Walter Cradoc gan y llys ond ni ddaeth dim o'r cyhuddiadau er iddynt gael eu trafod am dros dair blynedd. Ymddengys bod Wroth wedi cytuno'n swyddogol ym 1638 i ildio i gais yr awdurdodau ond nid dyna a wnaeth yn ymarferol. Y flwyddyn ddilynol, 1639, dechreuodd ffurfio cynulleidfa ymneilltuol yn Llanfaches gan sefydlu'r achos Anghydffurfiol cyntaf yng Nghymru. Am gyfnod byr bu Henry Jessey, gweinidog cynulleidfa All Hallows yn Llundain yn cynorthwyo William Wroth, a oedd yn heneiddio, i ffurfio'r gynulleidfa yn eglwys. Dywedid i'r eglwys gael ei sefydlu ar batrwm y New England Way a ddatblygwyd gan John Cotton yn America. Rhoddai'r cynllun hwn elfen o ryddid i'r gynulleidfa, ac yn y dyddiau cynnar, eglwys gymysg o Annibynwyr a Bedyddwyr ydoedd. Ar y cychwyn buont yn cyfarfod mewn tai neu ysguboriau, ac nid adeiladwyd capel tan oddeutu 1801.

Dim ond am ddwy flynedd y bu William Wroth yn weinidog ar yr eglwys oherwydd bu farw ym 1641. Y mae copi o'i ewyllys ar gael sy'n taflu ychydig o oleuni ar ei bersonoliaeth. Rhoddodd dair acer o dir i blwyf Magwyr er mwyn cynorthwyo am byth ddeuddeg teulu tlawd ym mhlwyf Llanfaches. Byddai arian yn cael ei rannu'n flynyddol ar 1 Ebrill.

Rhys Prichard, 'Yr Hen Ficer', 1579–1644
Clerigwr, emynydd a bardd

Fe anwyd Rhys Prichard yn ôl bob tebyg yn Llanymddyfri, sir Gaerfyrddin, ond ychydig a wyddom am ei hynafiaid. Credid fod ei deulu'n eithaf cefnog gan fod Rice Rees yn ei ragymadrodd i'w argraffiad o *Canwyll y Cymry*, 1841, yn dweud 'bod lle i feddwl bod ei dad yn berchen cryn feddiannau yn y gymdogaeth, ac mai ei enw ydoedd Dafydd ap Richard ap Dafydd ap Rhys ap Dafydd', ond ni ellir cymryd hyn fel ffaith. Y mae'n fwy na thebyg mai yn Ysgol Ramadeg Caerfyrddin y cafodd y Ficer ei addysg gynnar, ysgol a sefydlwyd gan y frenhines Elisabeth I ym 1576.

Fe aeth i Goleg Iesu, Rhydychen, pan oedd oddeutu deunaw mlwydd oed, ac ar 26 Ebrill 1602 fe'i hordeiniwyd yn offeiriad yn Wytham, Essex. Bu 1603 yn flwyddyn bwysig iddo oherwydd derbyniodd radd BA, ac fe gyflwynwyd iddo ficeriaeth Llanymddyfri gan Anthony Rudd, Esgob Tyddewi. Ym 1613 anrhegwyd ef gan y brenin â rheithoriaeth Llanedi yn esgobaeth Tyddewi, a daliodd y ddwy swydd. Gwnaed ef yn Ganghellor Tyddewi ym mis Medi 1626, ac wedyn yn Ganon.

Cyfansoddodd yr Hen Ficer, fel y gelwid ef, lawer o benillion syml, a chyhoeddwyd ei waith yn *Canwyll y Cymry: Sef Gwaith p Parchedig Mr. Rees Prichard, M.A., gynt Ficer Llanymddyfri*. Yr oedd cynnwys y gyfrol hon eisioes wedi ymddangos mewn pedair rhan, ond bellach fe'i hymgorfforwyd mewn un llyfr. Casgliad o farddoniaeth a phenillion ar wahanol fesurau ydyw, ac nid barddoniaeth uchel-ael mohoni ond barddoniaeth a oedd wedi ei hanelu'n uniongyrchol at werin Cymru. Yr oedd cyflwr ysbrydol a moesol ei gyd-Gymry yn faich mawr ar feddwl Ficer Prichard a mynegodd hyn yn rhai o'i benillion:

Mae'n anfoes im' draethu
Ein campau ni'r Cymry,
Rhag c'wilydd mynegi
'N hymddygiad i'r byd;
Etto, rhaid meddwl
Y traetha Duw'r cwbwl,
Pan ddelo'r dydd trwbwl i'w trefnyd.

Ei fwriad oedd cyflwyno'r Efengyl Gristnogol a gwirioneddau'r ffydd i'r Cymry mewn ffurf ddealladwy a chofiadwy. Teimlai reidrwydd i bregethu'r Efengyl drwy'r cyfrwng hwn a galwai ar bobl i gredu yn Iesu Grist.

Duw, rho ras a grym i Gymru
'Nabod Duw, a'i wir was'naethu;
Crist a nertho bob rhai 'ddarllain
Llyfyr Duw'n eu hiaith eu hunain.

Nid yn unig y mae yn y llyfr fynegiant o sylfeini'r ffydd, ond y mae yma hefyd gynghorion i ieuenctid, a chyngor ymarferol ynghylch godineb a meddwdod. Y mae rhai penillion yn sôn am fwyta ac yfed, a rhai hyd yn oed i'w hadrodd wrth wisgo ac ymolchi yn y bore. Bu'r penillion yn boblogaidd iawn am gyfnod ac aeth llawer ati i'w dysgu a'u hadrodd. Bu farw Rhys Prichard tua diwedd 1644 a chladdwyd ei weddillion ym mynwent yr eglwys yn Nhyddewi.

Walter Cradoc, ?1610–59
Pregethwr, diwinydd a Phiwritan

'It is one of my firmest principles, and by God's grace shall ever be my practice to make union and communion with God my main work, to studie peace with all men; to Love, Honour, Receive Saints qua Saints; to receive, I say, those whom Christ hath received.'

Dyfyniad o gyflwyniad Walter Cradoc cyn pregethu i'r Senedd ym 1646.

Ychydig o wybodaeth sydd gennym am ddyddiau cynnar Walter Cradoc. Yn ôl traddodiad cafodd ei eni a'i fagu yn Nhrefela, Llangwm, Gwent. Cafodd dröedigaeth o dan ddylanwad William Wroth a dysgodd am syniadaeth Biwritanaidd wrth draed William Erbury. Ymddengys ei fod o deulu cefnog gan iddo etifeddu ystad gwerth £601 y flwyddyn a chredir iddo dderbyn peth addysg yn Rhydychen. Penodwyd ef yn gurad Llanbedr-ar-Elái ac yna'n gurad i William Erbury yn eglwys y Santes Fair, Caerdydd. Yno ciciodd yn erbyn y tresi a phechu yn erbyn yr esgob a thynnwyd ei drwydded i bregethu yn ôl. Yn sgil hynny symudodd i Wrecsam ym 1634 lle'r oedd cynulleidfa o Biwritaniaid yn cyfarfod.

Yn yr un flwyddyn fe ddaeth Morgan Llwyd i'r dref honno i dderbyn addysg yn yr ysgol ramadeg. Yr oedd Wrecsam ar y pryd yn dref oleuedig, a Phiwritaniaeth wedi bwrw ei gwreiddiau yno gan fod nifer o deuluoedd dylanwadol yr ardal yn bleidiol i'r diwygwyr. Tra oedd Cradoc yno datblygodd cyfeillgarwch rhyngddo a Catherine Langford o deulu adnabyddus Trefalun, Gresffordd, a daeth yn wraig iddo'n ddiweddarach. Cawsant ddwy o ferched, sef Eunice a Lois. Yn fuan iawn aeth sôn am bregethu Cradoc ar led trwy'r ardal honno a thyrrai pobl o bell ac agos i wrando arno, yn enwedig ar ddiwrnod marchnad. Bu mor ddylanwadol am gyfnod fel y gelwid Piwritaniaid y gogledd wrth yr enw Cradociaid. Fel pregethwr y cofir ef yn bennaf, a chyhoeddwyd cyfrolau o'i bregethau Saesneg.

Braidd yn niwlog yw ei symudiadau yn y blynyddoedd dilynol. Treuliodd beth amser yn Amwythig gyda Richard Symonds ac yno y cyfarfu â Richard Baxter. Aeth i Lundain am ysbaid, ac yn eglwys Annibynnol Henry Jessey, Southwark, ym mis Mawrth 1638, fe'i daliwyd yn addoli'n anghyfreithlon. Fe'i gwysiwyd i ymddangos gerbron yr Uchel Lys, ond ffodd i Lanfair Waterdine yng nghyffiniau Henffordd lle'r oedd cylch o Biwritaniaid yn cyfarfod dan nawdd Syr Robert Harley, Brampton Friars. Erbyn 1639 yr oedd yn cydweinidogaethu â William Wroth ar eglwys newydd Llanfaches. Oherwydd y rhyfel cartref ffodd cynulleidfa'r eglwys i Fryste ac yna i Lundain gan ymuno â chynulleidfa All Hallows the Great yn Thames Street. Bu Cradoc yno am dair blynedd yn gofalu amdanynt fel gwenidog.

Trwy gydol y blynyddoedd nid anghofiodd am anghenion Cymru. Anfonodd ddeiseb i'r Senedd ym 1641 yn erfyn am bregethwyr cymwys i Gymru, a phoenodd y Senedd dro ar ôl tro am ganiatâd iddo ef a'i gyfeillion weithio yng Nghymru fel pregethwyr teithiol. Ildiodd yr awdurdodau gan roi trwydded i dri ohonynt, sef Walter Cradoc, Richard Symonds ac Ambrose Mostyn. Yr oedd yn un o'r prif symudwyr o blaid pasio *Deddf Taenu'r Efengyl yng Nghymru* (1650). O dan y ddeddf hon yr oedd yn un o'r 25 profwr a dafolai addasrwydd pregethwyr oedd am wasanaethu yng Nghymru. Gwnaed ef yn bregethwr sefydlog ym Mrynbuga ac yn ficer Llangwm, Gwent, ym 1655. Bu farw yn 49 oed ar 24 Rhagfyr 1659, ac fe'i claddwyd yng nghangell eglwys Llangwm.

Vavasor Powell, 1617–70
Pregethwr, diwinydd Piwritanaidd ac awdur

Saif Cnwclas ddwy filltir o Drefyclo, Maesyfed, ar y ffin gyda sir Amwythig ac yno y ganwyd Vavasor Powell, mewn tafarn. Cymraeg oedd iaith yr ardal ar y pryd, yn ogystal â rhannau o siroedd Henffordd, Amwythig a Chaerloyw. Perchennog tir oedd ei dad, Richard Powell, a hanai teulu ei fam, Penelope Vavasor, o'r Drenewydd. Treuliodd Vavasor Powell beth amser fel ysgolfeistr yng Nghlun ac yno y cafodd dröedigaeth. Nid digwyddiad sydyn ydoedd ond datblygiad tros gyfnod. Dechreuodd gael ei ddwysbigo am ei bechod wrth gael ei geryddu gan Biwritan am wylio pêl-droed ar y Sul.

Yna darllenodd lyfr Richard Sibbes, *The Bruised Reede*, a'i cyffyrddodd i'r byw, ac effeithiodd pregethu Walter Cradoc yn drwm arno yn ogystal. Rhwng y cwbl daeth i gredu yn yr Iesu fel Gwaredwr ac ymunodd â'r Piwritaniaid oedd yn cyfarfod yn Brompten Brian. Fe'i llanwyd ag awch i efengylu a chynhaliodd ymgyrch bregethu yng ngorllewin sir Henffordd rhwng 1639 a 1642. Pan gychwynnodd y rhyfel cartref mudodd i Lundain a bu'n ficer Dartford yng Nghaint rhwng 1644 a 1646. Dychwelodd i Gymru wedi iddo gael ei enwi fel pregethwr gan Bwyllgor y Gweinidogion Llwm ar dal o £100 y flwyddyn. Datblygodd yn ffigur dylanwadol o fewn y mudiad Piwritanaidd, ac arwydd o hyn yw iddo bregethu i Thomas Foot, Arglwydd Faer Llundain, ym 1649, a gerbron Tŷ'r Cyffredin y flwyddyn ddilynol. Fe'i hapwyntiwyd yn gymeradwywr o dan Ddeddf Taenu'r Efengyl yng Nghymru (1650) ac yr oedd ef, ymhlith eraill, yn gyfrifol am drefnu pregethwyr teithiol. Prif amcan ei fywyd oedd cyhoeddi gair Duw i'w gyd-ddynion er eu hiachawdwriaeth. Yr oedd hefyd yn filflwyddwr a gredai'n gydwybodol fod ailddyfodiad yr Arglwydd Iesu ar fin digwydd ac y byddai'n llywodraethu'r ddaear yn bersonol. Cefnogai hefyd Blaid y Bumed Frenhiniaeth a seiliai eu syniadaeth ar lyfr Daniel lle y cyfeirir at bedair brenhiniaeth, sef

Asyria, Persia, Groeg a Rhufain. Credent fod y bedwaredd frenhiniaeth wedi dod i ben pan ddienyddiwyd y Brenin Siarl, a'r nesaf i deyrnasu oedd Crist. I baratoi ar gyfer ei ddyfodiad roedd yn rhaid i'r saint lywodraethu. Galwodd Oliver Cromwell senedd at ei gilydd yn Llundain a enwebwyd gan yr eglwys, ond penderfynodd mai camgymeriad oedd yr arbrawf ac fe'i diddymwyd. Cymerodd Cromwell y teitl Arglwydd Amddiffynnydd, ond anghytunai Vavasor Powell yn chwyrn â hyn a dechreuodd wrthwynebu Cromwell. Pregethodd yn ffyrnig yn ei erbyn yn Christchurch gan ei gyhuddo o geisio cymryd lle Crist, ac fe'i carcharwyd ym 1653. Wedi ychydig ddyddiau fe'i rhyddhawyd a ffodd i Landdewibrefi i ddechrau achos yn erbyn y wladwriaeth, ond yr oedd llygaid yr awdurdodau arno. Fel rhan o'r gwrthwynebiad trefnodd ddeiseb yn erbyn y Senedd, sef 'A Word for God' a lofnodwyd gan 322 o bobl ac a gyflwynwyd ym 1655. O ganlyniad i'r cythrwfl hwn fe bellhaodd Vavasor Powell oddi wrth ei gyd Biwritaniaid a'r awdurdodau.

Yn y blynyddoedd yn dilyn adferiad y Brenin Siarl ym 1660 carcharwyd Vavasor Powell lawer tro oherwydd ei safbwyntiau, a hynny yn Amwythig, yn y Fflyd, Llundain, ac yng nghastell Southsea. Ysgrifennodd nifer o lyfrau, gan gynnwys *Common Prayer-Book no Divine Service* (1660) a *The Bird in the Cage Chirping*, (1661). Bu'n briod ddwywaith. Ei wraig gyntaf oedd Joan Quarrell, gweddw'r masnachwr Paul Quarrell o Lanandras, a'r ail oedd Katherine, pumed merch Gilbert Gerard, Caer. Nid oedd ganddo blant. Bu farw wedi salwch poenus ar 27 Hydref 1670, yn 53 oed, a chladdwyd ei weddillion yng nghladdfa Bunhill Fields.

Morgan Llwyd, 1619–59
Llenor, bardd, cyfrinydd a diwygiwr Piwritanaidd

Fy enaid cyfod, cân i Dduw
ith wreiddyn byw ath ffynnon
yscwyd oddiwrthyt yr holl lwch
ar tristwch ar amheuon.

Dod heibio'r holl feddyliau gwael
a fynnent gael dy lethu
Nerth Duw a gododd Ghrist yn glau
ath gyfyd dithau fyny.
Allan o 'Hymn o Hiraeth am Baradwys', Morgan Llwyd

Ganwyd Morgan Llwyd yng Nghynfal, plwyf Maentwrog, Meirionnydd. Ychydig a wyddom am ei ddyddiau cynnar cyn i'w fam Mari fynd ag ef i Wrecsam yn bymtheg oed er mwyn mynychu'r ysgol ramadeg. Bu yno yn ystod 1634 a 1635. Ysgol eglwysig oedd hon ar y pryd lle rhoddid lle amlwg i astudio'r Ysgrythur, a fwy na thebyg bwriadai baratoi ar gyfer y gyfraith neu urddau eglwysig. Ni wyddom pam yr aeth mor bell gan fod yna ysgolion i'w cael yn agosach i'w gartref, ym Motwnnog, Bangor a Rhuthun. Aeth am gyfnod i Brampton Bryan, Llanfair Waterdine, sir Amwythig i gael rhagor o addysg. Pan oedd yn bymtheg oed fe gafodd dröedigaeth o dan bregethu Walter Cradoc a oedd yn gurad yn eglwys Wrecsam ar y pryd, a hyd y gwyddom, Caradoc oedd y cyntaf i droi meddwl Morgan Llwyd o ddifrif tuag at bethau ysbrydol. Yn ddiweddarach fe'i dilynodd ef i dde Cymru ac i Lanfaches lle y sefydlwyd yr eglwys Anghydffurfiol gyntaf ym 1639. Yno fe ddaeth o dan ddylanwad William Erbury ac fe ymddiddorai'r ddau yng ngweithiau Boehme.

Dychwelodd i Wrecsam ym 1647 ac ymgartrefu ym Mryn-y-ffynnon, gan ofalu am 'eglwys gynnull' y dref. Bu'n gweithio ym 1650 fel cymeradwywr gyda Deddf Taenu'r Efengyl yng Nghymru ac fe lafuriodd yn ddygn fel pregethwr teithiol. Ysgrifennodd lawer o farddoniaeth yn y Gymraeg a'r Saesneg, a rhoddodd nifer o Salmau ar gân yn ogystal â chyfansoddi emynau. Argraffodd hefyd nifer o bamffledi a llyfrau, ac yn eu plith yr oedd y clasur hwnnw, *Llyfr y Tri Aderyn*. Yr oedd yn arloeswr yn hanes llenyddiaeth Cymraeg. Dywed Derec Llwyd Morgan amdano, 'O blith mawrion, o ran amrywiaeth y dylanwad a fu arno, o ran cyffro'i rawd, o ran ystyfnigrwydd ffrwythlon ei unigolyddiaeth, ac o ran ei arwyddocâd yn ei ddydd, Saunders Lewis yw'r unig un sy'n cymharu ag ef. Ac ym mrwydr yr oesau, ni hoffwn orfod dewis rhyngddynt.'

Ym 1656 cymeradwywyd ef fel gweinidog i efengylu yn Wrecsam ac fe roddwyd y swm anrhydeddus o £100 iddo bob blwyddyn. Baich mawr Llwyd oedd gweld Cymru yn Gymru i Grist. Llafuriodd trwy ei waith ysgrifenedig i geisio cyrraedd pobl Cymru gyda'r Efengyl Gristnogol. Nid oes rhaid ond edrych ar deitlau ei lyfrau i sylweddoli hyn, e.e. *Llythyr i'r Cymry Cariadus, Gwaedd yng Nghymru yn wyneb pob cydwybod, Tri aderyn yn ymddiddan... neu Awydd i annerch y Cymru, Cyfarwyddyd i'r Cymru*. Gwladgarwr Cristnogol ydoedd, oedd am weld ei bobl yn ymateb i Efengyl Iesu Grist. Bu farw ym 1659 a rhoddwyd ei weddillion i orffwys yng ngardd gladdu Rhos-ddu, Wrecsam. Y mae cofgolofn iddo yno a ddadorchuddiwyd ym 1912.

Stephen Hughes, 'Apostol Sir Gaerfyrddin', 1622–88
Anghydffurfiwr cynnar

Gŵr o Gaerfyrddin oedd Stephen Hughes, mab i John Hughes, sidanydd yn y dref. Ni wyddom ddim am ddyddiau ei blentyndod ond mae'n bosibl iddo gael addysg yn Ysgol Ramadeg Caerfyrddin. Cafodd fywoliaeth Meidrim ym 1654 ac yr oedd ganddo fywoliaeth Merthyr cyn hynny. Yr oedd yn ŵr o ddylanwad mawr yng nghyfnod Cromwell, a bu ei weinidogaeth yn un hynod effeithiol yn sir Gaerfyrddin. Yr oedd ganddo natur gymedrol ac ni fynnai dramgwyddo neb. Bu hynny o fantais iddo oherwydd yr oedd ganddo berthynas dda â llawer o offeiriaid eraill. Llwyddodd i ennill clust a chefnogaeth Eglwyswyr ac Anghydffurfwyr fel ei gilydd, a byddai'n pregethu i gynulleidfaoedd mawrion. Anaml y byddai'n rhannu'r Efengyl heb wylo, a byddai ei ddagrau yn tynnu dagrau i lygaid ei wrandawyr.

Gwaith mwyaf ei fywyd oedd cyhoeddi llyfrau Cymraeg i'r werin, a rhoes waddol llenyddol amhrisiadwy i'w genedl. Ym 1658 cyhoeddodd ran gyntaf gwaith Ficer Prichard a dilynodd yr ail ran yn fuan wedyn. Daeth diwedd ar yr argraffu pan adferwyd y brenin a bu rhaid iddo adael Meidrim.

Ni wyddom ddim amdano yn ystod cyfnod yr erlid ar wahân i'r ffaith ei fod wedi cadw ysgolion a pharhau i bregethu yn sir Gaerfyrddin. Priododd â merch gefnog o Abertawe ac ymgartrefodd yn y dref honno. Oddeutu 1670 ailgydiodd yn y cyhoeddi ac ymddangosodd y drydedd ran o waith y Ficer. Yna ym 1672 cyhoeddodd y pedair rhan o waith Ficer Prichard mewn un gyfrol. Yn yr un flwyddyn ymddangosodd *Llyfr y Psalmau, ynghyd â Thestament Newydd ein Harglwydd* a gynhwysai *Salmau Cân* Edmwnd Prys, *Catecism* Mr Perkins a dau gyfieithiad o waith Richard Jones, Dinbych, sef *Rhodfa Cristion* ac *Amdo i Babyddiaeth*. Tua 1670 dechreuodd cylch o ddynion yn Llundain gyfrannu arian tuag at godi ysgolion i blant a rhoi llyfrau i oedolion yng Nghymru. Arweinydd y cylch oedd Thomas Gouge, ac ymunodd Stephen Hughes, Charles Edwards, Richard Jones a William Jones i hybu ei ymdrechion gyda'r Ymddiriedolaeth Gymreig. Dosbarthodd y cylch 32 o Feiblau Cymraeg, 479 o Destamentau a 500 o *Holl Ddyledswydd Dyn*. Yr oedd hefyd argraffiad o 2, 500 o'r *Ymarfer o Dduwioldeb* ar y gweill. Ond gorchwyl mwyaf yr ymddiriedolaeth a Stephen Hughes oedd paratoi argraffiad newydd o'r Beibl Cymraeg a welodd olau dydd ym 1677–8. Perswadiodd Stephen Hughes nifer o gyfoethogion i noddi llyfrau Cymraeg ond defnyddiodd ei arian ei hun a chyfoeth ei wraig hefyd i'r un perwyl. Ef a dalodd am argraffu *Trysor i'r Cymru* (1677), *Cyfarwydd-deb i'r Anghyfarwydd* (1677), *Canwyll y Cymru* (1681) a *Cynghorion Tad i'w Fab* (1683). Bu'n rhannol gyfrifol hefyd am gyfieithu gwaith Bunyon i'r Gymraeg am y tro cyntaf, o dan y teitl *Taith neu Siwrnai y Pererin* (1688).

Bu'r gweithiau hyn o bwysigrwydd mawr i Gymru oherwydd ataliodd fudiad Thomas Gouge rhag bod yn un Saesneg, a fyddai wedi golygu tanseilio'r Gymraeg, a rhoddwyd adnoddau gwerthfawr i werin Cymru yn eu hiaith eu hunain. Y llyfrau hyn oedd cerrig sylfaen y diwylliant diwinyddol Protestannaidd Cymraeg a ddatblygodd yn y cyfnod hwnnw. Bu farw Stephen Hughes yn Abertawe ym 1688.

Thomas Wynne, 1627–92
Crynwr a heddychwr

Fy anwyl Frodyr a Chwuorydd o wlad fyngenedigaeth, I mae yn amser i chwi ddeffro, oblegid dydd mawr yr Arglwydd a wawriodd, a chododd Haul y cyfiawnder, ac i mae yn discleirio oddifewn yngalonau meibion dynion, yn twymno ac yn cyssuro y rhai a'i carant ef.

Allan o The Antiquity of the Quakers *gan Thomas Wynne*

Brodor o Ysgeifiog, sir y Fflint, oedd Thomas Wynne, y pedwerydd o bump o feibion Thomas ap John Wynne, perchennog ystad Bronfadog. Pan oedd tua un ar ddeg oed bu farw ei dad ac ni allai ei fam fforddio rhoi addysg feddygol iddo fel y dymunai, felly fe'i prentisiwyd fel hwper, sef crefftwr a wnâi gasgenni, buddeiau a bwcedi. Er hynny daliodd ati i astudio meddygaeth trwy ddarllen llyfrau a gwylio meddygon lleol wrth eu gwaith. Tua 1653 fe ddaeth i gredu – efallai o dan ddylanwad John ap John, Apostol y Crynwyr yng Nghymru – ac o'r flwyddyn honno ymlaen ystyriai ei hun yn rhengoedd y Cyfeillion. Ar y pryd, mudiad cythryblus a threisgar oedd y Crynwyr yng Nghymru.

Ym 1655 priododd â Chrynwaig o'r enw Martha Buttall o Wrecsam, ac yn fuan gwireddwyd ei freuddwyd i fod yn feddyg. Derbyniodd hyfforddiant gan Richard Moore, meddyg o Amwythig, ac wedi sefyll arholiadau, enillodd drwydded i ddilyn galwedigaeth fel barbwr-feddyg ym 1659.

Yr oedd Thomas Wynne hefyd yn weithgar yn y cylchoedd ysbrydol ac yn ddilynwr i George Fox. Mudiad oedd y Crynwyr a roddai bwyslais ar oleuni mewnol. Iddynt hwy dim ond goleuni Crist yn y galon a roddai ddealltwriaeth o Dduw a materion ysbrydol. Nodweddid eu tröedigaethau a'u haddoliad yn fynych gan grynu corfforol a achosid, yn ôl eu dysgeidiaeth, gan rym Duw yn gweithio o'u mewn. Oherwydd eu hymarweddiad anarferol, eu cred bod yr Ysbryd uwchlaw'r Ysgrythur, a'r ffaith eu bod yn gwrthod tyngu llw mewn llysoedd barn, daethant o dan erledigaeth.

Dwysaodd hyn pan ddychwelodd y frenhiniaeth gyda gorseddiad Siarl II ym 1660. Trwy weithredu Deddf y Cyrddau a Deddf y Crynwyr 1662, a waharddai i fwy na phump o Grynwyr ymgynnull ar yr un pryd, ceisiwyd dinistrio'r Crynwyr. Yn y cyfnod hwn cyhoeddodd George Fox na fyddai Crynwyr byth eto'n codi arfau mewn rhyfel. Carcharwyd Thomas Wynne yng ngharchar Dinbych ym 1661 ac yno y bu am chwe blynedd. Wedi ei ryddhau ailgydiodd yn ei waith fel barbwr-feddyg yng Nghaerwys, ond wedi blynyddoedd lawer o erledigaeth penderfynodd carfan o Grynwyr, dan arweiniad William Penn, sefydlu tiriogaeth yn America lle y gallent addoli yn ôl eu cydwybod, a phrynodd Thomas Wynne 2,500 o erwau yn y diriogaeth a enwyd yn Pennsylvania. Ac yntau'n 55 oed, hwyliodd ef a'i wraig yno ar fwrdd y llong *Welcome*.

Aethant i fyw i Philadelphia ac yn raddol fe ddaeth Thomas Wynne yn arweinydd cymdeithasol. Ym 1683 fe'i penodwyd yn Llefarydd cyntaf cynulliad Talaith Pennsylvania gan William Penn ac fe ddaethant yn gyfeillion mynwesol. Maes o law daeth yn feddyg personol i William Penn. Daeth hefyd i gysylltiad â'r Lenni Lenâpe, sef trigolion brodorol Delaware, gan ddatblygu perthynas heddychlon rhyngddynt a'r mewnfudwyr. Dychwelodd i Gymru rhwng 1684 a 1686 pryd yr ysgrifennodd, 'A farewell of endeared love to Ould England a Wales...' Ni chyhoeddwyd y gwaith ond y mae'n bwysig oherwydd ymddengys mai dyma'r datganiad cyntaf o blaid heddychiaeth gan Gymro Cymraeg. Dychwelodd i Lewes yn America lle y bu farw ar 17 Mawrth 1692, ac fe'i claddwyd ym Mynwent y Cyfeillion yn Philadelphia.

Hugh Owen, Bronclydwr, c. 1639–1700
Pregethwr Piwritanaidd, 'Apostol Meirion'

> Y Cymmro anwyl, edrych yma
> Ar fy medd, a dwys ystyria,
> Fel yr wyt ti y bum innau
> Fel yr wyf fi y byddi dithau:
> Gan nad wyf mwy i bregethu,
> O'm bedd mynwn wneuthur hyny,
> O, Cred yn Nghrist a bydd grefyddol,
> Casa bob drwg, a bydd fyw'n dduwiol.
>
> *Beddargraff Hugh Owen*

Cannwyll o Gristion oedd Hugh Owen a losgai mewn cyfnod tywyll ac anodd yn hanes y ffydd Gristnogol yng Nghymru. Yr unig ffurf gyfreithlon ar Gristnogaeth yng ngwledydd Prydain ar ôl 1662 oedd Anglicaniaeth a cheisiwyd, trwy ddeddfau a chosbi llym, ddileu Ymneilltuaeth. Gwaharddwyd unrhyw wasanaethau nad oedd yn dilyn patrwm y Llyfr Gweddi Gyffredin. Parhaodd y gorthrwm am ddeng mlynedd ar hugain hyd 1689 pan basiwyd Deddf Goddefiad. Y mae hanes Hugh Owen yn ysbrydoliaeth i Gristnogion sy'n cael eu galw i gynnal y ffydd mewn dyddiau llwm.

Fe'i ganed yn Llanegryn yn fab i Humphrey a Susannah Owen. Dyn o gefndir breintiedig ydoedd ac yn perthyn i lawer o ddeuluoedd bonheddig Meirionnydd ar y pryd. Er enghraifft, yr oedd yn perthyn ar ochr ei fam i'r Barwn Lewis a lofruddiwyd gan Wylliaid Cochion Mawddwy ym 1555, yr un teulu â'r diwinydd enwog Dr John Owen.

Aeth yn fyfyriwr i Goleg Iesu, Rhydychen, ym 1660 ond bu rhaid iddo roi'r gorau iddi o ganlyniad i basio Deddf Unffurfiaeth 1662. Bu am gyfnod yn aelod o eglwys Biwritanaidd Wrecsam, ac fe'i hetholwyd yn henuriad ynddi. Aeth i Lundain am ychydig lle y priododd â Martha, merch John Brown o Little Ness – Piwritan brwd o Swydd Amwythig a ffrind mawr i Vavasor Powell – ac yna dychwelodd i Gymru. Ym 1672 cyhoeddodd y Brenin Siarl II faddeueb i Ymneilltuwyr i gynnal oedfaon ar yr amod eu bod yn cofrestru y mannau lle y'u cynhelid. Trwyddedwyd Hugh Owen i bregethu yn ei dŷ ei hun, Bronclydwr, Llanegryn, a thrwyddedwyd tai eraill er mwyn eu defnyddio fel canolfannau i rannu'r Efengyl. Gweithiodd yn bennaf trwy'r canolfannau hyn ym Meirionnydd a Maldwyn. Byddai'n mynd ar gylchdaith am gyfnod o dri mis ac yna'n ailgychwyn. Rhaid cofio mai nifer fechan o Ymneilltuwyr oedd yn yr ardaloedd hyn yng nghyfnod yr erlid; nodwyd bod rhyw 161 ym Meirion i gyd ym 1676. Yn ogystal â phregethu a dysgu bu'n gefnogol iawn i argraffu llyfrau defosiynol, gan gefnogi Thomas Gouge a'i fenter gyda'r Ymddiriedolaeth Gymreig. Dosbarthodd 16 copi o *Y Ffydd Ddi-ffuant* gan Charles Edwards.

Credai'n gryf mewn grym gweddi, ac y mae un hanes am weddi o'i eiddo yn newid meddwl swyddog a aeth i'w arestio. Pan gyrhaeddodd y siryf Fronclydwr i'w arestio cytunodd Hugh Owen i fynd gydag ef, ond cyn mynd gofynnodd am ganiatâd i weddïo gyda'i deulu. Gwnaeth y weddi y fath argraff ar y swyddog fel y penderfynodd ei ryddhau.

Yr oedd gan Hugh Owen gymeriad addfwyn, a dangoswyd hynny yn ei ofal dros y tlawd a'r anghenus. Dywedodd ei ŵyr y byddai'n yn ymweld â'r tlodion yn yr ardal yn gyson gan roi cymorth iddynt. Pan fyddai'r tywydd yn ddrwg a'r bobl yn oer, ni fyddai'n meddwl ddwywaith cyn rhannu ei ddillad â hwy. Bu farw ar 15 Mawrth 1700 a chladdwyd ei weddillion ym mynwent Llanegryn.

Gruffudd Jones, Llanddowror, 1683–1761

Diwygiwr crefyddol ac addysgol, "Seren fore'r Diwygiad Methodistaidd"

Yr oedd Gruffudd Jones yn gymeriad mor bwysig yn hanes ein cenedl yn y ddeunawfed ganrif fel y rhoddwyd iddo'r enw 'Seren Fore'r Diwygiad Methodistaidd'. Gosododd sylfeini ar gyfer y dyfodol trwy sylweddoli gwerth llythrennedd ac addysg i werin Cymru, a thrwy ei waith galluogwyd y Cymry i ddarllen y Beibl am y tro cyntaf. Ar sail gweledigaeth Gruffudd Jones y datblygodd yr ysgol Sul ac yna addysg gyffredinol yng Nghymru.

Fe'i ganed ym Mhant-yr-efel, Pen-boyr, Caerfyrddin, yn fab i Gruffydd ac Elinor John. Yn ystod ei ddyddiau cynnar bu'n fugail ac ni chafodd ond ychydig addysg yn ysgol y pentref. Wedi iddo benderfynu mynd yn glerigwr aeth i Ysgol Ramadeg y Frenhines Elisabeth, Caerfyrddin. Tua 1707 gofynnodd am gael ei ordeinio ond fe'i gwrthodwyd fwy nag unwaith. Yn y diwedd, trwy ddylanwad Evan Evans, Ficer Clydai, Penfro, fe'i hordeiniwyd yn ddiacon ar 19 Medi 1708 gan George Bull, Esgob Tyddewi, ac yna'n offeiriad ar y 25ain o'r un mis. Yn ystod y blynyddoedd dilynol bu'n gurad ym Mhen-y-bryn, Aberteifi, Penrieth a Thalacharn. Yn Nhalacharn yr oedd hefyd yn athro ysgol SPCK (Society for the Propagation of Christian Knowledge). Fe'i gwnaed yn rheithor Llandeilo-Abercywyn, Caerfyrddin ar 1 Gorffennaf 1711 ac erbyn hyn yr oedd ei enw'n mynd ar led fel pregethwr grymus; tyrrai pobl yn eu miloedd i wrando arno. Oherwydd ei boblogrwydd daeth i sylw'r awdurdodau a chwynodd Esgob Tyddewi, Adam Otteley, amdano am ei fod yn pregethu ar ddyddiau'r wythnos mewn eglwysi, mynwentydd ac ar y mynyddoedd.

Daeth Gruffudd Jones yn aelod gohebol o'r SPCK ac ymgeisiodd am swydd ysgolfeistr a chenhadwr yn Tranquebar, India, o dan yr East India Mission. Cynigiwyd y swydd iddo ond fe dynnodd yn ôl yn ddiweddarach. Rhwng 1714 a 1716 bu rhaid iddo ymddangos nifer o weithiau gerbron llys yr esgob yng Nghaerfyrddin am iddo anwybyddu cyfreithiau ac arferion yr Eglwys. Priododd ym 1719 â Margaret, chwaer ei noddwr, Syr John Phillips.

Ym 1731 ysgrifennodd at yr SPCK yn awgrymu y dylent sefydlu "Welch School" yn Llanddowror. Roeddent wedi sefydlu 98 o ysgolion yng Nghymru rhwng 1699 a 1727, ond sylwodd Gruffudd Jones nad oeddent wedi agor un ers tro a bod rhai o'r ysgolion gwreiddiol wedi cau. Felly dechreuodd yntau sefydlu ysgolion cylchynol gyda'r bwriad o'u defnyddio'n gyfrwng i achub eneidiau trwy arwain pobl at Grist. Ni wyddom union ddyddiad agor yr un gyntaf, ond erbyn 1737 yr oedd yna 37 o ysgolion gyda 2,400 o ddisgyblion. Gwnaeth yr ysgolion hyn waith aruthrol yn cyflwyno addysg i bobl gyffredin am y tro cyntaf. Ysgolion dros dro oedd y rhain a gynhelid am gyfnod o dri mis, ran fynychaf yn ystod misoedd y gaeaf pan oedd llai o waith ar y ffermydd, a hynny ar noson waith. Hyfforddwyd yr athrawon yn Llanddowror gan Gruffudd Jones ac yr oeddent hwy yn eu tro yn dysgu plant ac oedolion i ddarllen y Beibl yn y Gymraeg ac yn dysgu Catecism yr Eglwys. Cafodd gymorth parod Madam Bridget Bevan a ddefnyddiodd ei chysylltiadau i gael arian gan foneddigion Llundain a Chaerfaddon er mwyn cyflogi athrawon a phrynu llyfrau i'r disgyblion. Bu'r ysgolion hyn yn llwyddiant ysgubol. Ym 1761, blwyddyn marw Gruffudd Jones, datganwyd yn *The Welch Piety* (adroddiad blynyddol yr ysgolion) fod 3,495 o ysgolion wedi eu sefydlu a thros 158,000 o ddisgyblion wedi eu haddysgu ynddynt. Yn ogystal â threfnu'r ysgolion bu hefyd yn ddiwyd yn ysgrifennu tua 30 o lyfrau a phamffledi.

Bu gwrthwynebiad i'r ysgolion gan rai mewn awdurdod yn yr Eglwys a hynny'n bennaf oherwydd cysylltiad Gruffudd Jones â'r Methodistiaid. Bu farw yng nghartref Madam Bevan yn Nhalacharn yn 77 oed a chladdwyd ei weddillion yn eglwys Llanddowror.

Bridget Bevan, 'Madam Bevan', 1698–1779
Noddwraig ysgolion cylchynol

Ti chwanegiast at dy goron
Berlau gwell y dydd a ddaw
Nag a gloddir gan yr Indiaid
Fyth yng ngwlad Golcinda draw.

*Cyfeiriad at waith Bridget Bevan
gan William Williams, Pantycelyn*

Deuai Bridget Bevan o deulu breintiedig a chefnog ac fe gafodd addysg dda. Dywedid ei bod yn wraig wybodus a diwylliedig, yn bendant ei barn ac yn meddu ar feddwl deallus a dadansoddol. Merch ydoedd i John ac Elizabeth Vaughan, Cwrt Derllys, Caerfyrddin. Bu ei thad yn arweinydd bywyd crefyddol ac addysgol Caerfyrddin am gyfnod. Cefnogai waith yr SPCK ac fe sefydlodd ysgolion elusennol a llyfrgelloedd rhyddion ar gyfer tlodion yn y sir. Oherwydd y gwaith hwn mae'n debygol fod y teulu'n gyfarwydd â Gruffudd Jones, Llanddowror, ers dyddiau plentyndod Bridget, ac yn ogystal yr oedd yn perthyn trwy briodas i'r Vaughaniaid gan iddo briodi chwaer gwraig Richard Vaughan, ewythr Bridget Bevan. Bedyddiwyd hi ar 30 Hydref 1698 yn eglwys Merthyr gan y rheithor, Thomas Thomas, ac ar 30 Rhagfyr 1721 priododd ag Arthur Bevan, bargyfreithiwr o Dalacharn. Yr oedd ef yn ŵr o awdurdod, yn gofiadur bwrdeistref Caerfyrddin rhwng 1722 a 1741, yn aelod seneddol rhwng 1727 a 1741, ac am gyfnod yn farnwr dros dde a gogledd Cymru. Ystyrid eu tŷ yn Nhalacharn yn dŷ trugaredd i'r tlodion a'r anghenus. Yr oeddent hefyd yn berchen ar gartref yng Nghaerfaddon lle y cynhelid oedfaon pregethu'n gyson. Bu George Whitefield a John Wesley, Howell Harris a Gruffudd Jones yno yn cyhoeddi'r Efengyl.

Oherwydd gwaith ei thad gydag ysgolion yr oedd yn ddigon naturiol i Bridget ymddiddori yn y gwaith. Fe sefydlodd hi ei hun ddwy ysgol yn Llandeilo Abercywyn a Llandybïe. Addawyd nawdd i Gruffudd Jones i gychwyn ysgolion gan frawd ei wraig, sef Syr John Phillip, Castell Pictwn, Penfro, ond yn fuan bu farw Syr John Phillips ac fe safodd Bridget Bevan yn y bwlch. Am ddeugain mlynedd bu'n noddwr ariannol ac yn gefn cydwybodol i waith Gruffudd Jones yn sefydlu ysgolion ar gyfer tlodion diaddysg Cymru.

Yr oedd dylanwad Bridget Bevan ar Gruffudd Jones yn fawr ac arwydd o hyn oedd ati anfon 175 o lythyrau iddi rhwng 1731 a 1737. Bu farw Gruffudd Jones yn ei chartref lle y bu'n byw ar ôl marwolaeth ei wraig, ac yn ei ewyllys gadawodd ei holl eiddo iddi, sef gwerth oddeutu £7,000, er mwyn iddi barhau â gwaith yr ysgolion. Cadwodd Madam Bevan ei gair, ac ym 1779, blwyddyn ei marw, yr oedd yna 144 o ysgolion yng Nghymru, gyda 9,576 o ddisgyblion. Gadawodd Bridget Bevan £10,000 er mwyn cynnal yr ysgolion i'r dyfodol, ond oherwydd ymyrraeth dau berthynas trosglwyddwyd ei holl eiddo i lys y Siansri. Heblaw bod yn noddwr i'r ysgolion hyn ymddiddorodd Bridget Bevan drwy'i hoes yn y rhan fwyaf o fudiadau crefyddol, dyngarol ac addysgol ei dydd. Bu farw ar 11 Rhagfyr 1779 a chladdwyd hi yn eglwys Llanddowror ar 17 Rhagfyr.

Dafydd Jones o Gaeo, 1711–77
Porthmon, emynydd a bardd

Mae arna'i eisiau zel,
I 'nghymell at dy waith,
Nid oddiar ofn y gosp a ddel,
Nac am y gyflog chwaith;
Ond gwir ddymuniad llawn,
Dderchafu'th gyfiawn glod,
Am iti wrthyf drugarhau,
Ac edrych arna'i erioed.

Dafydd Jones

Ganwyd Dafydd Jones yng Nghwm Gogerddan, Nant Cilgwyn, Caeo, sir Gaerfyrddin, yn fab i Daniel John a oedd yn borthmon. Ni wyddom ddim am ei blentyndod ond efallai iddo dderbyn addysg elfennol gan David Williams ym Mwlch-y-rhiw. Y mae dirgelwch sut y dysgodd Saesneg cystal, a'r tebygolrwydd yw ei fod wedi dysgu'r iaith fain wrth ddilyn ei alwedigaeth fel porthmon yn Lloegr. Yr oedd siroedd Aberteifi, Caerfyrddin a Phenfro yn enwog am eu porthmyn a gyrrwyd anifeiliaid yn gyson i ffeiriau Barnet, Maidstone a threfi eraill Lloegr.

Ystyrid porthmyn yn ddynion garw oedd yn fwy na pharod i fudrelwa pan fyddai'r cyfle'n codi. Dywedir i Dafydd Jones tröedigaeth wrth ddychwelyd o daith i Loegr. Trodd i mewn i hen gapel Troedrhiwdalar, gerllaw Llanfair-ym-Muallt, a chyn diwedd yr oedfa daeth i gredu yn Iesu Grist fel Gwaredwr. Wedi dychwelyd ymaelododd yn eglwys Annibynnol Crug-y-bar lle'r oedd y Parch. John Harris yn weinidog a bu'n aelod gweithgar yno gydol ei oes.

Y mae hanes am Dafydd Jones yn Llanbedr Pont Steffan yn gwrando ar bregethwr o'r enw Perkins yn pregethu yn y Pownd wrth ymyl y bont a thyrfa wedi ymgynnull i wrando. Ymosodwyd ar y tŷ gan haid o ddihirod a gyflogid gan ddyn lleol a wrthwynebai Ymneilltuaeth. Llusgwyd y pregethwr a'i gynulleidfa i'r stryd, ond aeth Dafydd Jones ar ei liniau a gweddïo gyda'r fath arddeliad fel y dychrynodd yr erlidwyr a ffoi.

Dechreuodd farddoni yn ifanc a gallai weu pennill am droeon trwstan yn rhwydd. Meistrolodd y gynghanedd a chyfansoddodd nifer o englynion. Yn fuan wedi ei dröedigaeth aeth ati i gyfieithu salmau poblogaidd Dr Isaac Watts, sef *The Psalms of David imitated in New Testament Language*, i'r Gymraeg. Treuliodd rai blynyddoedd wrth y gwaith ac ymddangosodd y gyfrol gyntaf, sef *Salmau Dafydd*, ym 1753, ac adargraffiadau ohoni ym 1766 a 1802. Daeth Salmau Watts, yn boblogaidd yn eu gwisg Gymraeg i'r fath raddau fel y cyhoeddwyd hwy ym Meibl Peter Williams ym 1822. Ym 1771 cyhoeddwyd ei gyfieithiad o waith arall gan Dr Watts sef cyfrol ar gyfer plant, *Divine and Moral Songs*, yn dwyn y teitl *Caniadau Dwyfol*.

Cyhoeddwyd yr emyn cyntaf o'i waith gan William Williams, Pantycelyn, yn y bumed ran o'i *Aleluia* ym 1747. Cyhoeddodd hefyd lyfrau emynau oedd yn cynnwys cyfieithiadau a'i waith gwreiddiol ei hun, yn eu plith *Difyrrwch i'r Pererinion* (1764) a *Hymnau a Chaniadau Ysprydol*.

Priododd ag Ann Jones o Abercarfan, Llanddewibrefi, ond bu hi farw ym 1748 gan adael dwy o ferched. Ailbriododd â Miss Price o Hafod Dafolog, Llanwrda, ac fe gawsant bump o ferched. Bu farw ar 30 Awst 1777 yn 66 mlwydd oed a chladdwyd ef wrth hen gapel Crug-y-Bar.

Daniel Rowland, 1713–90
Clerigwr Methodistaidd, pregethwr grymus, awdur ac emynydd

Bryd caf fi, anwylaf Iesu,
Gennyt le
Yn y ne',
Hyfryd gartre'r teulu.

Iesu agor i mi'n rasol
Ddrws y nen
Led y pen –
Gwna fi'n un â'th bobl!

Daniel Rowland

Daniel Rowland oedd yr ieuengaf o chwech o blant Daniel a Janet Jones, Pantbybeudy, Nantcwnlle, Aberteifi. Yr oedd ei dad yn offeiriad yn yr Eglwys ac yn dal bywoliaeth Nantcwnlle a Llangeitho. Ychydig a wyddom am ei ddyddiau cynnar, ond yn ôl traddodiad derbyniodd addysg gan ei dad a'i frawd John ac yn ysgol ramadeg Hwlffordd. Cafodd ei urddo'n ddiacon gan Esgob Tyddewi, Nicholas Claggett, ym 1734, ac yn offeiriad ym 1735 yn yr un plwyfi â'i dad. Ym 1734 hefyd, priododd ag Eleanor Davies, Caerllugest, a oedd o deulu cefnog, a chawsant bum merch a dau fab.

Cafodd dröedigaeth wrth wrando ar Gruffudd Jones, Llanddowror, yn pregethu yn Llanddewibrefi, ac o ganlyniad daeth ei bregethu ei hun yn llawer mwy grymus a dylanwadol gan dynnu'r tyrfaoedd i wrando arno; byddai rhwng dwy a phedair mil o gymunwyr yn gyson yn Llangeitho. Cynnwys ei bregethau ar y dechrau oedd cyfiawnder a sancteiddrwydd Duw, a barai fraw ymhlith ei wrandawyr, ond ar gyngor cyfaill o'r enw Phillip Puw dechreuodd bwysleisio gras a chariad Duw. Yna, ar gais gwraig o Ystrad-ffin, dechreuodd bregethu y tu allan i'w blwyf, gan gymell pobl i gredu yn Iesu Grist. Wedi hynny aeth ati i bregethu ar hyd a lled y wlad, a daethpwyd i'w ystyried yn un o bregethwyr mwyaf Cymru yn ystod y ddeunawfed ganrif. Gwnaeth hyn oll o dan wg yr awdurdodau eglwysig. Datblygiad pwysig yn ei hanes a hanes y Diwygiad Efengylaidd oedd iddo sefydlu dosbarth i hyfforddi ei blwyfolion yn y ffydd. Dyma wreiddyn y seiadau a fu'n rhan allweddol o lwyddiant y Methodistiaid yn ddiweddarach. Yr oedd dau ddechreuad i'r seiadau yng Nghymru, sef Talgarth a Llangeitho.

Ym 1737 cyfarfu Rowlands â Howell Harris am y tro cyntaf yn eglwys Defynnog ac am bedair ar ddeg o flynyddoedd buont yn cydweithio gydag eraill i ledaenu'r Efengyl ac i hyrwyddo'r Diwygiad Methodistaidd a gafodd gymaint o effaith ar Gymru. Ond bu anghydfod rhyngddo a Howell Harris ar sail diwinyddiaeth, gweinyddiaeth y seiadau, perthynas Howell Harris â Madam Griffith a disgyblaeth, ac fe chwerwodd eu perthynas gan droi yn rhwyg erbyn 1752. Boddodd ei frawd John Rowland yn Aberystwyth ym 1760 a disgwyliwyd i'w fywoliaeth gael ei rhoi i Daniel, ond nid felly y bu oherwydd fe'i rhoddwyd i'w fab Nathaniel. Bu'n gurad i'w fab am gyfnod. Cododd Daniel Rowland gapel yn Llangeitho ym 1763, a phan bwriwyd ef allan o'r Eglwys oherwydd ei waith a'i ddaliadau Methodistaidd daeth y capel hwn yn ganolfan Methodistiaeth yng Nghymru. Cyhoeddwyd nifer o gyfrolau o'i bregethau a'i emynau, gan gynnwys *Llwybyr Hyffordd i'r Cymry* (1740) a *Sail, Dibenion,* (1742) ac yr oedd yn un o arloeswyr yr emyn Cymraeg. Bu farw ar 16 Hydref 1790 yn 77 oed, a'i gladdu yn Llangeitho ar 20 Hydref.

Howell Harris, 1714–73
Diwygiwr crefyddol ac un o geffylau blaen y Diwygiad Methodistaidd

Yn y cyfnod tywyll pygddu
Fe ddaeth dyn fel mewn twym ias
Yn llawn gwreichion goleu tanllyd
O Drefecca fach i ma's.

William Williams, Pantycelyn

Mab oedd Howell Harris i Howell Powell (Harris) o Langadog a fuodd i Dalgarth oddeutu 1700 gan briodi Susanna Powell, Trefeca-fach ym 1702. Enwyd y cartref a adeiladwyd ym 1576 ar ôl y perchennog cyntaf, sef Rebecca Prosser, ac yno y ganwyd Howell ar 23 Ionawr 1714, yr ieuengaf o bedwar o blant. Addysgwyd ef yn Ysgol Ramadeg Llwyn-llwyd, ac wedi marwolaeth ei dad ym 1731 cafodd waith fel athro yn Llan-gors a Llangasty hyd nes iddo ennill ei 'Matriculation'. Bwriad y teulu oedd iddo fynd i Rydychen i ennill urddau eglwysig, ond nid dyna fwriad Duw. Ym 1735, dan weinidogaeth Pryce Davies, ficer Talgarth, fe gafodd dröedigaeth. Ymaelododd yn Neuadd y Santes Fair, Rhydychen, ond gadawodd ar ôl wythnos yn unig. Cadarnhawyd ei ffydd wrth dderbyn y Cymun ar y Sulgwyn dilynol, a thystiodd, 'Wrth y Bwrdd, cedwid Crist yn gwaedu ar y Groes yn gyson o flaen fy llygaid, a nerthwyd fi i gredu fy mod yn derbyn maddeuant ar gyfrif y gwaed hwnnw. Collais fy maich; aethum tuag adref gan lamu o lawenydd... O! ddiwrnod bendigedig, O! na allwn ei gofio yn ddiolchus dros fyth!'

Ceisiodd am urddau eglwysig y flwyddyn ddilynol, ond gwrthodwyd ef oherwydd ei fod yn pregethu'n afreolaidd. Wedi profi gras Duw aeth ati i weithio dros Iesu Grist ac i genhadu'n lleol. Ymestynnodd cylch ei ddylanwad yn raddol a deuai nifer gynyddol i wrando arno. Yn gynnar yn ei hanes cychwynnodd seiadau lle y gallai credinwyr addoli a rhannu eu profiadau.

Dywedid mai yn y Wernos tua Mai 1737 y sefydlwyd y seiat oedd efallai yn fam Methodistiaeth Cymru, ac yn y cyfnod hwn hefyd daeth i gysylltiad â llawer o bobl a ddylanwadodd yn drwm arno, fel Gruffudd Jones, Daniel Rowland, George Whitefield a John Wesley.

Gydol ei fywyd bu tyndra rhwng ei ymlyniad wrth yr Eglwys Sefydledig a Methodistiaeth. Wrth gwrs nid cychwyn eglwys newydd oedd bwriad y Methodistiaid ond diwygio'r Eglwys Anglicanaidd. Gweithiodd Howell Harris yn ddiflino er mwyn cyflwyno'r Efengyl, a theithiodd gannoedd o filltiroedd yn fisol yng Nghymru a Lloegr gan gadw dyddiadur manwl o'r cyfan. Bob hyn a hyn byddai'n wynebu erledigaeth gan yr awdurdodau a phobl leol, ac ar un achlysur cafodd ei guro'n ddidrugaredd â phastwn yn y Bala. Ym 1744 priododd ag Anne Williams, merch John Williams o'r Ysgrîn.

Ni fu'r Diwygiad Methodistaidd yn fêl i gyd i Harris oherwydd ym 1751 bu dadl ffyrnig rhyngddo a Daniel Rowland a barodd rwyg a lesteiriodd beth ar y llwyddiant. Ymneilltuodd Harris gan sefydlu 'Teulu' yn Nhrefeca, sef cymdeithas glòs o gredinwyr lle roedd popeth yn gyffredin rhwng pawb, a Christnogaeth yn foth i'r cyfan. Yr oedd cymaint â chant yn cyd-fyw yn Nhrefeca a datblygwyd pob math o greffftau yn eu plith, gyda rhai yn amaethu, nyddu, argraffu neu'n gweithio yn y felin. Ymddiddorai Harris mewn amaethyddiaeth ac roedd yn un o sefydlwyr Cymdeithas Amaethyddol Brycheiniog. Ym 1760 ymunodd ef a 24 aelod o'r Teulu â Milisia Brycheiniog a theithiasant yma ac acw am dair blynedd, pryd y manteisiodd Harris ar bob cyfle i bregethu Iesu Grist. Ymunodd â'i hen gyfeillion ym 1762 gan ailafael yn y gwaith o fynychu'r sasiynau, ymweld â'r seiadau, a phregethu megis cynt. Dirywiodd ei iechyd ym 1772 a bu farw ar 21 Gorffennaf 1773. Claddwyd ei weddillion ger allor eglwys Talgarth. Yr oedd yn un o Gymry mwyaf ei oes.

Morgan Rhys, 1716–79
Emynydd ac athro cylchynol

O! agor fy llygaid i weled
Dirgelwch dy arfaeth a'th air;
Mae'n well i mi gyfraith dy enau
Na miloedd o arian ac aur:
Y ddaear â'n dân, a'i thrysorau,
Ond geiriau fy Nuw fydd yr un;
Y bywyd tragwyddol yw 'nabod
Fy Mhrynwr yn Dduw ac yn ddyn.

Pennill o waith Morgan Rhys.

Dyn dirgel y Diwygiad Methodistaidd oedd Morgan Rhys oherwydd ychydig iawn a wyddom i sicrwydd amdano. Mae llawer o'r wybodaeth sydd gennym un ai'n cael ei thybio, neu wedi ei throsglwyddo ar dafod leferydd. Eto, fel emynydd saif ymhlith y pwysicaf a'r galluocaf yn hanes ein hemynyddiaeth. Mentrodd rhai ddweud mai ef oedd emynydd mwyaf ein cenedl yn y ddeunawfed ganrif.

Fe'i ganwyd yn ôl pob tebyg ar 1 Ebrill 1716 yn yr Efail-fach, Cil-y-cwm, ryw bedair milltir o Lanymddyfri, Caerfyrddin, yn fab i Rhys ac Anne Lewis. Dywedir iddo ddod i gredu wrth wrando ar Howell Harris yn pregethu ond nid oes tystiolaeth bendant i gadarnhau hynny.

Gwyddom i sicrwydd iddo weithio fel athro cylchynol mewn rhannau o siroedd Caerfyrddin a Cheredigion rhwng 1757 a 1775 oherwydd bod cyfeiriad ato yn y *Welch Piety*, adroddiad blynyddol yr ysgolion.

Ar ddiwedd ei oes yr oedd yn byw yng Nghwm Gwaun Hendy, Llanfynydd, a chladdwyd ef ym mynwent Llanfynydd ar 9 Awst 1779. Dengys ei ewyllys yr hyn oedd yn wirioneddol bwysig iddo ar derfyn ei oes, oherwydd gwelwn iddo ddarparu ar gyfer ei briod a'i berthnasau, a gadawodd arian i weinidogion y Methodistiaid, yn eu plith Daniel Rowland, David Jones, Llangan, a William Williams, Pantycelyn. Gadawodd hefyd roddion i'r seiadau yn Nantgaredig, Llansawel, Cil-y-cwm ac eraill.

Yn ôl arfer beirdd ei oes ysgrifennodd farwnadau er cof am gyfeillion a fu farw. Canodd farwnad i'r Parchedigion Howel Davies, Lewis Lewis, Llanddeiniol a Mr Morgan Nathan, Llandeilo Fawr. Ond yr oedd ei arbenigedd a'i fawredd heb os yn ei emynau godidog. Y casgliad cyntaf a gyhoeddwyd ganddo oedd *Golwg o Ben Nebo* (1755) a gynhwysai un ar ddeg o emynau. Yna, ym 1760, ymddangosodd cyfrol o ddau ar hugain o emynau yn dwyn y teitl *Casgliad o Hymnau*. Ailargraffwyd *Golwg o Ben Nebo* ym 1764 gyda deugain o emynau newydd ynddo. *Golwg ar y Byd hwn yn myned heibio* oedd enw'r casgliad newydd a gyhoeddodd ym 1767. Yn y 70au cyhoeddodd ddwy gyfrol arall, sef *Golwg ar Ddinas Noddfa* (1770) a *Griddfannau'r Credadyn* (1772). Y mae ei emynau'n mynegi profiadau ysbrydol dwys, y lleddf a'r llon, a cheir yn fynych fynegiant o chwerwder pechod ochr yn ochr â melyster gras Duw yn Iesu Grist, fel yn y pennill hwn o'i eiddo.

> Er i mi bechu yn ffiaidd o'm mebyd hyd yn awr,
> Mil mwy yw dy drugaredd na'm holl bechodau mawr;
> Mwy rhinwedd gwaed dy galon na'm ffiaidd bechod cas,
> Dyfnach na damnedigaeth yw'th gadwedigol ras.

Ceir enghreifftiau o'i waith ym mhob casgliad o emynau Cymraeg ac y mae un ar ddeg ohonynt yn y gyfrol *Caneuon Ffydd*. Dywedodd H. Elvet Lewis fel hyn mewn rhagair i lyfr amdano: 'Ei emynau yw ei gofiant a'i gofgolofn.'

William Williams, Pantycelyn, 'Y Pêr Ganiedydd', 1717–91
Emynydd, diwygiwr, clerigwr Methodistaidd ac awdur

Ganwyd William Williams yn y Cefn-coed, Llanfair-ar-y-bryn, Caerfyrddin, yn un o chwech o blant John a Dorothea Williams. Ef oedd yr unig un o blith tri o feibion a gafodd fyw i fod yn oedolyn. Bu ei dad yn henadur yn eglwys Annibynnol Cefnarthen hyd nes i Arminiaeth rwygo'r achos yn ddwy. O ganlyniad ymneilltuodd y teulu gan gychwyn achos a gyfarfyddai yn fferm Clinpentan. Yn ddiweddarach adeiladwyd capel Pentre-ty-gwyn ar dir Pantycelyn. Fe gafodd ei addysg gynnar yn Athrofa Llwyn-llwyd gyda'r bwriad o fynd yn feddyg, a hynny o dan arweiniad y Parch. David Price, gweinidog eglwys Annibynnol Maesyronnen, ond yn ystod ei dymor yno fe gafodd dröedigaeth. Ym 1738 y digwyddodd hynny, ym mynwent eglwys Talgarth, wrth iddo wrando ar Howell Harris yn pregethu. Fel hyn y canodd Pantycelyn am y profiad yn ddiweddarach:

> Dyma'r boreu, fyth mi gofiaf,
> Clywais innau lais y nef;
> Daliwyd fi wrth wŷs oddi uchod
> Gan ei sŵn dychrynllyd ef;
> Dyma'r fan, trwy byw mi gofiaf,
> Gwelais i di gynta erioed,
> O flaen porth yr Eglwys eang,
> Heb un twmpath dan dy droed.

Ymunodd â'r Eglwys Sefydledig ac fe'i hordeiniwyd yn ddiacon gan Nicholas Claget ym Mhlas Abergwili ym 1740, a bu'n gurad yn Llanwrtyd, Llanfihangel a Llanddewi Abergwesyn hyd 1743. Bu mewn helbul hefo llys yr esgob oherwydd ei gydymdeimlad â'r Methodistiaid, ac o'r herwydd gwrthododd Esgob Tyddewi ei ordcinio'n offeiriad. Canlyniad hyn oedd iddo ymroi yn llwyr i'r mudiad Methodistaidd gan ddod yn un o'r prif arweinyddion yng Nghymru.

William Williams oedd prif emynydd y Diwygiad Methodistaidd yng Nghymru ac ni ellir gorbwysleisio dylanwad ei emynau ar y Methodistiaid ac yn wir ar Ymneilltuaeth yn gyffredinol wedi hynny. Cynhaliwyd cwrdd misol yn nhŷ Jethro Dafydd Ifan oddeutu 1743 ac un o'r materion a godadd oedd yr angen am emynau Cymraeg addas i'w defnyddio. Anogodd Howell Harris y sawl oedd yn bresennol i gyfansoddi emyn erbyn y cwrdd dilynol. Gwnaed felly, ac wedi i bawb adrodd ei waith dywedodd Harris, 'Williams biau'r emyn,' ac felly y bu. Cyhoeddodd ei emynau ar ffurf llyfrynnau ac ymddangosodd y cyntaf ym 1744 yn dwyn y teitl *Aleluia*. Erbyn 1787 yr oedd 27 llyfryn o'i emynau wedi eu cyhoeddi.

Nid emynau yn unig a gyfansoddodd oherwydd cyhoeddodd hefyd ddwy gân fawr, sef *Golwg ar Deyrnas Crist*, (1756) a *Theomemphus* (1764). Y mae'r gyntaf yn ceisio cloriannu bwriadau Duw yn y greadigaeth, a'r ail yn olrhain taith ysbrydol Cristion a'r profiadau a ddaeth i'w ran. Cyfansoddodd hefyd oddeutu 28 o farwnadau i bobl fel Howell Harris a Daniel Rowland ac ysgrifennodd nifer o lyfrau rhyddiaith. Ceir ei enw ar dros 90 o lyfrau rhwng 1744 a 1791. Erbyn hyn cofir amdano'n bennaf oherwydd ei emynau, sy'n parhau i ysbrydoli Cristnogion. Meddai William Williams ar y ddawn anghyffredin o gyfleu teimladau mewnol Cristnogion mewn geiriau ac idiomau dealladwy, fel bod llawer o'i emynau'n mynegi profiadau dwysaf yr addolwr. Gwelwn hyn yn glir yn y pennill isod:

Iesu ei hunan yw fy mywyd,
Iesu'n marw ar y groes:
y trysorau mwyaf feddaf
yw ei chwerw angau loes;
gwacter annherfynol ydyw
meddu daear, da na dyn;
colled ennill popeth arall
oni enillir di dy hun.

Oddeutu 1748 priododd â Mary Francis o Lansawel ac aeth i fyw i hen gartref ei fam ym Mhantycelyn. Cawsant ddau fab, sef William a fu'n gurad yng Nghernyw, a John William. Teithiodd trwy Gymru drwy gydol ei oes yn arolygu seiadau ac yn pregethu. Bu farw'n dangnefeddus ar 11 Ionawr 1791 a rhoddwyd ei weddillion i orffwys yn Llanfair-ar-y-bryn gerllaw Llanymddyfri.

Thomas Jones o Gaer, 1737–1813
Cristion a chymwynaswr

Yn hanes Cristnogaeth Cymru y mae llu o bobl gyffredin, caredigion yr achos, sydd wedi neilltuo eu doniau a'u cyfoeth i hyrwyddo gwaith teyrnas Dduw, ac un o'r cyfryw rai yw Thomas Jones. Nid oes fawr o sôn amdano ar glawr, ac ni chyhoeddodd unrhyw lyfrau, ond eto yr oedd lle pwysig iddo yn hanes Cristnogaeth ei genhedlaeth.

Ganwyd ef ym mhentref Eccleston, ddwy filltir o Gaer, a'i dad yn ŵr duwiol a gadwai dyddyn ar stad Eaton. Pan oedd yn ifanc ei brif ddifyrrwch oedd dawnsfeydd, rasys ceffylau ac unrhyw ddiddanwch arwynebol arall. Fe'i prentisiwyd fel cyllellwr ac fe ddaeth maes o law yn eithriadol o gefnog. Er iddo ddod o dan argyhoeddiad wrth wrando ar George Whitefield yn pregethu, oerodd ei gariad cyntaf. Aildaniwyd ei ffydd pan aeth ar fusnes i Lundain ac i oedfa yn eglwys Saint Dunstan's-in-the-West lle clywodd fachgen ifanc yn pregethu ffordd iachawdwriaeth. Llanwyd ei galon â gorfoledd, a'i enaid â thangnefedd. Daeth yn un o golofnau achos Annibynnol Queen Street, Caer, o 1772 ymlaen, ac fe'i hetholwyd yn ddiacon ym 1773. Ymddiddorodd mewn addysgu plant ac ef oedd yn gyfrifol am y bechgyn pan sefydlwyd ysgol Sul Queen Street. Dywedid y gallai fod yn ddyn od, ac weithiau'n flin, ond roedd ei haelioni yn ddigwestiwn.

Pan oedd yn dal yn gymharol ifanc penderfynodd ddau beth. Yn gyntaf, y byddai'n cynilo swm penodol o arian er mwyn gallu ymddeol yn gyffyrddus. Yn ail, wedi iddo gyrraedd y swm penodol hwnnw y byddai'n defnyddio unrhyw elw pellach er budd achos Duw a'i gyd-ddyn. Adleisiai'r penderfyniadau hyn egwyddorion Sect Clapham wrth iddynt ymdrin â'u cyfoeth. Bu Thomas Jones cystal â'i air, ac mae yna lawer o enghreifftiau o'i haelioni. Talodd arwystl (morgais) o £200 ar ran eglwys Queen Street, yn ogystal â phrynu rent y tir am £153/15/0 a dau ddarn o dir ar y stryd honno i'w rhoi fel rhodd i'r ymddiriedolwyr ym 1777. Yr oedd ganddo ddiddordeb mawr yn y gwaith Cristnogol yn sir

Fflint. Cefnogodd ffurfio eglwys yn Nhreffynnon ym 1789 ac yr oedd yn un o'r ymddiriedolwyr pan godwyd capel Bagillt ym 1803. Talodd yn llwyr am godi capel a thŷ yn Rhes-y-cae ym 1808.

Telid cyflogau y Parchedigion Benjamin Evans, Rhuthun, a William Jones yn Arfon yn bennaf ganddo ef. Pan oedd y Parch. Azariah Shadrach yn Nhrefriw fe gafodd geffyl bychan a chyfrwy yn rhodd gan Thomas Jones i hwyluso'i deithio. Un tro, penderfynodd un o'i gyfeillion, George Lewis, ymfudo i America, ac er mwyn ei ddarbwyllo i aros aeth Thomas Jones ati i sefydlu chwech o ysgolion dyddiol yn y gogledd a gofyn i George Lewis eu harolygu. Cytunodd yntau gan roi heibio'i fwriad i ymfudo.

Bu farw ar 5 Tachwedd 1813 a'i gladdu ym mynwent capel Queen Street, Caer. Yn ei ewyllys gadawodd arian mawr i nifer o achosion. Gadawodd £1,400 i'w buddsoddi, gydag elw o £700 yn mynd i gynorthwyo gweinidogion Ymneilltuol yng Nghymru, ac elw o £700 i gynnal yr ysgolion a arolygid gan George Lewis. Gadawodd £200 i'w buddsoddi i gynorthwyo myfyrwyr tlawd yn Academi Wrecsam. Rhoddodd gymynroddion o £200 i Gymdeithas Genhadol Llundain; £100 i Gymdeithas y Beibl; £100 i Gymdeithas y Traethodau Crefyddol; £100 i garchar merched yn Llundain; £300 i Gyfarfod Chwarter Sir Gaerleon (Chester) i daenu'r Efengyl, a £50 i ysbyty Caer.

Robert Jones, Rhos-lan, 1745–1829
Athro, pregethwr, ac awdur

Ganwyd Robert Jones ar 13 Ionawr 1745, yn unig fab i John a Margaret Williams o'r Suntur, Llanystumdwy. Ymddengys bod ei fam yn wraig anarferol oherwydd gallai ddarllen a meddai ar gopïau o'r Beibl a'r Llyfr Gweddi Gyffredin. Er bod y cofiant i Robert Jones gan Griffith Simon yn dweud iddi farw ym 1756, mae'n debyg mai ymuno â'r 'Teulu' enwog yn Nhrefeca a wnaeth yn y flwyddyn honno, pan oedd ei mab yn un ar ddeg oed. Dim ond un enghraifft sydd ohono'n cael ei alw'n Robert Williams, er bod nifer o enghreifftiau o'r ffurf Robert ap Ioan. Dysgodd ddarllen gartref gyda'i fam, ac yn ysgol Thomas Gough a fynychodd am chwe wythnos. Yno hefyd y plannwyd hadau ei ddiddordeb mewn barddoniaeth a'r cynganeddion. Cafodd ei hyfforddi fel saer coed, ond ar lyfrau yr oedd ei fryd a darllenai unrhyw lyfr o fewn cyrraedd.

Pan oedd yn ddwy ar bymtheg oed cafodd afael ar Gatecism Gruffudd Jones a dechreuodd ystyried materion ysbrydol o ddifrif. Yn y cyfnod hwn fe gafodd dröedigaeth wrth wrando ar bregethwr a'i hargyhoeddodd o'i bechod ac o'i angen am Waredwr. Ymaelododd â seiat y Methodistiaid Calfinaidd ym Mrynengan gan deimlo baich cynyddol dros gyflwr ysbrydol ei gyfoedion. Aeth i Dalacharn ddwywaith i erfyn ar Madam Bevan i sefydlu ysgolion yng ngogledd Cymru. Y tro cyntaf nid oedd gartref, ond yr ail dro addawodd gynorthwyo ar yr amod ei fod ef yn gofalu am yr ysgol (1763). Cydsyniodd â'r cais, a bu'n cadw ysgolion dros y blynyddoedd yng Nghapel Curig, Llangybi, Beddgelert, Rhuddlan, Brynsiencyn a Brynengan. Dechreuodd bregethu tra oedd yng Nghapel Curig, a hynny oherwydd bod pregethwr wedi methu cadw ei gyhoeddiad. Wynebodd erledigaeth sawl gwaith yn ystod ei oes. Yn Rhuddlan byddai anwariaid y dref yn ymosod arno ar lafar gan dyngu a rhegi'n fygythiol, a phan aeth i bregethu i Ddyserth ymosodwyd yn gorfforol arno. Tra oedd yn cynnal ysgol ym Mrynsiencyn Môn rhoddodd offeiriad lleol ei gas arno a'i orfodi i ymadael.

Ym 1770 cyhoeddodd ei waith llenyddol cyntaf, sef *Ymddiffyn Cristnogol* a argraffwyd yn ddiweddarach dan y teitl *Lleferydd Asyn*. Ynddo ymosododd ar y Parch. Zacheus Hughes a aflonyddodd ar gyfarfod cyhoeddus lle roedd Robert Jones yn pregethu, trwy chwythu corn gan amddiffyn y Methodistiaid rhag yr erlidwyr. Ym 1772 priododd â Magdalen Prichard yn Llanfihangel-y-Pennant ac fe gawsant o leiaf bedwar o blant. Aethant i fyw am saith mlynedd i dyddyn Tir Bach, Rhos-lan, lle'r oedd ganddo weithdy a ddefnyddiai hefyd fel man cyfarfod i'r Methodistiaid. Symudasant i Dŷ Bwlcyn, Dinas, Llŷn, wedyn, oherwydd bod perchennog Tir Bach yn gwrthwynebu'r Methodistiaid.

Datblygodd i fod yn un o hoelion wyth y Methodistiaid yn sir Gaernarfon ac yn bregethwr o bwys. Cyhoeddodd nifer o lyfrau yn ystod ei oes ond y pwysicaf oedd *Grawn-sypiau Canaan* (1795) a *Drych yr Amseroedd* (1820). *Grawn-sypiau Canaan* oedd y casgliad cyntaf o emynau i'w ddefnyddio'n gyffredinol gan y Methodistiaid Calfinaidd yng ngogledd Cymru. Llyfr hanesyddol oedd *Drych yr Amseroedd* yn olrhain cychwyn a thwf Methodistiaeth yng Nghymru. Yr oedd Robert Jones yn gyfeillgar â Thomas Jones, Dinbych, a Thomas Charles o'r Bala, a bu'n gweithio gyda'r ddau i baratoi argraffiad o'r Beibl Cymraeg ar ran y Gymdeithas Feiblau; cyhoeddwyd y Beibl hwnnw ym 1807. Bu farw ar 18 Ebrill 1829 a chladdwyd ei weddillion ym mynwent Llaniestyn.

Sarah (Sally) Charles, 1753–1814
Cristion a gwraig fusnes

'Gofalodd Mrs Charles gyda'r fath egni tros ei busnes fel na fu iddo darfu ar feddwl ei gŵr yn ei stydi; ac felly mae'n ymddangos ein bod yn ddyledus am Y Fibl Gymdeithas i raddau pell iawn i fenyw. Petai hi wedi gofyn i'r dyn a feddyliodd am y Gymdeithas ymboeni gyda materion bydol, ni byddai Cymdeithas gennym hyd y dydd hwn.'

Joseph Harris (Gomer)

Unig blentyn David a Jane (Siân) Jones, siopwyr yn y Bala, oedd Sally, ac fe'i ganwyd ar 12 Tachwedd 1753. Bu farw ei thad pan oedd hi tua chwech oed ac fe ailbriododd ei mam – a oedd yn un o ddychweledigion cynnar Howell Harris – â Thomas Foulkes.

Treuliodd lawer o amser yn cynorthwyo ei rhieni yn y siop, yn ystod ei phlentyndod, ac wrth brifio ysgwyddai fwy a mwy o'r cyfrifoldebau, megis prynu a gwerth nwyddau a chadw golwg ar waith y morwynion a'r gweision. Daeth perchnogaeth y siop iddi pan fu farw ei mam ym 1785. Ailbriododd Thomas Foulkes gan symud i Fachynlleth lle agorodd siop arall. Roedd y siop yn y Bala yn llwyddiant, a Sally, a oedd yn wraig o synnwyr cyffredin cryf, yn fedrus wrth drin y busnes. Yr oedd yn aelod gydag achos y Methodistiaid Calfinaidd yn y Bala a daeth i sylw rhai o arweinyddion y cyfnod. Anfonodd William Williams, Pantycelyn, gerdd ganmoliaethus iddi ym 1823 a bu'n hanner gobeithio y byddai'n priodi ei fab.

Yn ystod haf 1778 aeth Thomas Charles ar ymweliad â'r Bala a syrthiodd dros ei ben a'i glustiau mewn cariad â hi. Datblygodd y berthynas i fod yn un o garwriaethau mawr Cymru. Dechreuodd ysgrifennu llythyrau ati, ac mae'r rhain yn dal ar gael. Anfonodd y cyntaf yn Rhagfyr 1779, lle dywedodd fod y cipolwg a gawsai ohoni flwyddyn a hanner ynghynt wedi ei lorio'n llwyr ac na allai beidio â meddwl amdani. Ar y pryd yr oedd yn gweithio yn ei ofalaeth eglwysig gyntaf yng Ngwlad yr Haf ar ôl gadael y coleg yn Rhydychen, a daliodd ati i ysgrifennu'n gyson. Mynegodd ei gariad tuag ati a'i awydd i'w phriodi, ond yr oedd hi'n gyndyn iawn i ymateb yn gadarnhaol ar y cychwyn. Cadwai ef o hyd braich gan dynnu arno ac awgrymu mai ar ei harian yr oedd ei lygaid. Ceisiodd Thomas Charles ei chael i symud o'r Bala ond gwrthododd yn llwyr. Credai mai yn y Bala yr oedd ei lle ac mai ei dyletswydd oedd gofalu am ei mam a'i llystad.

Ceisiodd ddarbwyllo Thomas Charles mai gwell fyddai iddynt roi'r gorau i'r berthynas, ond torrwyd ar y ddadl trwy iddo ef symud i fyw i'r Bala ac fe'i priodwyd ar 20 Awst 1783 yn eglwys Llanycil. Trwy Ragluniaeth ac ystyfnigrwydd Sally daeth Thomas Charles yn ôl i Gymru i fyw, ac nid yn unig hynny; fe'i tynnodd yn ôl i fod yn rhan allweddol o ddatblygiad Anghydffurfiaeth. 'Trwy ddirgel ffyrdd mae'r uchel Iôr yn dwyn ei waith i ben.'

Daeth eu cartref yn gwch gwenyn o weithgarwch; yr oeddynt yn hael iawn eu lletygarwch a byddai pobl yn aros gyda nhw yn aml. Yno hefyd y cynhaliwyd yr ysgol Sul gyntaf yn y Bala, a hynny er gwaethaf gwrthwynebiad. Fe gawsant dri o blant, dau fab a merch. Bu Sally farw ar 24 Hydref 1814 a rhoddwyd ei gweddillion i orffwys ym mynwent eglwys Llanycil, y Bala.

Thomas Charles o'r Bala, 1755–1814
Ysgolhaig, athro ac esboniwr

Ganed Thomas Charles yn Longmoor, plwyf Llanfihangel Abercywyn, Caerfyrddin, ar 14 Hydref 1755, yn fab i ffermwyr, sef Rees a Jael Charles a oedd yn gyffyrddus eu byd. Roedd ei fam yn ferch i David Bowen, Pibwr-lwyd, a fu'n siryf Caerfyrddin ym 1763. Anfonwyd ef i ysgol ym mhentref Llanddowror ac yno dysgodd wirioneddau'r ffydd wrth draed sant o'r enw Rhys Huw. Ystyriai Thomas Charles ef fel ei dad yn y ffydd. Pan oedd tua phedair ar ddeg oed fe aeth i Academi Caerfyrddin lle y bu am chwe blynedd yn cael ei addysgu gan y Parch. Jenkin Jenkins. Yn Ionawr 1773 aeth i Gapel Newydd i wrando ar Daniel Rowland, Llangeitho, yn pregethu a bu'r oedfa honno'n drobwynt yn ei hanes ac yn gam pwysig yn ei dröedigaeth. Tystiodd i'r digwyddiad yn ddiweddarach gan ddweud, 'O'r diwrnod cysurol hwnnw, cefais fath o nefoedd a daear newydd i'w mwynhau. Y cyfnewidiad a brofa dyn dall wrth dderbyn ei olwg, nid ydyw yn fwy na'r cyfnewidiad a brofais i y pryd hwnnw ar fy meddwl.'

Ym 1775 aeth i Goleg Iesu, Rhydychen, ac ennill gradd BA. Tra oedd yno gwnaeth lawer o ffrindiau â phobl o'r adain efengylaidd a ddaeth yn ddylanwadol yn Lloegr maes o law. Urddwyd ef yn ddiacon yn Rhydychen ym 1778, ac wedi gadael y brifysgol bu'n gurad yng Ngwlad yr Haf hyd 1783. Yn y flwyddyn honno priododd â Sally Jones, merch i David Jones, siopwr cefnog o'r Bala, a hynny yn eglwys Llanycil. Bu farw David Jones yn fuan ar ôl geni Sally ac ailbriododd ei mam â Thomas Foulkes y Methodist. Bu ef yn ddylanwad mawr ar y teulu.

Er i Thomas Charles gael ei benodi'n gurad yn Llanymawddwy ym 1784, nid oedd yn gymeradwy gan yr Anglicaniaid ac ni lwyddodd i gael bywoliaeth ganddynt. Ni allai gael swydd o fewn cyrraedd i'r Bala ac nid oedd ei wraig yn fodlon symud o'r dref na gadael y Methodistiaid. Yn wir, yn y diwedd penderfynodd Charles ymuno â seiat y Methodistiaid yn y Bala ym 1784. O hynny ymlaen hyd ddiwedd ei oes bu'n teithio'n ddiflino i sasiynau, cyfarfodydd misol a chynulliadau'r Methodistiaid.

Wedi iddo ymuno â'r seiat fe sylweddolodd anwybodaeth ddybryd plant ac oedolion o'r Efengyl ac aeth ati i geisio diwallu'r angen. Penderfynodd gychwyn cyfundrefn o ysgolion cyffelyb i rai Gruffudd Jones, Llanddowror, gan gychwyn yn y Bala ym 1785. Yr ysgolion hyn oedd rhagflaenwyr yr ysgol Sul. Hyfforddodd athrawon a'u cyflogi am £10 y flwyddyn gan eu hanfon o ardal i ardal i ddysgu'r bobl i ddarllen y Beibl. Naw mis oedd yr hwyaf y byddent yn aros mewn unrhyw fan. Ymhen hir a hwyr gwelodd yr angen am ysgol a gynhelid ar y Sul, ac er bod gwrthwynebiad i hyn ar y cychwyn daeth yr ysgol Sul yn elfen allweddol o fywyd y Methodistiaid ac Ymneilltuaeth Gymreig. Ym 1785 pregethodd yng Nghymdeithasfa Llangeitho a dywedodd Daniel Rowland amdano, 'Rhodd yr Arglwydd i'r Gogledd yw Charles.' Ar gais y Gymdeithas er Gwella Cyflwr Cymdeithasol a Chrefyddol Iwerddon, bu ar daith drwy'r wlad honno ym 1807.

Rhoddodd gymorth i bobl yn yr Alban i sefydlu ysgolion. Yr oedd yn un o bleidwyr mwyaf selog Cymdeithas Genhadol Llundain a sefydlwyd ym 1795, yn un o sylfaenwyr Cymdeithas y Traethodau Crefyddol, ac yn un o brif sylfaenwyr Cymdeithas y Beibl ym 1805.

Bu hefyd yn gyhoeddwr prysur. Rhwng 1799 a 1802 ymddangosodd y gyfrol gyntaf o *Y Drysorfa Ysprydol* o dan ei olygiad ef a Thomas Jones, Dinbych. Sefydlodd wasg yn y Bala ym 1803, i argraffu llyfrau i'w ysgolion yn benodol. Erbyn ei farwolaeth yr oedd dros 320,000 o gyfrolau o'i weithiau wedi eu cyhoeddi. Ond prif waith ei fywyd oedd *Y Geiriadur Ysgrythurol* a oedd yn eithriadol o boblogaidd ac yn adlewyrchu ei wybodaeth eang. Bu farw ar 5 Hydref 1814 a'i gladdu ym mynwent Llanycil. Y mae cerflun ohono y tu allan i Gapel Tegid, y Bala.

Thomas Jones, Dinbych, 1756–1820
Awdur, diwinydd a gweinidog (MC)

> Mi wn fod fy Mhrynwr yn fyw,
> a'm prynodd â thaliad mor ddrud;
> fe saif ar y ddaear, gwir yw,
> yn niwedd holl oesoedd y byd...
>
> *Thomas Jones*

Fe gafodd Thomas Jones fagwraeth freintiedig gan fod ei dad yn berchennog eiddo a oedd yn ffynhonnell ariannol gyson. Ganed ef ym Mhenucha, Caerwys, sir Fflint, ym mis Chwefror 1756, yr hynaf o dri o blant Edward a Jane Jones. Bu farw ei fam pan oedd yn wyth oed. Cafodd fanteision addysgol rhagorol trwy fynychu ysgol Owen Thomas, Ysgol Ramadeg Caerwys a gedwid gan y Parch. J. Lloyd, ac ysgol yn Nhreffynnon. Eglwyswyr oedd ei rieni ac i'r eglwys sefydledig y dygid ef pan oedd yn blentyn. Ond yn y 1760au dechreuodd y Methodistiaid gynnal moddion yng Nghaerwys, a chan fod ei fam yn gogwyddo tuag atynt fe aeth yntau i'w cyfarfodydd yn ei sgil. Ymunodd ag eglwys fechan y Methodistiaid yng Nghaerwys ym 1772 ac ychydig wythnosau'n ddiweddarach aeth i wrando ar Daniel Rowland, Llangeitho, yn pregethu yn y Bont Uchel. Ceisiodd ei dad ei berswadio i fynd yn weinidog yn Eglwys Loegr ond gwrthododd oherwydd golygai gefnu ar Fethodistiaeth.

Daeth i brofiad o'r Iesu ond bu ei dröedigaeth ymhlith yr hiraf a'r mwyaf dirdynnol a gofnodwyd, fel y tystia yn ei hunangofiant. Yr oedd yn 24 oed yn dod trwy fwlch yr argyhoeddiad a dyna pryd y profodd dangnefedd yn ei galon. Aeth i oedfa yng Nghaerwys un nos Sul ym 1783 ond ni ddaeth y pregethwr, felly gofynnwyd iddo lenwi'r bwlch ac felly y gwnaeth, gan godi ei destun o Hebreaid 11, a dyna sut y dechreuodd bregethu. Bryd hynny dim ond ychydig o gynulleidfaoedd Methodistaidd oedd yn Ninbych a Fflint ac nid oedd ganddynt unrhyw weinidogion ordeiniedig. Cyfarfu â Thomas Charles o'r Bala pan oedd ar daith bregethu ac fe ddaethant yn gyfeillion oes. Buont yn cydweithio â'r Cyfundeb Methodistaidd, Y Feibl Gymdeithas, Cymdeithas Genhadol Llundain a'r ysgolion rhad cylchynol. Ym 1795 symudodd i'r Wyddgrug i fyw gan briodi Elizabeth Jones. Yno cymerodd ofal eglwys y Methodistiaid a dechrau cyhoeddi'r *Trysorfa Ysprydol* (1799–1801) gyda Thomas Charles. Bu farw ei briod ym 1797 gan adael swm sylweddol o arian i'w gŵr.

Ym 1804 symudodd i Ruthun a phriodi ag Ann Maysmor ond bu hithau farw y flwyddyn ddilynol. Sefydlodd argraffwasg a daeth Thomas Gee, tad yr enwog Thomas Gee, Dinbych, i ofalu amdani. Priododd eto ym 1806, y tro hwn â Mary Lloyd o Lanrwst, a symudasant i Ddinbych i fyw. Ni chafodd blant. Yr oedd yn ddyn galluog ac yn arweinydd medrus mewn cyfnod allweddol yn hanes y Methodistiaid Calfinaidd yng Nghymru. Yr oedd yn un o'r rhai a luniodd *Rheolau a Dibenion y Cymdeithasau Neillduol* 1801 ac fe'i hordeiniwyd ym 1811 fel un o weinidogion cyntaf yr Hen Gorff. Cymerodd ran flaenllaw yn nadleuon diwinyddol ei gyfnod. Amddiffynnodd Galfiniaeth rhag yr ymosodiadau o du Arminiaeth, a phlediodd Galfiniaeth gymedrol pan oedd Uchel Galfiniaeth yn cyhoeddi mai iawn cyfyngedig oedd canlyniad gwaith yr Iesu ar y Groes.

Cyhoeddodd gruglwyth o waith, gan gynnwys *Y Cristion mewn Cyflawn Arfogaeth*, (1796–1819); *Geiriadur Saesoneg a Chymraeg* (1800); *Hanes y Merthyron* (1813); *Hunangofiant Thomas Jones* (1814) a *Cofiant Thomas Charles* (1816). Bu farw yn Ninbych ar 16 Mehefin 1820 a chladdwyd ei weddillion ym mynwent yr Eglwys Wen.

Evan Roberts, Dinbych, ?1756–1833
Pregethwr Wesleaidd

Yr oedd Evan Roberts yn gymeriad hynod ac yn arloeswr yn achos y Methodistiaid Wesleaidd yng ngogledd Cymru. Braidd yn niwlog yw hanes dyddiau ei febyd. Tybir iddo gael ei eni yng Nghroesoswallt, yn fab i dafarnwr, sef Evan Roberts a'i wraig Ann, a threuliodd gyfnod o'i blentyndod yng nghyffiniau Pentrefoelas a Chapel Garmon, gerllaw Llanrwst. Daeth i gysylltiad â Christnogaeth pan oedd yn ifanc ond penderfynodd y byddai'n byw bywyd da wedi iddo ymsefydlu mewn gwaith a chartref. Yr oedd yn eithriadol o hoff o chwarae cardiau a phêl-droed ac yn dipyn o ddihareb fel ymaflwr codwm. Fe'i cyflogwyd am gyfnod gan Syr Watkin Wynne, y Foelas, ac yna fe'i prentisiwyd fel saer coed pan oedd yn bedair ar bymtheg oed. Daeth ei frawd William ar ymweliad ag ef o Lerpwl un tro gan ei gymell i fynd i wrando ar y Methodist John Prichard, Bryniog, yn pregethu, a gadawodd y bregeth argraff ddofn arno. O hynny ymlaen byddai'n mynd i wrando ar bregeth yn gyson.

Penderfynodd fudo i Lerpwl gan dderbyn croeso yno gan ei frawd, a glaniodd ei linynnau gyda'r Wesleaid. Cafodd ei ddal ar un achlysur gan *press gang* ond llwyddodd i ddianc. Dychrynodd y profiad hwn ef i'r fath raddau fel y symudodd i Fanceinion am dair blynedd i weithio yn un o ffatrïoedd cyntaf y dref. Pan ddychwelodd i Lerpwl cynorthwyodd yn y gwaith o sefydlu'r achos Cymraeg cyntaf gan y Methodistiaid Calfinaidd yno, trwy rentu hen siop i gynnal cyfarfodydd. Ar y pryd nid oedd yn ymwybodol o'r gwahaniaeth rhwng Arminiaeth a Chalfiniaeth ond yn raddol daeth yn amheus o Galfiniaeth a bu'n trafod diwinyddiaeth gyda phregethwyr oedd ar ymweliad, megis Thomas Charles. Yr oedd ei gyfyng-gyngor cymaint fel y penderfynodd ymweld â Threfeca ym 1784. Yno cyfarfu âg un o'r arweinyddion, sef Evan Roberts, Minera. Wedyn aeth i goleg yr Arglwyddes Huntingdon gyda'r bwriad o fod yn fyfyriwr. Wedi iddo gael cyfweliad gan yr Arglwyddes fe'i derbyniwyd fel ymgeisydd a chafodd waith yn adeiladu capel yn Henffordd. Ond yr oedd ei anhapusrwydd yn parhau ac o fewn mis dychwelodd i Fanceinion gan daro heibio Dinbych ar y ffordd. Ym Manceinion cyfarfu â John Wesley a gofynnodd iddo anfon pregethwyr i ogledd Cymru. Pan ddywedodd John Wesley mai dim ond un pregethwr oedd ganddo a fedrai siarad Cymraeg, a bod hwnnw yn Llundain, penderfynodd Evan Roberts roi cynnig arni ei hun. Aeth i Lerpwl gan ddechrau pregethu yn gyson yn y Gymraeg a'r Saesneg yn nhŷ gwraig garedig, a thrwy hynny sefydlwyd achos newydd.

Trodd ei olygon tua Chymru, ac wedi cyrraedd Dinbych pregethodd yn egnïol oherwydd yr oedd hiraeth yn ei galon am ennill pobl i Grist. Un diwrnod aeth am dro a chododd ddarn o rew o'r afon. Daliodd y rhew yn yr haul gan ei wylio'n meirioli a gwelodd hyn fel arwydd y byddai calonnau trigolion Dinbych yn dadmer ym mhelydrau Haul Cyfiawnder. Arhosodd yn Ninbych weddill ei oes gan bregethu yn y dref a'r pentrefi cyfagos, ond gwaith caled ydoedd ar ei ben ei hun ac araf fu'r cynnydd yn nifer yr addolwyr.

Sefydlodd seiat yno tua 1787 gyda dim ond naw o aelodau, a hon oedd seiat Gymraeg gyntaf y Wesleaid. Perswadiodd rai o bregethwyr y Wesleaid yn Lerpwl a Chaer i ddod i Ddinbych ar eu rhawg. Yn y cyfnod hwn priododd â Judith Wynne. Rhoddodd bwysau mawr ar arweinyddion y Wesleaid yn Lloegr i ddarparu pregethwyr Cymraeg, gan bwysleisio na fyddai unrhyw lwyddiant yng Nghymru oni bai eu bod yn gwneud hynny.

Morgan John Rhys, 'Morgan ab Ioan Rhus', 1760–1804
Gweinidog (B), awdur, ac ymgyrchydd yn erbyn caethwasiaeth

Ganwyd Morgan John Rhys ar fferm Graddfa, ger Llanbradach, plwyf Llanfabon, sir Forgannwg, ar 8 Rhagfyr 1760, yn bedwerydd mab i John ac Elisabeth Rhys. Tyddynwyr oedd ei rieni; ei dad yn Annibynnwr a'i fam yn mynychu eglwys y Bedyddwyr yn Hengoed. Cafodd addysg dda yn ysgol David Williams yng Nghaerfyrddin, a phan oedd yn ifanc fe gafodd dröedigaeth o dan weinidogaeth Lewis James, Hengoed, gan ddod yn aelod eglwysig. Cadwodd ysgol rad i blant yn yr ardal o 1780 i 1786 ac fe'i hanogwyd gan ei eglwys i fynd i'r weinidogaeth. Aeth i'r athrofa yng Nghaerodor (Bryste) ym 1786, ac yna'r flwyddyn ddilynol fe'i hordeiniwyd yn weinidog ar eglwys Pen-y-garn, Pont-y-pŵl, lle y bu hyd 1791.

Cyhoeddodd nifer o lyfrau, ac yn eu plith lyfrynnau yn gwrthwynebu caethwasiaeth, megis *Achwynion dynion duon mewn caethiwed truenus yn Ynysoedd y Siwgr* (1789). Y mae'r gweithiau hyn yn arwyddocaol oherwydd dyma'r rhai cyntaf yn y Gymraeg yn erbyn y fasnach ddieflig honno. Ym 1791 yr oedd yn rhentu ystafell ym Mharis, er mwyn pregethu'r Efengyl a dosbarthu Beiblau. Credai fod y bobl yno wedi blino ar ormes 'brenhinoedd ac offeiriaid' ac mai arwydd o hyn oedd y Chwyldro Ffrengig. Dychwelodd i Gymru ym 1792 gan sefydlu cymdeithasau i godi arian i argraffu Beiblau Ffrangeg newydd. Roedd yn gryn arloeswr oherwydd dyma'r tro cyntaf i Fedyddwyr Cymru – a hyd y gwn i, i unrhyw un o'r enwadau – gefnogi anfon gair Duw dramor, a hynny ddeuddeng mlynedd cyn sefydlu Cymdeithas y Beibl. Ym mis Chwefror 1793 cyhoeddodd y chwarterolyn *Cylchgrawn Cymraeg*; neu *Trysorfa Gwybodaeth*, a gynhwysai erthyglau ar bynciau gwleidyddol a chrefyddol. Dyma'r cylchgrawn cyntaf o'i fath yn y Gymraeg. Ymddiddorai hefyd mewn addysgu plant ac y mae traddodiad mai ef a sefydlodd yr ysgol Sul gyntaf yng ngwledydd Prydain, a hynny yn Hengoed yn y 1780au. Erbyn 1793 yr oedd yn brysur yn sefydlu ysgolion dyddiol ac ysgolion Sul ac yn paratoi deunydd ar eu cyfer.

Penderfynodd ymfudo i America ym 1794 i geisio bywyd newydd, a dywed rhai iddo ffoi oherwydd erledigaeth. Hwyliodd o Lerpwl ym mis Awst ar fwrdd y *Port Mary* gan lanio yn Efrog Newydd ym mis Hydref. Teithiodd yn eang trwy'r taleithiau ar ei geffyl yn pregethu'r Efengyl ac yn traethu ar bynciau fel heddwch, caethwasanaeth a rhyddid crefyddol. Tra oedd yn Savannah agorodd ysgol ddyddiol i blant o dras Affricanaidd. Priododd yn Philadelphia ym 1796 ag Ann, merch y Cyrnol Benjamin Loxley a oedd yn gyfaill i Benjamin Franklin. Fel llawer o Gymry ei oes yr oedd ganddo freuddwyd o sefydlu gwladfa Gymreig ac fe ffurfiodd gwmni i'r perwyl hwnnw, sef The Cambrian Company.

Wedi iddo fethu cael tir gan y Senedd, prynodd dir yn nyffryn Blacklick, Gwlad yr Haf, a galwyd y wladfa yn Cambria a'r brif dref yn Beula. Anogodd Gymry i symud yno a chasglodd yr ymfudwyr o bob enwad at ei gilydd gan sefydlu eglwys newydd, sef yr Eglwys Gristnogol. Sefydlodd hefyd lyfrgell, ysgolion dyddiol ac ysgolion Sul, ynghyd â phapur newydd *The Western Sky* (1798). Ym 1799 symudodd i Somerset, prif dref swydd Somerset, ac yn fuan gwnaethpwyd ef yn Ustus Heddwch ac yn farnwr. Bu farw 7 Rhagfyr 1804 gan adael gweddw a phump o blant a chladdwyd ef yn Somerset, Pennsylvania. Wedi dwy flynedd symudwyd ei weddillion i fedd y teulu yn Philadelphia.

Edward Jones, Maes-y-plwm, 1761–1836
Bardd, emynydd ac athro ysgol

Mae'n llond y nefoedd, llond y byd,
llond uffern hefyd yw;
llond tragwyddoldeb maith ei hun,
diderfyn ydyw Duw;
mae'n llond y gwagle yn ddi-goll,
mae oll yn oll, a'i allu'n un,
anfeidrol, annherfynol Fod
a'i hanfod ynddo'i hun.

Edward Jones

Ganwyd Edward Jones yn Nhan-y-Waen, Prion, Llanrhaeadr-yng-Nghinmeirch, 19 Mawrth 1761, yr unig fab o blith pump o blant yr amaethwyr John ac Ann Jones. Treuliodd flynyddoedd ei ieuenctid ym Mryn-y-gwynt Isaf, Prion, cyn symud i'r tyddyn y cysylltir ei enw ag ef, sef Maes-y-plwm, lle bu'n byw o 1801 i 1825. Safai Maes-y-plwm ryw ddwy filltir o Ddinbych ar y ffordd i Prion ar lethrau Dyffryn Clwyd. Yr oedd ei dad, a fu farw pan oedd yn ddeg oed, yn ddyn crefyddol, a gofalodd fod ei blant yn cael magwraeth Gristnogol. Er eu bod yn mynychu'r Eglwys Anglicanaidd leol, yr oedd gan John Jones gydymdeimlad â'r Methodistiaid.

Ychydig freintiau addysgol a gafodd Edward Jones a bu rhaid iddo ddibynnu gan fwyaf ar ei alluoedd cynhenid. Treuliodd beth amser yn ysgol Daniel Lloyd, gweinidog yr Annibynwyr yn Ninbych, a bu ef gyda chyfaill iddo mewn ysgol yng Nghaer pan oedd tua dwy ar hugain oed. Dechreuodd Edward Jones fynd i wrando'n achlysurol ar y Methodistiaid yn pregethu ac fe gafodd hynny gryn ddylanwad arno, ynghyd â darllen am fywyd John Bunyan.

Yn raddol daeth yn ymwybodol o'r ffaith mai pechadur ydoedd a bod angen gwaredigaeth arno. Ymunodd â seiat y Methodistiaid ar nos Fawrth y Pasg, 1787. Ym 1805 aeth i Gaer am flwyddyn i arolygu argraffu cyfieithiad Cymraeg o Feibl y Parch. S. Clarke. Bu'n cadw ysgol Saesneg yng nghapel Prion a bu yn Lerpwl yn gweithio yn y swyddfa dollau, ond dychwelodd adref oherwydd gwaeledd.

Yn dilyn ei dröedigaeth codwyd ef yn flaenor yng nghapel Prion ac fe ddefnyddiodd ei ddoniau barddonol i gyfansoddi emynau a charolau. Dywedid fod ganddo ddiddordeb mewn barddoniaeth ers dyddiau bachgendod pan fyddai'n prydyddu yn saith oed i ychen ei dad. Maentumir iddo ddysgu ei grefft fel emynydd yng ngwasanaethau plygain yr eglwys oherwydd y gwaith cyntaf a gyhoeddwyd oedd ei garol, 'Clywch lais telynorion nef', yn yr ailargraffiad o *Grawnsypiau Grawnwin*. Hwn oedd y llyfr emynau poblogaidd cyntaf ymhlith y Methodistiaid yng ngogledd Cymru. Y gyfrol gyntaf o'i waith oedd *Hymnau ar Amryw Destynau ac Achosion* (1810). Ymddangosodd adargraffiad ohono gyda rhai newidiadau ym 1820 a 1829. Yn argraffiad 1820 cynhwysid hefyd farwnadau i Thomas Charles o'r Bala a'r Brenin Siôr III. Ym 1831 ymddangosodd llyfryn o'i eiddo yn dwyn y teitl *Gwialen i Gefn yr Ynfyd*, sef cerdd ddychan yn amddiffyn Calfiniaeth rhag ymosodiadau'r gweinidog Wesleaidd, y Parch. Edward Jones III, Llantysilio. Yn wir fe gafodd Edward Jones yr enw o fod yn emynydd Calfinaidd oherwydd natur athrawiaethol ei emynau mawr fel, 'Cyfamod hedd, cyfamod cadarn Duw'.

Priododd ddwywaith: y tro cyntaf ym 1784 â Jane Pierce, Llanrhaeadr – a fu farw'n annhymig – ac fe gawsant bedwar o blant; a'r ail dro â Margaret Roberts, y Green, ym 1795. Ganwyd iddynt dri ar ddeg o blant ond pump ohonynt yn unig a oroesodd eu tad. Treuliodd Edward Jones ei flynyddoedd olaf yng Nghilcain lle y bu farw ar 27 Rhagfyr 1826 a'i gladdu ym mynwent Llanrhaeadr.

Thomas William, Bethesda'r Fro, 1761–1844

Gweinidog (A) ac emynydd

Dros y blynyddoedd bu nifer o emynau Thomas William yn eithriadol boblogaidd. Y mae pedwar ohonynt yn *Caneuon Ffydd,* gan gynnwys:

> F'enaid, gwêl i Gethsemane,
> edrych ar dy Brynwr mawr
> yn yr ing a'r ymdrech meddwl,
> chwŷs a gwaed yn llifo i lawr.
> Dyma'r cariad mwyaf rhyfedd,
> mwyaf rhyfedd fu erioed!

Ganwyd ef ar 1 Mawrth 1761, y trydydd o bedwar o blant Richard a Margaret Williams, Trerhedyn, plwyf Pendeulwyn, Bro Morgannwg. Ychydig a wyddom am ei ddyddiau cynnar, ond y mae tystiolaeth fod ganddo ddiddordeb mewn crefydd pan oedd yn blentyn a'i fod yn darllen y Beibl yn gyson ac yn mynychu cyfarfodydd yn rheolaidd. Pan nad oedd ond deg oed ymunodd â seiat y Methodistiaid yn Nhre-hyl ger Sain Nicolas a bu yno am ugain mlynedd. Cafodd swydd fel ysgrifennydd Suliau, yn gwahodd pregethwyr i ddod i agor y gair, a daeth o dan ddylanwad David Jones, Llan-gan. Ond sut y daeth Methodist brwd yn weinidog Annibynnol? Digwyddodd hyn o ganlyniad i anghydfod yn eglwys Aberthin ger y Bont-faen, Bro Morgannwg. Eglwys gymysg oedd hon, gyda Methodistiaid ac Annibynwyr yn cydaddoli, ond oherwydd y daliadau diwinyddol amrywiol cododd tyndra. Ychwanegwyd at y ffrae gan ddiarddeliad Peter Williams yn sasiwn Llandeilo 1790 ar y sail fod ei ddehongliad o'r Beibl yn sawru o Sabeliaeth. Diwedd y gân oedd i'r garfan o'r eglwys gael eu diarddel, ac yn eu plith Thomas William. O ganlyniad cofrestrwyd ei dŷ, Ffwl-y-mwn, Britwn, fel lle o addoliad ym 1797 a hwn oedd cychwyn yr achos a ddaeth yn Bethesda'r Fro.

Ordeiniwyd ef yn weinidog ar yr eglwys ar 3 Mehefin 1798 a bu'n fugail arni weddill ei oes. Ei gymhelliad i bregethu oedd ei awydd i gyflwyno Iesu Grist fel Gwaredwr i'r bobl. Ym 1806 codwyd capel Bethesda ym mhlwyf Llanilltud Fawr fel cartref i'r eglwys.

Priododd â Jane Morgan o Eglwys Brewys ym 1790. Ychydig a wyddom amdani ond ysgrifennodd Walter Daniel, Trehafod, fel hyn: 'Cafodd yr emynydd wraig gall a duwiol. Nid yw pob gwraig gall yn dduwiol, ac nid yw pob gwraig dduwiol yn gall.' Bu farw Jane ym mis Hydref 1827, a saethau trwy ei galon oedd marwolaeth ei ferch Margaret yn 37 oed, gan adael pump o blant a'i fab ieuengaf, John, ym 1840 ac yntau'n ddim ond 41 oed.

Cyfraniad Thomas Williams fel emynydd a gofir yn bennaf, a bu ei emynau dwys, ysgrythurol yn cyfoethogi addoliad Cristnogion Cymru ers dros ddwy ganrif. Ymhlith ei emynau mwyaf poblogaidd y mae 'O! Iesu, Ffrind cystuddiol rai'; 'Y Gŵr wrth ffynnon Jacob', 'O'th flaen, O! Dduw rwy'n dyfod' ac 'Adenydd c'lomen pe canwn'. Cyhoeddwyd nifer o gasgliadau o'i weithiau, a'r cyntaf oedd *Elegeia* (1785), llyfryn deuddeg tudalen a gynhwysai fyfyrdodau, a'r ddau emyn cyntaf a gyhoeddodd, sef 'O Geidwad Israel, Bugail byd' a 'Fe dalwyd dyled Eden'. Dilynwyd hwn gan gyfrolau eraill, gan gynnwys *Llais y Durtur yn y Wlad* (1812), *Perl Mewn Adfyd* (1814), *The Tear of Friendship* (1817) a *Dyfroedd Bethesda* (1824).

Bu farw 23 Tachwedd 1844 yn 83 oed, a rhoddwyd ei gorff i orffwys wrth fur capel Bethesda'r Fro. Y tu mewn i'r capel y mae maen coffa iddo ac arno'r geiriau:

> Rhagorol weinidog gwych enwog a chu,
> A disglair oleuad i fagad a fu.
> Fe ganodd yn beraidd tra parodd ei oes;
> Yn rhad y pregethodd yr Iesu a'i Groes.

Elinor Jones, Tanycastell, Dolwyddelan, 1762–1846
Cristion

Yr oedd Elinor Jones yn fam i dri o fechgyn a ddaeth yn weinidogion Ymneilltuol, dau ohonynt yn enwog iawn, sef John Jones, Tal-y-sarn a David Jones, Treborth. Ganwyd hi yn y Bertheos, Dolwyddelan ym 1762 yn un o naw o blant Richard a Margaret Owen. (Deuai o linach nodedig iawn yn yr ardal ac yr oedd yn or-wyres i Angharad James. Cyfrifid Angharad James yn wraig anghyffredin o alluog. Yr oedd yn gwbl hyddysg mewn Lladin ac yn darllen llyfrau yn yr iaith honno. Byddai'n barddoni gan ddefnyddio'r mesurau caeth a chadwai ei chyfansoddiadau yn y Llyfr Coch. Canai'r delyn yn ddyddiol gan annog ei morwynion i ddawnsio. Ar achlysur ei phriodas â William Prichard yr oedd hi'n ugain oed a'i gŵr yn drigain.)

Magwyd Elinor Jones ar aelwyd Gristnogol a chafodd bob mantais. Priododd â John Jones, Tanycastell, ac yn fuan wedyn gwnaeth broffes gyhoeddus o'i ffydd gan ddechrau cadw dyletswydd deuluol yn ddyddiol yn y cartref. Yn y gwasanaethau syml hyn byddai'n darllen y Beibl ac yn gweddïo gyda'r plant a'r gweision. Yna daeth ei gŵr i gredu, ac wedi iddo ddod yn aelod eglwysig cymerodd ef at y ddyletswydd. Anogwyd y plant i gymryd rhan yn yr addoliad a gynhelid ar yr aelwyd bob bore a nos, gan eu meithrin i ymarfer bywyd crefyddol iach. Yr oedd Elinor yn wraig abl a dawnus a fendithiwyd â chyfansoddiad cryf. Roedd hyn o fantais aruthrol gan iddi gael ei gadael yn weddw ym 1807 a hithau'n gymharol ifanc a chanddi naw o blant i'w magu, yr hynaf yn ddeunaw oed a'r ieuengaf yn ddwy.

Dywedid ei bod yn eithriadol o alluog ac yn meddu ar feddwl craff a deallusrwydd uwch na'r cyffredin. Dysgodd rannau helaeth o'r Beibl ar ei chof ac yr oedd yn gwbl gyfarwydd â chynnwys yr Ysgrythur. Byddai hefyd yn gweddïo'n feunyddiol dros ei theulu ac yn aml byddai'r plant yn ei chlywed yn gweddïo drostynt wrth eu henwau yn ei hystafell. Gadawodd hyn argraff ddofn ar bob un ohonynt. Y mae un hanes enwog amdani yn gweddïo dros ei mab John pan oedd yn mynd trwy gyfnod o wrthgiliad. Penderfynodd ef fynd hefo llanciau'r ardal i ffair Llanrwst ac ofnai hi y byddai'n syrthio i gyfeddach a phechod. Fe'i rhybuddiodd mewn cariad i geisio osgoi pob gwagedd a themtasiwn. Aeth John i'r ffair a bu ei fam ar bigau'r drain drwy'r dydd. Fe aeth i'w hystafell droeon a chlywai'r merched hi'n gweddïo'n daer ar ran John. Atebwyd ei gweddïau oherwydd dychwelodd adref yn y prynhawn yn welw ei wedd gan ffieiddio ymddygiad gwyllt yr ieuenctid a chan ymdynghedu na fyddai eto'n mynychu'r fath le.

Yr oedd Elinor hefyd yn eithriadol o wybodus a llafar ynghylch materion crefyddol a byddai'n fwy na pharod i fynegi ei barn. Gallai fynegi ei syniadau yn wreiddiol a chymen gan ddefnyddio'i chof ardderchog. Ychydig cyn ei marw dywedodd, Nid oes gennyf fi, fy annwyl blant, ddim gwerth o eiddo bydol i'w adael ar fy ôl i chwi, ond y mae'r Arglwydd yn caniatáu imi yr hyfdra i wneuthur fy ewyllys diweddaf ar drysorau y cyfamod gras, a gadael tangnefedd Duw, yr hwn sydd uwchlaw pob deall, yn gynhysgaeth i bob un ohonoch. Bu farw'n fuddugoliaethus ar 10 Ionawr 1846 yn 83 oed.

Lowri Williams, Pandy'r-ddwyryd, ail hanner y 18fed ganrif
Apostol a Christion

Ni wyddom nemor ddim am fanylion bywyd Lowri Williams ond y mae hanesion ar gof a chadw am ei harwriaeth. Pan oedd yn byw yn y Pandy, Chwilog, Llŷn, fe ddaeth i gredu yn yr Arglwydd Iesu, ac o ganlyniad i'w hargyhoeddiadau dioddefodd erledigaeth. Fe'i rhybuddiwyd i adael ei chartref a symudodd hi a'i phriod i Bandy'r-ddwyryd, plwyf Maentwrog. Ar ôl symud bu'n chwilio am gynulleidfa o gredinwyr i ymuno â hwy ond nid oedd un yn y cyffiniau. I un cyfeiriad, yr agosaf oedd ym Mrynegan, pymtheg milltir i ffwrdd, ac i'r cyfeiriad arall yn y Bala, deunaw milltir i ffwrdd.

Dyheai am gymdeithas y saint a sychedai ei henaid am glywed Efengyl Iesu Grist yn cael ei chyhoeddi, felly nid oedd dim amdani ond cynnal cyfarfodydd yn ei chartref. Dyma gychwyn achos y Methodistiaid Calfinaidd yn y parthau hynny. Llwyddodd i gael cyhoeddiad gan bregethwr a chynnull wyth o bobl o feddwl cyffelyb at ei gilydd i'r moddion. Oherwydd mai dim ond wyth oedd yno ar y dechrau gelwid y gymdeithas yn Arch Noa. Trwy ei llafur hi plannwyd eglwysi yn ardaloedd Maentwrog, Penrhyndeudraeth a Thrawsfynydd.

Ond nid oedd y datblygiad yn fêl i gyd oherwydd bu rhaid iddi wynebu gwrthwynebiad. Ar un achlysur yr oedd mewn cyfarfod yng Ngwylan, cartref John Humphreys, un o'r wyth a arferai addoli yn y Pandy. Pregethid y noson honno gan y Parch. Thomas Foulkes o'r Bala (1731–1802), un o gynghorwyr cynnar y Methodistiaid. Yn ystod y gwasanaeth daeth erlidwyr blin ar eu gwarthaf yn llawn dicllonedd a llid. Ymosodasant ar Lowri Williams a'r pregethwr gan eu cario allan a'u taflu'n bendramwnwgl i afon gerllaw. Trawodd hi ei phen yn erbyn carreg a bu'n ddiymadferth am ychydig a'i gwaed yn rhuddo'r dŵr. Wrth weld ei fam yn cael ei chamdrin oherwydd ei chrefydd fel hyn, cynhyrfwyd ei mab yn fawr. Gyrrodd lythyr at gefnder a oedd yn gyfreithiwr yn Llundain yn gofyn am ei gymorth ac yn rhoi enw'r wraig oedd yn annog yr erlidwyr. Anfonodd y cefnder lythyr twrna ati hithau gan ei bygwth y byddai'n cael ei chosbi yn drwm gan y gyfraith pe bai'r erlid yn parhau. Dychrynwyd y wraig gan y llythyr ac fe gafodd y ffyddloniaid heddwch i addoli yn ôl eu cydwybod.

Gelwid Lowri Williams yn 'Apostol' gan rai oherwydd ei chariad tuag at yr Arglwydd Iesu a'r tân a losgai yn ei mynwes dros waith ei deyrnas. Gweddïai'n gyson ac yr oedd y llwybrau o'r tŷ i'r mannau lle roedd yn gweddïo wedi gwisgo'n llyfn. Ni chollai unrhyw gyfle i ddweud gair wrth eraill am ei Gwaredwr, a thrwy hynny enillodd lawer i'r ffydd.

Yr oedd hi'n un o gannoedd os nad miloedd o ferched yng Nghymru a fu'n allweddol yn natblygiad Cristnogaeth. Gwragedd oeddynt a agorodd eu calonnau i'r Arglwydd, a agorodd eu cartrefi i'w waith, ac a ddefnyddiodd eu doniau i hybu ei deyrnas yn ôl fel yr oedd arferion cymdeithasol y cyfnod yn caniatáu iddynt wneud.

George Lewis, 1763–1822
Gweinidog (A), diwinydd, athro ac esboniwr Beiblaidd

Pa rhinwedd fuasai pryni
Anfarwoldeb i neb – ni
Fu nes i'w phrynu'n ei phris
O law Ner, na George Lewis.

Rhan o gywydd er cof am George Lewis
o'r Dysgedydd *1822*

Ganwyd George Lewis mewn bwthyn o'r enw Coed rhwng Trelech a Sanclêr, Caerfyrddin. Aelodau o'r eglwys sefydledig oedd ei rieni i ddechrau, ond yna ymaelododd ei dad ag eglwys Annibynnol Trelech. Cafodd addysg gynnar gan offeiriaid lleol ac Owen Davies, gweinidog Annibynwyr, Trelech, ac yr oedd yn fachgen ifanc darllengar a chrefyddol. Ymaelododd â'r achos Annibynnol yn Nhrelech pan oedd yn bymtheg oed a gwelwyd yn fuan fod ganddo'r doniau angenrheidiol ar gyfer y weinidogaeth. Derbyniodd addysg bellach yn ysgolion John Griffiths, Glandŵr, a David Davis, Castellhywel. Pan oedd yn ddeunaw oed aeth i'r athrofa Ymneilltuol yng Nghaerfyrddin gan dreulio tair blynedd yno o dan brifathrawiaeth Robert Gentleman. Derbyniodd alwad i fugeilio eglwys Annibynnol Caernarfon ym 1784, ac yn ystod ei arhosiad o naw mlynedd yno sefydlodd nifer o achosion newydd yn y sir. Bu o fewn trwch blewyn i ymfudo i America ond fe'i gwahoddwyd gan y cymwynaswr hael hwnnw Thomas Jones o Gaer i fod yn arolygydd ar nifer o ysgolion teithiol yn y gogledd. Ar yr un pryd derbyniodd alwad i weinidogaethu ar eglwys Llanuwchllyn, a chydag ardal Penllyn y cysylltir ei enw fynychaf gan iddo weithio yno am ddwy flynedd ar bymtheg. Yma gwnaeth enw iddo'i hun fel esboniwr Beiblaidd.

Cyhoeddodd nifer o bamffledi a llyfrau yn ystod ei oes. Fel esboniwr Beiblaidd a diwinydd yr oedd ben ac ysgwydd yn uwch na'i gyfoedion, a hynny'n bennaf oherwydd ei bwyll a'i gytbwysedd, ond hefyd oherwydd ei wybodaeth ysgrythurol a oedd heb ei ail. Gwelir cyfuniad o'r cryfderau hyn yn y *Drych Ysgrythyrol neu Gorph o ddiwinyddiaeth* (1796) a fu'n llawlyfr yn y colegau diwinyddol trwy gydol y 19eg ganrif. Ei fwriad oedd cyhoeddi esboniad ar y Testament Newydd ond bu farw cyn cwblhau'r gwaith. Cyhoeddwyd y tair cyfrol gyntaf tra oedd yn Llanuwchllyn (1802), a'r bedwaredd yn Wrecsam (1815). Ymddangosodd y gweddill wedi iddo farw, mewn tair cyfrol o dan olygyddiaeth ei fab-yng-nghyfraith Edward Davies. Argraffodd hefyd rai llyfrynnau at ddefnydd ysgolion ac ysgolion Sul, megis *Arweinydd i blentyn, Hymnnau i'r Ysgolion Sabothol, Catecsim Athrawiaethol ac Ymarferol* a'i *Arweinydd i'r Anwybodus*.

Fe'i holynwyd fel gweinidog yn Llanuwchllyn gan Michael Jones, tad Michael D. Jones. Derbyniodd wahoddiad i ofalu am athrofa Annibynnol yn Wrecsam fel olynydd i Jenkyn Lewys. Gwaith yr athrofa oedd paratoi dynion ieuanc ar gyfer y weinidogaeth. Ar ôl treulio tair blynedd yno symudodd yr Athrofa gyda George Lewis i Lanfyllin (1815–21) ac yna 'Y Drenewydd' (1821) lle yr oedd hefyd yn weinidog ar eglwysi ac yn dysgu myfyrwyr. Bu farw lai na blwyddyn ar ôl symud i'r Drenewydd, ar 5 Mehefin 1822.

John Richard Jones, Ramoth, 1765–1822
Gweinidog (B) a sylfaenydd y Bedyddwyr Albanaidd yng Nghymru

Mudiad J.R. Jones o Ramoth

Daeth storom fawr o Ramoth i ladd y g'lomen lon,
Eglwysi Bedyddiedig ga'dd brofi'r awel hon;
Pêr lysiau gardd paradwys a ga'dd eu curo i lawr,
A'r g'lomen wen a glwyfwyd gan rym y storom fawr,

Allan o Seren Gomer*, 1853*

Ganwyd John Richard Jones yn un o bedwar o blant yn y Bryn Melyn, Llanuwchllyn, Meirionnydd, ar 13 Hydref 1765. Mynychai ei rieni, John Richard ac Elisabeth, yr Hen Gapel, Rhosyfedwen, Llanuwchllyn, a magwyd y plant yn y ffydd. Fe gafodd J.R. Jones chwe mis o ysgol pan oedd yn ei arddegau, a hynny wrth draed y Parch. Thomas Davies, gweinidog yr Hen Gapel. Ond yr oedd ganddo syched am addysg a gwybodaeth a phenderfynodd ddysgu Saesneg er mwyn gallu darllen rhagor o lyfrau. Byddai ganddo lyfr yn gydymaith iddo ble bynnag yr âi – wrth fugeilio ac wrth drin y mawn. Ym 1781 daeth y Llif Mawr o ganlyniad i lawogydd gan ddinistrio dau ar bymtheg o dai yn ardal Bwlch y Groes, a boddwyd un wraig. Dywedid bod y digwyddiad hwn, ynghyd â marwolaeth ei fam, yn allweddol yn ei dröedigaeth. Pan oedd yn ddeunaw oed fe'i derbyniwyd yn aelod o'r Hen Gapel a dechreuodd bregethu. Ond wedi iddo glywed rhai Bedyddwyr yn pregethu, fe'i hargyhoeddwyd o ddilysrwydd bedydd trochiad.

Fe'i bedyddiwyd ef yn afon Prysor, Trawsfynydd, gan y Parch. Henry Davies, Llangloffan, ym 1788, a'r flwyddyn ddilynol fe'i hordeiniwyd yn weinidog ar yr eglwys ym Meirion a gynhwysai gynulleidfaoedd yn Ramoth, Trawsfynydd, Dolgellau, Harlech, Abermaw a Llanuwchllyn. Safai capel Ramoth ym mhlwyf Llanfrothen ar lan y Traeth Mawr, a diflannodd pan adeiladwyd y cob ym Mhorthmadog. Am gyfnod bu J.R. Jones yn gweithio'n llawen gyda Chymanfaoedd Bedyddwyr Cymru ac yn un o'u gwŷr cedyrn, ynghyd â Christmas Evans ac Edmund Francis. Ond daeth tro ar fyd a chefnodd J.R. Jones ar y Bedyddwyr ym 1798 gan gychwyn ei enwad ei hun, sef y Bedyddwyr Albanaidd. Parodd hyn gythrwfl a drwgdeimlad yn yr eglwysi Bedyddiedig, oherwydd iddo ddod o dan ddylanwad Archibald Maclean, un o sylfaenwyr achos y Bedyddwyr yn yr Alban, a'i waith. Wedi darllen rhai o'i lyfrau penderfynodd J.R. Jones fod yr eglwysi yng Nghymru ar gyfeiliorn a bod angen eu diwygio.

Tua diwedd 1798 cynhaliwyd cyfarfod y 'Gabidwl Fawr' yn Ramoth lle y penderfynwyd gadael Bedyddwyr Cymru ac ymuno â'r Bedyddwyr Albanaidd. Rhyw 350 o bobl oedd yn yr eglwysi a ymwahanodd. Cydweithiodd â Christmas Evans ar y dechrau, ond erbyn 1802 yr oedd y gŵr hwnnw wedi dychwelyd at Fedyddwyr Cymru. Credai J.R. Jones fod angen mynd yn ôl at ddysgeidiaeth syml y Testament Newydd am yr Eglwys. Mynegodd ddaliadau'r mudiad newydd yn glir yn *Y Grynodeb* a argraffwyd gyntaf ym 1802. Credent mewn cynulleidfaoliaeth a gweinyddu bedydd trochiad ar gredinwyr. Ym mhob eglwys yr oedd angen henuriaid neu weinidogion; gweinyddu swper yr Arglwydd bob Sul; cynnal cariad wleddoedd; golchi traed; adfer y 'gusan sanctaidd'; arfer ympryd a gweddi wrth drafod materion eglwysig; cyfrannu at reidiau'r saint a gofalu am y tlodion. Arweiniodd ei bobl yn gydwybodol am bedair blynedd ar hugain gan eu bugeilio'n ofalus. Cyhoeddodd nifer o lyfrau, ac yn eu plith *Casgliad o Salmau a Hymnau*. Bu farw 27 Mehefin 1822.

Robert Williams, 'Robert ap Gwilym Ddu', 1766–1850
Bardd ac emynydd

Mae'r gwaed a redodd ar y groes
o oes i oes i'w gofio;
rhy fyr yw tragwyddoldeb llawn
i ddweud yn iawn amdano.

Robert ap Gwilym Ddu

Ganwyd Robert Williams ar 6 Rhagfyr 1766, yn unig blentyn i William Williams a'i wraig Jane o'r Betws Fawr, amaethdy ym mhlwyf Llanystumdwy, Eifionydd. Dyn ei filltir sgwâr ydoedd ac fe dreuliodd ei oes yn ei gynefin yn amaethu ac yn barddoni. Gan mai unig blentyn ffermwr cefnog ydoedd fe gafodd fagwraeth dda, ac yn ôl pob tebyg derbyniodd beth addysg elfennol mewn ysgol leol. Dywedid ei fod yn ddarllenwr mawr a ymddiddorai mewn llenyddiaeth Gymraeg, diwinyddiaeth, cerddoriaeth a hanes, a'i fod hefyd wedi dysgu Saesneg. Gelwid ef gan Dewi Wyn o Eifion yn 'Hen Lanc y Betws' oherwydd ei fod yn ddibriod.

Caniatâi hynny ryddid mawr iddo a daeth ei gartref yn gyrchfan Cymry diwylliedig yr ardal. Yn y cyfnod hwnnw yr oedd nythaid o feirdd galluog yng nghyffiniau Llanystumdwy, gan gynnwys Dafydd Ddu Eryri, Gutyn Peris, Dewi Wyn, Siôn Wyn o Eifion ac Eben Fardd. Syndod mawr i'w gyfeillion oedd iddo briodi pan oedd yn hanner cant oed â merch ifanc o Ddolgellau a ddaeth i weini ym Mhlas Hen gerllaw. Fe gawsant un ferch, sef Jane Elizabeth, ond loes calon i'w rhieni oedd ei marwolaeth o'r darfodedigaeth ym 1834 a hithau ond yn ddwy ar bymtheg oed. Un o alarnadau dwysaf yr iaith yw'r awdl a ganodd ei thad iddi.

Och! gur, pwy fesur, pa faint
Yw 'nghwyn mewn ing a henaint!
At bwy tro'f yn fy ngofid,
A chael lle i ochel llid?
Angeu arfog, miniog mawr,
Ar ei adfarch ergydfawr,
Wele yma carlamodd,
A'i rym ar egni a rodd;
Torodd i lawr, drwy fawr feth
Ein diddig, unig eneth.

Yr oedd yn gyfeillgar â beirdd eisteddfodol ei gyfnod a dysgodd lawer ganddynt. Meistrolodd y mesurau caeth ac ystyrid rhai o'i englynion yn gampweithiau. Dyma un enghraifft sy'n dwyn y teitl 'Yr Iawn':

Paham y gwneir cam â'r cymod – neu'r Iawn
  A'i rinwedd dros bechod?
Dywedwch faint y Duwdod,
Yr un faint yw'r Iawn i fod.

Bu'n gyfaill ffyddlon i J.R. Jones, Ramoth, gan ei gynorthwyo i gyhoeddi llyfrau emynau. Ni chafodd ei fedyddio ac ni fu erioed yn aelod eglwysig, ond yr oedd ef a'i gyfaill o fardd, Dewi Wyn, yn addoli'n gyson yn y capel Bedyddwyr lleol a ddaethpwyd i'w adnabod fel 'Capel y Beirdd'.

Cofir am Robert ap Gwilym Ddu yn bennaf fel emynydd a ysbrydolwyd i ysgrifennu gan ei brofiadau ysbrydol. Ychydig cyn diwedd ei oes symudodd i fyw i Fynachdy Bach ac yno y bu farw ar 11 Gorffennaf 1850. Fe'i claddwyd ym mynwent Abererch, ger Pwllheli.

Christmas Evans, 1766–1838
Gweinidog (B), a phregethwr o fri

Ystyrid Christmas Evans yn un o dri o bregethwyr gorau Cymru eu cyfnod; y ddau arall oedd John Elias o Fôn a'r hen seraff Williams o'r Wern. Nodweddid ei bregethau enwocaf gan arddull ddramatig lle y byddai'n cymeriadu elfennau Cristnogol fel cyfiawnder a gras.

Fel y gellir tybio, nid ar ddydd o haf hirfelyn tesog y ganwyd y gŵr hynod hwn ond ar ddydd Nadolig 1766 yn Esgair Wen, Llandysul, Aberteifi, ar lan afonig y Cerdin. Mab ydoedd i'r crydd Samuel Evans a'i briod Joanna. Bu farw ei dad pan oedd Christmas Evans yn naw oed a bu rhaid iddo fynd yn brentis plwyf gan weithio, mae'n debyg, fel gwas ar fferm ei ewythr James Lewis. Ond daeth tro ar fyd pan aeth i weithio i Gastellhywel, cartref David Davies, gweinidog Presbyteraidd Arminaidd Llwynrhydowen. Pan oedd oddeutu deunaw oed aeth i ysgol David Davies lle dysgodd ddarllen Cymraeg ac ychydig Saesneg a Lladin mewn cyfnod byr, a hefyd dechreuodd bregethu. Dyma'r unig addysg ffurfiol a gafodd. Pregethwr aneffeithiol iawn ydoedd ar y cychwyn gan ei fod yn pregethu pregethau pobl eraill. Tua'r cyfnod hwn y collodd ei lygad de trwy ddamwain; mae'n debyg i was fferm ei daro yn ei lygad â darn o bren. Ymunodd ag eglwys y Bedyddwyr, Aberduar, ac fe'i bedyddiwyd gan y Parch. Timothy Thomas, awdur *Y Wisg Wen Ddisglair*.

Rhyw hanner cant o eglwysi oedd gan y Bedyddwyr yng Nghymru ym 1798 a phrin naw o'r rhain yn y gogledd. Mynychodd Christmas Evans Gymanfa Maesyberllan ym 1789 ac yno fe'i perswadiwyd gan yr hynod J.R. Jones, Ramoth, ac eraill i fynd yn bregethwr teithiol ac i efengylu ar ran y Bedyddwyr yn Llŷn. Fe'i hordeiniwyd yr un flwyddyn ac ymsefydlodd yn Nefyn gan weithio'n galed i gyhoeddi'r Efengyl yn bell ac agos. Priododd yn eglwys Bryncroes â Catherine Jones, 'heb fod gan yr un ohonynt gymaint â stôl deirtroed i ddechrau byw.' Daeth o dan ddylanwad y Diwygiad Methodistaidd a'i frwdfrydedd, ac fe'i cyffyrddwyd yn fawr wrth wrando ar Robert Roberts, Clynnog, yn pregethu. O hynny ymlaen dechreuodd ddatblygu'n bregethwr grymus ac effeithiol, a bedyddiodd hanner cant o bobl yn ystod ei flwyddyn gyntaf yn Llŷn.

Ar ddydd Nadolig 1791 symudodd ef a'i wraig i Langefni, Ynys Môn, i gymryd gofal Bedyddwyr yr ynys yn eu pencadlys syml yn Ebeneser, Llangefni, a bu'r ddau yn byw yn y tŷ capel, sef Cildwrn. Yma daeth o dan ddylanwad J.R. Jones, Ramoth, unwaith eto, a hefyd y mudiad Sandemanaidd a geisiodd, ymhlith pethau eraill, wrthweithio teimladrwydd y pwyslais Methodistaidd a effeithiodd ar y Bedyddwyr. Ond cefnodd Christmas Evans ar y syniadaeth hon wedyn, gan gydnabod mai camgymeriad oedd ei choleddu. Cynyddodd yr achos Bedyddiedig ym Môn o dan ei arweiniad, ac er ei bod yn ymddangos yn anghredadwy i ni heddiw dywedai Christmas fod rhwng deg a phymtheng mil o bobl yn mynychu rhai o gymanfaoedd Môn.

Bu farw ei wraig ym 1823, ac ym 1826 symudodd ef i weinidogaethu gyda'r Bedyddwyr yng Nghaerffili lle roedd trigain o aelodau. O fewn dwy flynedd yr oedd yr aelodaeth wedi cynyddu i fwy na dau gant. Yma hefyd priododd â Mary Jones, ei gyn-forwyn o Fôn, yn Eglwysilan. Symudodd i Gaerdydd ym 1828 ond ymddengys nad oedd ei ddull gwerinol yn taro deuddeg â dynion busnes y dref honno, felly symudodd eto ym 1832, y tro hwn i Gaernarfon lle y bu hyd ei farwolaeth. Yn y cyfnod hwn bu'n gefnogol i'r mudiad dirwestol gan annog eraill i ymwrthod ag alcohol, a bu hefyd yn hael tuag at waith Cymdeithas y Beibl.

Ym 1838 fe aeth i'r de ar daith gasglu, gan geisio codi arian i leihau dyled ye eglwys yng Nghaernarfon, ac yno bu farw, yn nhŷ Daniel Davies yn Abertawe, ar 19 Gorffennaf. Fe'i claddwyd wrth ochr capel Bethesda yn y dref honno.

John Bryan, 1770–1856
Gweinidog (W)

Mr. Bryan, y gân sydd gu – hedd i'n mysg!
Rhyw ddawn mawr gwnewch feddu;
Byw y lles yw achub llu,
Dawn gynhes, a Duw'n gwenu.

Robin Ddu

Ychydig o ffeithiau sydd ar gael am fywyd cynnar John Bryan. Fe'i ganwyd yn Llanfyllin, Trefaldwyn, ac er bod ei rieni'n fyw cafodd ei fagu am flynyddoedd gan ei ewythr John Rogers, brawd ei fam, a oedd yn fasnachwr yn y dref honno. Derbyniodd beth addysg elfennol ond ar farwolaeth ei ewythr aeth i fyw i Amwythig ac yna i Gorwen a Llanycil. Erbyn 1798 yr oedd wedi cyrraedd Wrecsam ac yn gweithio mewn siop dilledydd. Yn y cyfnod hwn teimlai anniddigrwydd dwfn yn ei galon ynghylch ei gyflwr ysbrydol, a digwyddiad allweddol yn ei hanes oedd symud yn Hydref 1798 i weithio mewn siop groser yn Eastgate Street, Caer, lle roedd y perchnogion, sef pedair merch Richard Williams, Gresford, yn Wesleaid o argyhoeddiad. Y Rhagfyr dilynol fe gafodd dröedigaeth bur ddramatig yng nghartref ei gyflogwyr, a hynny ym mherfeddion nos.

Teimlodd yr angen i gysylltu â chredinwyr eraill a dechreuodd fynychu eglwys y Methodistiaid Calfinaidd Cymraeg yn y dref. Ond rhoddodd gŵr o'r enw Mr Morley fenthyg holl weithiau John Wesley iddo, ac wrth eu darllen fe'i trowyd oddi wrth egwyddorion Calfiniaeth ac ymunodd â'r Wesleaid yng nghapel yr Octagon ym 1799. Y flwyddyn ddilynol traddododd ei bregeth gyntaf ar noson waith mewn tŷ yn Rowton. Datblygodd yn bregethwr effeithiol a lwyddodd i ennill llawer i gredu, ond weithiau gallai fod yn rhy lym ei dafod.

Ym 1801 derbyniwyd John Bryan yn weinidog Wesleaidd yng Nghymru yn y gynhadledd flynyddol a gynhaliwyd yn Leeds, ac fe'i penodwyd yng nghylchdaith newydd Rhuthun. Ef oedd un o weinidogion cyntaf y Wesleaid yng Nghymru. Dylid cofio mai ym 1800 y cychwynnodd y genhadaeth Wesleaidd yng Nghymru pan anfonwyd dau genhadwr, Owen Davies a John Hughes, i weithio ar Ynys Môn. Bu John Bryan yn eu cynorthwyo, ac ystod y blynyddoedd dilynol yr oedd ef ymhlith criw cynyddol o bregethwyr a deithiodd o amgylch gogledd Cymru yn sefydlu achosion Wesleaidd. Erbyn 1805 yr oedd 2,532 o aelodau ganddynt yng Nghymru. Cynyddodd hynny i 5,139 mewn 16 o gylchdeithiau ym 1815, a chaent eu gwasanaethu gan 45 o weinidogion. Priododd â Mary Griffith, Cae Eithin, Rhuthun, ym 1805.

Ym 1815 fe'i penodwyd gan y gynhadledd flynyddol i weithio ymhlith y Cymry ym Manceinion a bu adnewyddiad grymus yno o dan ei weinidogaeth. Gweithiodd wedyn yn Rochdale, yr Eglwys Wen (Amwythig), Burslem (Surrey), Epworth (Swydd Linclon) a Leeds. Bu yn Leeds am saith mlynedd gan ei sefydlu ei hun fel groser a masnachydd te, ond oherwydd salwch ei wraig penderfynodd symud i awyrgylch mwy iachus Caernarfon ym 1831, ac yno bu hi farw, ym 1835. Parhaodd ef i gadw siop ac i bregethu, ac ym 1840 aeth ar daith bregethu i dde Cymru gan gyrraedd cyn belled â Merthyr Tudful a Chaerdydd. Cyfieithodd rai o emynau John a Charles Wesley i'r Gymraeg, a hefyd draethodau Owen Davies. Bu farw yng Nghaernarfon ym 1856 a rhoddwyd ei weddillion i orffwys wrth y goeden gam ym mynwent eglwys Llanbeblig.

John Davies, Tahiti, 1772–1855
Cenhadwr

Un o ffrwythau amlwg y Diwygiad Efengylaidd yng ngwledydd Prydain oedd yr ymwybyddiaeth newydd ymhlith yr Ymneilltuwyr o'r angen i gyhoeddi'r Efengyl i holl genhedloedd y byd. Wrth gwrs, bu rhesymau gwleidyddol yn eu llesteirio hyd ddiwedd y 18fed ganrif, ac o ganlyniad sefydlwyd mudiadau cenhadol gan yr enwadau i gyflawni'r gwaith. Sefydlwyd Cymdeithas Genhadol y Bedyddwyr ym 1792 a Chymdeithas Genhadol Llundain ym 1795. Dros y blynyddoedd aeth cannoedd o wŷr a gwragedd i bedwar ban y byd i geisio gwireddu'r weledigaeth o 'fynd i'r holl fyd a phregethu'r Efengyl', ac yn eu plith John Davies.

Fe'i ganed ar 11 Gorffennaf 1772 ar fferm Pendugwm, Llanfihangel-yng-Ngwynfa, Trefaldwyn, yn fab i wehydd. Ymddengys iddo gael peth addysg yn ysgolion Madam Bevan, ac yn ddiweddarach fe gadwodd ysgol yn Llanrhaeadr-ym-Mochnant. Yno ymaelododd â'r Methodistiaid a addolai mewn tŷ o'r enw Penllys.

Tua throad 1798 hwyliodd ef a'i wraig ar fwrdd y *Duff* – y llong gyntaf a brynodd Cymdeithas Genhadol Llundain, am £4,800 – ar ei hail daith genhadol i Tahiti ym Môr y De. Y mae ansicrwydd yn y ffynonellau ynghylch pa flwyddyn yn union yr hwyliodd John Davies. Awgrymir tair blwyddyn bosibl, sef 1798, 1800 a 1801. Yn ogystal â hyn, dywed un awdur mai ar long y *Royal Admiral* yr hwyliodd John Davies gyda deuddeg o genhadon eraill. Ond mae un peth sicr, sef mai ef oedd y Cymro cyntaf i fynd yn genhadwr o dan faner Cymdeithas Genhadol Llundain. Mae'n debyg bod Thomas Charles o'r Bala yn rhannol gyfrifol bod John Davies wedi mynd i Tahiti, oherwydd pan ddychwelodd y *Duff* o'i thaith genhadol gyntaf cafodd sgwrs hir â'r capten. Dywedodd hwnnw wrtho fod angen mawr am athrawon yn Tahiti ac fe awgrymodd Thomas Charles enw John Davies.

Yn fuan wedi iddynt gyrraedd yno bu farw ei briod, ond er y torcalon, ymroes yn egnïol i'r gwaith. Dros y blynyddoedd ysgrifennodd John Davies yn gyson o Tahiti at John, brawd Ann Griffiths, yr emynyddes, ac y mae llu o'r llythyrau a anfonodd at y Parch. John Hughes, Pontrobert, ar gael. Cyfieithodd y rhan helaethaf o'r Testament Newydd a'r Salmau i'r iaith frodorol gan roi'r iaith honno ar glawr am y tro cyntaf, ac er mwyn gwneud hyn bu rhaid iddo lunio gwyddor a gramadeg. Aeth ati hefyd i gyhoeddi geiriadur, cyfieithiad o *Taith y Pererin*, John Bunyan, a chatecism Brown a Westminster.

Gwaith caled oedd ymsefydlu ar yr ynys gan fod y brodorion nid yn unig yn wrthwynebus, fel y gellid disgwyl, ond hefyd yn brwydro â'i gilydd byth a beunydd. Ym 1808 bu rhaid i'r cenhadon ffoi o'r ynys oherwydd ymosodiadau gan y brodorion, gan geisio lloches ym Mhorth Jackson, Awstralia. Wedi peth amser dychwelasant i Dahiti a daeth llwyddiant i'r gwaith o 1814 ymlaen. Llafuriodd John Davies yng ngwaith yr Arglwydd yn ddi-dor am 54 o flynyddoedd, ac yn ystod deng mlynedd olaf ei oes fe aeth yn ddall. Bu farw 19 Awst 1855.

John Elias o Fôn, 1774–1841
Gweinidog (MC), pregethwr

Nid oes sicrwydd ynghylch dyddiad geni John Elias, ond fe'i bedyddiwyd ar 6 Mai 1774. Mab ydoedd i'r gwehydd a'r ffermwr Elias Jones a'i wraig Jane, Brynllwyn Bach, Abererch, Pwllheli. Bu ei daid, John Elias, yn ddylanwad crefyddol trwm arno yn ystod ei blentyndod, a phan ddechreuodd bregethu mabwysiadodd ei enw. Derbyniwyd ef yn aelod eglwysig yn Hendre Hywel ym Medi 1793, ac fel pregethwr ar ddydd Nadolig 1794 yng nghyfarfod misol Brynrodyn. Aeth y sôn amdano ar led yn fuan ac fe aeth ar deithiau pregethu trwy Gymru, Lerpwl a Manceinion. Fel nifer o'i gyfoedion, ychydig addysg a gafodd, ond bu am gyfnod byr yn ysgol Evan Richardson, Caernarfon, lle dysgodd beth Saesneg. Ordeiniwyd ef ym 1811, ac yr oedd ymhlith gweinidogion ordeiniedig cyntaf y Methodistiaid Calfinaidd.

Ar ddechrau'r 19eg ganrif ef oedd un o'r pregethwyr grymusaf a mwyaf poblogaidd yng Nghymru oherwydd ei ddoniau areithyddol dramatig a'i bregethau Beibl-ganolog. Tyrrai pobl i wrando arno'n pregethu'r Efengyl a daeth miloedd i'r bywyd o dan ei weinidogaeth. Aeth rhai o'i oedfaon yn rhan o chwedloniaeth ein cenedl. Un enghraifft oedd oedfa awyr agored yng Nghaergybi lle'r oedd meddwon yn bresennol. Fe roddodd John Elias hwy ar ocsiwn gan eu cynnig i'r gwahanol enwadau ac i'r diafol, ond nid oedd neb yn barod i'w derbyn. Yn y diwedd yr un a'u prynodd oedd Iesu Grist, er mwyn eu golchi a'u sancteiddio. Trwy gyfrwng ei bregethu hyrwyddodd achos dirwest a diweirdeb, ac ymgyrchodd i ddileu'r gwylmabsantau a'r ffeiriau cyflogi ar y Sul am ei fod yn credu eu bod yn esgor ar anfoesoldeb.

Dywedodd Owen Thomas, Lerpwl amdano, 'Fel pregethwr, yr ydym yn teimlo fod John Elias yn gwbl annysgrifiadwy. Yr oedd ynddo rywbeth ag y mae yn anmhosibl, dybygem ni, rhoddi un syniad amdano i'r rhai nas clywsant ef ei hunan, a rhywbeth oedd yn gwneud ei ddylanwad ar ei wrandawyr yn annghydmarol... Yr ydoedd, y mae yn ddiamheuol, y pregerhwr mwyaf poblogaidd a chymmeryd y Dywysogaeth yn gyffredinol, a gododd erioed yn Nghymru.'

O ran cymeriad dywedir ei fod yn eithriadol o benderfynol, yn sicr iawn o'i farn ei hun, ac yn dueddol o dra-arglwyddiaethu ar eraill. Dywedir mai dim ond un person a allai roi caead ar ei biser a hwnnw oedd ei gefnder, y Parch. William Roberts, Amlwch. O ran diwinyddiaeth yr oedd yn Uchel Galfinaidd, a dim ond ar ôl ei farwolaeth ef a'i genhedlaeth yr enillodd Calfiniaeth gymedrol ei phlwyf yng Nghymru.

Oherwydd ei ddoniau cynhenid a'i bendantrwydd daeth yn un o arweinyddion y Methodistiaid Calfinaidd. Bu iddo ran allweddol yn llunio cyfansoddiad y Gyffes Ffydd a fabwysiadwyd ym 1823, ac yn natblygiad y Cyfundeb. Yr oedd yn geidwadol iawn yn wleidyddol ac yn gwrthwynebu i Gristnogion ymyrryd mewn gwleidyddiaeth. Gwrthwynebodd yn chwyrn y mesur i ryddfreinio'r Pabyddion ym 1832 trwy ddatgorffori eglwys Jewin Crescent yn Llundain am gyfnod byr oherwydd bod rhai o'r aelodaeth wedi arwyddo deiseb o blaid y mesur.

Bu'n briod ddwywaith. Ym mis Chwefror 1799 priododd ag Elizabeth, merch hynaf Richard Broadhead, Tre'r Gof, Llanbadrig, Môn, ac aeth i fyw yn Llanfechell, Môn, i gadw siop gyda hi. Cawsant bedwar o blant ond bu farw dau yn eu plentyndod. Bu Elizabeth farw ym 1822 ac ailbriododd John Elias ymhen dwy flynedd â gweddw Syr John Bulkeley, Persaddfed, Bodedern. Symudasant i'r Fron, Llangefni, ac yno y bu farw ar 8 Mehefin 1841. Rhoddwyd ei weddillion i orffwys ym mynwent Llan-faes ger Biwmares a dywedid bod 10,000 o alarwyr yn yr angladd.

Azariah Shadrach, 1774–1844
Ysgolfeistr, gweinidog (A), ac awdur

Os gofyn rhywun beth yw Duw,
atebwn ni mai cariad yw:
fe fflamiodd cariad Tri yn Un
yn rhyfedd at annheilwng ddyn.

Azariah Shadrach

Gweithiai Azariah Shadrach fel gweinidog yn y cyfnod cyn adeiladu'r mwyafrif o gapeli Cymru, pryd y cynhelid cyfarfodydd fynychaf yn yr awyr agored, mewn tai neu mewn adeiladau rhent. Treuliodd lawer o'i amser yn cyhoeddi efengyl cariad Duw yn y priffyrdd a'r caeau, gan wynebu bygythiadau ac erledigaeth.

Ganwyd ef ar 24 Mehefin 1774 yn Garndeifo-fach, Llanfair Nant-y-Gof, Penfro, nid nepell o Abergwaun, yn bumed o chwe mab Henry ac Ann Shadrach. Pan oedd yn saith oed symudodd y teulu i Burton yn ardal Saesneg Penfro, yna fe aeth i fyw at chwaer ei dad ar fferm Fagwyreinion-fawr yn Nhrewyddel. Tra oedd yno fe gafodd dröedigaeth o dan weinidogaeth y Parch. John Phillips ac fe'i derbyniwyd yn aelod o eglwys Trewyddel. Yn fuan teimlodd alwad i bregethu ond ychydig iawn o fanteision addysgol oedd ar gael.

Cafodd beth ysgol gyda John Young, clochydd Nanhyfer, ac aeth ati i'w addysgu ei hun. Trawodd fargen â'r Parch. John Richards, Trefgarn, i weithio am ei gadw ar ei fferm am flwyddyn, ar yr amod y câi ddarllen ei lyfrau. Anogodd John Richards ef i bregethu a gwnaeth hynny am y tro cyntaf yng Nghaergowyl, Rhosycaerau. Digwyddiad hynod yn ei hanes oedd iddo fynd i Abergwaun ym 1797 i wrthsefyll y milwyr Ffrengig a laniodd yno.

Yn dilyn arfer y cyfnod aeth ar deithiau pregethu gyda'i gyfaill Daniel Evans. Aethant i'r de ym 1797 ac i'r gogledd ym 1798, lle yr ymsefydlodd. Bu yn Llanrhaeadr-ym-Mochnant am gyfnod ac yna'n athro ysgol ym Mhennal, Machynlleth. Yno cyhoeddodd ei lyfr cyntaf, sef *Allwedd Myfyrdod neu arweinydd i'r meddwl segur.* Wedyn aeth i gadw ysgol yn Nhrefriw, Dyffryn Conwy, gan bregethu ym Mhorthllwyd, Llanrwst a Chapel Garmon. Oddeutu 1802 fe'i hordeiniwyd yn weinidog ar yr eglwysi hyn am gyflog o £5.00 y flwyddyn. Bu'n cerdded i bobman hyd nes i Mr Jones, Caer, roi ceffyl a chyfrwy yn rhodd iddo. Derbyniodd alwad i fugeilio eglwysi Annibynnol bychain Tal-y-bont a Llanbadarn Fawr, Ceredigion, ym 1806 am £2.00 y chwarter. Erbyn hyn yr oedd yn briod ac yn dad i bedwar o blant. Dechreuodd adeiladu tŷ ond nid oedd digon o arian ganddo i'w orffen hyd nes i'r cymwynaswr hael hwnnw, Mr Jones, Caer, anfon £10.00 yn rhodd iddo. Dechreuodd bregethu yn nhref Aberystwyth ym 1816 a defnyddiwyd capel rhent David Jenkins.

Wedi meithrin cynulleidfa, rhentiwyd ysgubor helaeth ar Heol y Frenhines a chorffolwyd eglwys Annibynnol Seion yno ym 1819. Gadawodd ei ofalaeth yn Nhal-y-bont a Llanbadarn er mwyn bugeilio'r eglwys newydd ac aeth ati'n egnïol i gasglu arian er mwyn codi capel, gan fynd ar deithiau casglu i Lundain a Swydd Efrog. Ym 1821 agorwyd capel Scion, Pcnmacsglas, yn gartref i'r eglwys. Er na chafodd fanteision addysg cyhoeddodd cymaint â 23 o lyfrau, rhai ohonynt â theitlau hirfaith, ac yn eu plith, *Drws i'r meddwl segur i fynd i mewn i weithio i Winllan y Per Lysiau* (1804), *Perlau Calfaria* (1808) a *Gwallt Samson yn cael ei dorri pan oedd yn cysgu ar liniau Dalilah* (1831). Ymddeolodd ym 1835 a bu farw 18 Ionawr 1844. Rhoddwyd ei weddillion i orffwys ym mynwent eglwys Sant Mihangel, Aberystwyth.

Ann Griffiths, 1776–1805
Emynyddes

Ganed Ann Thomas ym mis Ebrill 1776 yn ffermdy Dolwar-fach, Llanfihangel-yng-Ngwynfa, Trefaldwyn. Yr oedd ei thad, John Thomas, yn dyddynnwr mawr ei barch yn yr ardal a feddai ryw gymaint o ddawn barddoni, a byddai ef a'i wraig Jane a'r teulu yn mynychu eglwys y plwyf. Yn ystod ei hieuenctid yr oedd Ann yn hoff o ysgafnder, cloncian a mynychu dawnsfeydd, ond newidiodd hynny ym 1796 pan ddaeth o dan ddylanwad Benjamin Jones, Pwllheli, wrth iddo bregethu'r Efengyl. Yr oedd wedi bwriadu mynd i ddawns yn Llanfyllin ond fe'i gwahoddwyd gan ferch ifanc a oedd yn ei hadnabod i fynd i gapel yr Annibynwyr i wrando ar Benjamin Jones. Ni bu ei bywyd byth yr un fath wedyn oherwydd yno fe gafodd dröedigaeth a rhoddodd ei bywyd i'w Gwaredwr, Iesu Grist.

O ganlyniad fe ymunodd â'r seiat Fethodistaidd ym Mhontrobert ym 1797 a daeth yn gyfaill i John Hughes a oedd yn athro ac yn bregethwr ac a ddaeth yn athro ysbrydol iddi hithau. Yn fuan sylweddolwyd ei bod yn wraig o allu anghyffredin. Dywedodd Morris Davies amdani ym 1865, 'Yr oedd goleuni a gwres yn ei chrefydd hi. Nid gwres heb oleuni, na goleuni heb wres; ond y ddau gyda'i gilydd.' Ym 1804 priododd â ffermwr o Meifod o'r enw Thomas Griffiths, brawd y Parch. Evan Griffiths, Ceunant. Rhyw ddeng mis ar ôl y briodas ganwyd merch fach iddynt ond bu farw'n bythefnos oed, a phythefnos yn ddiweddarach bu farw Ann ym mis Awst 1805 yn 29 oed. Claddwyd ei gweddillion yn Llanfihangel ar 12 Awst 1805. Bu farw ei gŵr yn yr un mis.

Ar ddydd ei chladdedigaeth ymgasglodd torf fawr ynghyd a thraddodwyd pregeth gan Thomas Owen, y Bala, ar Colosiaid 3:4. Gadawodd ar ei hôl rai o'r emynau Cristnogol mwyaf ysbrydoledig a gyfansoddwyd mewn unrhyw iaith ac y mae'n dipyn o ryfeddod fod yr emynau hyn wedi goroesi gan nad oedd wedi eu rhoi ar gof a chadw. Roedd gan Ann forwyn o'r enw Ruth Evans a byddai'n adrodd ei hemynau wrthi hi'n fynych, a dysgodd Ruth lawer o'r penillion ar ei chof. Yn ddiweddarach priododd Ruth â John Hughes, Pontrobert, ac fe gofnododd yntau'r emynau mewn dau lyfr. Rhoddodd John Hughes gopi i Thomas Charles o'r Bala ac fe'i cyhoeddwyd yn gyntaf yn argraffiad 1805 o *Grawn-Sypiau Canaan* ac yna'r flwyddyn ddilynol yn *Casgliad o Hymnau*. Cyhoeddwyd hwy droeon mewn nifer o lyfrau yn ystod y blynyddoedd dilynol, ond ym 1905 cyhoeddodd O.M. Edwards lyfr yn dwyn y teitl *Gwaith Ann Griffiths* oedd yn cynnwys testun gwreiddiol ei hemynau.

Adlewyrcha ei hemynau ddeallusrwydd mawr, gwybodaeth Feiblaidd eang a dealltwriaeth ysbrydol ddofn, ac y mae ei mynegiant o elfennau pwysig y ffydd Gristnogol yn aml yn gwbl ysgubol. Dyma ran o un o'i hemynau sy'n mynegi'n odidog ddirgelwch ymgnawdoliad Iesu Grist:

O! am gael ffydd i edrych
Gyda'r angylion fry
I drefn yr iechydwriaeth,
Dirgelwch ynddi sy;
Dwy natur mewn un Person
Yn anwahanol mwy,
Mewn purdeb heb gymysgu,
Yn berffaith hollol trwy.

O! f'enaid, gwêl addasrwydd
Y Person dwyfol hwn,
Mentra arno'th fywyd
A bwrw arno'th bwn;
Mae'n ddyn i gydymdeimlo
Â'th holl wendidau i gyd,
Mae'n Dduw i gario'r orsedd
Ar ddiafol, cnawd, a byd.

James Hughes, 'Iago Trichrug', 1779–1844

Gweinidog (MC), esboniwr Beiblaidd ac emynydd

Mae enw Crist i bawb o'r saint
fel ennaint tywalltedig,
ac yn adfywiol iawn ei rin
i'r enaid blin, lluddedig.

James Hughes

Un o gyfraniadau arhosol James Hughes i fywyd Cristnogol Cymru yw ei esboniadau Beiblaidd. Cyhoeddodd esboniadau llawn ar yr Hen Destament ond ni lwyddodd i orffen y Testament Newydd cyn iddo farw, a chredir mai John Jones, Lerpwl, a orffennodd y gwaith. Un o gryfderau ei esboniadau yw'r croesgyfeirio Beiblaidd eithriadol o fanwl sy'n gymorth i agor yr Ysgrythur.

Yn y Neuadd-ddu, Ciliau Aeron, Ceredigion, y cafodd James Hughes ei eni, ar 3 Gorffennaf 1779. Yr oedd ei dad, Siencyn Hughes, yn of, a'i fam Ellen yn ferch i grydd; bu hi farw pan oedd ei mab yn flwydd a hanner oed. Ailbriododd ei dad â gweddw a chanddi dri o blant ac yr oedd ganddo yntau bump o blant yn barod. Er gwaethaf hynny fe gafodd James Hughes beth addysg yn ysgol eglwys Trefilan ac ysgol Pennant. Nid oedd ei deulu'n Gristnogion ond mynychent oedfaon yn achlysurol yng Nghilcennin a'r Ciliau. Ymfudodd ei dad i America pan oedd James yn un ar bymtheg oed gan ei adael ar ei ben ei hun. Aeth fel prentis gof at Dafydd Jenkin, Capel Gartheli, Llanddewibrefi a threulio dwy flynedd yno. Pan oedd yn ddeunaw oed fe gafodd dröedigaeth wrth wrando ar y Parch. Dafydd Parry, Llanwrtyd, yn pregethu ar yr adnod 'Pwy yw hon sydd yn dyfod i fyny o'r anialwch, megis colofnau mwg, wedi ei pherarogli â myrr, ac â thus, ac â phob powdr yr apothecari?' (Caniad Solomon 3:6) ac ymaelododd â'r Methodistiaid yn Llangeitho. Wedi gorffen ei brentisiaeth cafodd waith yn efail Siôn

Dafydd, Llanddewi, Aberarth am dri mis, gan ennill cyflog o ddeunaw ceiniog yr wythnos. Gadawodd am Lundain gyda chefnder iddo i chwilio am waith ym 1799.

Ymsefydlodd yn Deptford gan gael gwaith fel gof yn 'Iard y Tŷ Coch' yn y dociau. Bu'n flaenllaw gyda chychwyniad yr achos crefyddol Cymraeg yn yr ardal honno. Ym 1801 symudodd i weithio i Iard y Brenin (King's Dockyard), lle y bu am un mlynedd ar hugain. Priododd â Martha Griffiths ym 1805 a chawsant oddeutu un ar ddeg o blant, ond chwech yn unig a oroesodd eu tad. Wedi cyfnod o wrthgilio a chefnu ar y ffydd dychwelodd i'r cylchoedd Cristnogol trwy ymaelodi yng nghapel y Methodistiaid Cymraeg, Wilderness Row. Traddododd ei bregeth gyntaf mewn ystafell yn Deptford ym 1810 oddi ar y testun Mathew 9:12, ac ordeiniwyd ef i'r weinidogaeth yn sasiwn Llangeitho, 1816. Fel cymaint o'i genhedlaeth gweithiodd yn ddiflino i gael addysg ac i'w ddiwyllio'i hun.

Pan adleolwyd eglwys Wilderness Row ar ôl adeiladu capel newydd Jewin Crescent ym 1823, gwahoddwyd James Hughes i'w fugeilio. Cyfrannai'n gyson i gyfnodolion fel *Y Goleuad* a'r *Drysorfa* gan fynegi ei farn ar ddadleuon a phynciau llosg y dydd, e.e. 'Prynu'r Bendithion' a 'Rhyddfreinio'r Pabyddion'. Cyfansoddodd nifer o emynau a ddaeth yn boblogaidd ac y mae dau ohonynt yn *Caneuon Ffydd*. Bu farw ar 2 Tachwedd 1844 yn ei gartref yn Rotherhithe, a'i gladdu ym mynwent Bunhill Fields. Gosodwyd cofgolofn farmor urddasol ar ei fedd ym 1907 fel arwydd o werthfawrogiad o'i fywyd.

William Williams o'r Wern, 'Yr Hen Seraph', 1781–1840
Gweinidog (A) a phregethwr o fri

Ar ddechrau'r 19eg ganrif yr oedd tri gweinidog a ystyrid yn gewri'r pulpud yng Nghymru, sef John Elias, Christmas Evans a Williams o'r Wern. Fe'i gelwid yn 'dri chedyrn' y pulpud. Ganed William Williams yn Cwm-hyswn-ganol, plwyf Llanfachreth, Meirionnydd, yn un o saith o blant. Nid oedd ei dad, William Probert, a oedd yn saer coed o ran ei waith, yn aelod eglwysig, ond yr oedd yn wrandäwr cyson a byddai'n cynnal dyletswydd deuluaidd ar yr aelwyd yn feunyddiol. Yr oedd ei fam, Jane Edmund, yn aelod gyda'r Methodistiaid Calfinaidd. (Dywedid bod ei thad Edmund Morgan wedi byw i fod yn 113 oed a'i fod wedi ei gladdu ym mynwent eglwys Trawsfynydd.) Ni dderbyniodd unrhyw addysg ffurfiol pan oedd yn blentyn er iddo ddysgu darllen Cymraeg.

Pan oedd yn dair ar ddeg oed aeth i wrando ar Rhys Dafis yn pregethu mewn tŷ o'r enw Bedd-y-coedwr ac fe gafodd yr oedfa effaith ddofn arno. Yn fuan wedyn aeth i gyfeillach ym Mhenystryd – achos a gychwynnwyd gan Hen Gapel, Llanuwchllyn – i ofyn a gâi ei dderbyn yn aelod. Derbyniwyd ef yn aelod cyflawn yn bedair ar ddeg oed, ac o dan arweiniad ofalus ei fam aeddfedodd yn ysbrydol. Fe'i prentisiwyd fel saer coed ond yr oedd awydd cynyddol yn ei galon i bregethu a dechreuodd wneud hynny pan oedd yn ddeunaw oed.

Bu am gyfnod byr yn ysgol y Parch. William Jones ac yna'n dysgu Saesneg mewn ysgol ym Mwlch-y-ffridd, y Drenewydd, am wyth mis. Ym 1803 aeth i'r athrofa yn Wrecsam ond nid yw'n ymddangos iddo ddisgleirio fel ysgolhaig. Dechreuodd fynd ar deithiau pregethu i'r de ac yn raddol fe ddatblygodd yn bregethwr grymus. Ar derfyn ei gwrs bu o fewn trwch blewyn i dderbyn galwad i Horeb, Aberteifi, ond fe'i darbwyllwyd i'w wrthod gan T. Jones, Caer. Yn hytrach derbyniodd alwad i fugeilio achosion y Wern a Harwd ger Wrecsam. Dechreuodd ar y gwaith ym 1807 ond ni chafodd ei ordeinio hyd 28 Hydref 1808. Dim ond un ar ddeg o eglwysi Annibynnol oedd yn sir Ddinbych ar y pryd. Cymerodd achos Rhosllannerchrugog o dan ei adain a sefydlodd achosion yn Llangollen (1811) a Rhiwabon (1813). Yn y cyfnod hwn yr oedd dadleuon diwinyddol chwyrn ac fe ochrodd William Williams gyda'r Calfiniaid gymedrol gan ennyn llid yr Uchel Galfiniaid. Priododd â Rebecca Griffith o Gaer ar 22 Gorffennaf 1817 yn eglwys St John the Baptist ac fe gawsant bedwar o blant. Fe ddaeth i enwogrwydd fel pregethwr yn anad dim a theithiodd ar hyd a lled Cymru yn cyhoeddi'r Efengyl. Meddai ar y ddawn i gyffwrdd a chyfareddu cynulleidfa wrth agor y gair.

Byddai William Williams yn aml yn agor ei bregeth yn ysgafn gan beri i gynulleidfa chwerthin, ond yna byddai'n ymddifrifoli fel eu bod yn eu dagrau. Yr oedd ei bregethau yn glir ac yn ffres. Bu farw ei wraig ym 1836 ac yn fuan wedyn derbyniodd alwad i fugeilio eglwys y Tabernacl, Great Crosshall Street, Lerpwl (Llynlleifiad). Llwyddodd ei waith yno a chynyddodd yr aelodaeth o 256 ym 1836 i 400 ym 1839. Oherwydd cyflwr ei iechyd dychwelodd i fugeilio eglwysi'r Wern a Harwd gan fyw yn Bersham, ac yno y bu farw ar 17 Mawrth 1840. Claddwyd ei weddillion ym mynwent capel y Wern.

Mari Jones, 1784–1866
Cristion

Hanai Mary Jones o Dy'n-y-ddol, Llanfihangel-y-Pennant wrth droed Cadair Idris, Meirionnydd, a gwehydd tlawd oedd ei thad. Pan oedd hi tua deg oed aeth i ysgol ddyddiol yn Abergynolwyn a oedd yng ngofal John Ellis o'r Bermo. Mynychai'r ysgol yn ffyddlon, er bod dros ddwy filltir o ffordd arw i'w cherdded, a datblygodd Mari'r gallu i gofio talpiau mawr o'r Beibl ar ei chof. Gan nad oedd ganddi Feibl yn ei chartref, byddai'n cerdded dwy filltir i fferm – Bodilan Fawr, fe dybir – lle roedd yna Feibl, er mwyn dysgu penodau ohono.

Penderfynodd gynilo'i harian prin er mwyn prynu Beibl iddi ei hun a bu am flynyddoedd yn casglu ei cheiniogau. Ymhen hir a hwyr roedd ganddi ddigon o arian, a'r lle agosaf a werthai Feiblau oedd y Bala. Er bod y dref honno dros 25 milltir i ffwrdd mentrodd draw at Thomas Charles i ofyn am Feibl. Cerddodd yn droednoeth, gan gario'i hesgidiau mewn cwdyn i'w gwisgo pan fyddai'n cyrraedd y dref.

Erbyn iddi gyrraedd yr oedd yn rhy hwyr i weld Thomas Charles felly cafodd lety yn nhŷ yr hen bregethwr Dafydd Edwards. Boregodwr oedd Thomas Charles a gwelodd Mari a Dafydd oleuni yn ei fyfyrgell cyn codi cŵn Caer. Aeth y ddau draw i'w gartref ac fe'u harweinwyd i mewn. Dywedodd Dafydd Edwards beth oedd neges Mari a holodd Thomas Charles hi gan ryfeddu at ei gwybodaeth Feiblaidd. Ond yna meddai Thomas Charles, 'Mae yn ddrwg dros ben gennyf weled yr eneth fach wedi dyfod yr holl ffordd o Lanfihangel yma i geisio Beibl, a finnau heb yr un i'w gael. Mae yr holl Feiblau a dderbyniais o Lundain i gyd ar ben er ys misoedd, ond rhyw ychydig o gopïau sydd yma i gyfeillion yr wyf wedi addaw eu cadw iddynt.'

Trywanodd ei eiriau galon Mari a dechreuodd feichio crio dros y tŷ yn aflywodraethus gan ddryllio calon Thomas Charles. 'Wel, fy ngeneth annwyl,' meddai, 'mi welaf fod yn rhaid i ti gael Beibl, er mor anhawdd ydyw i mi roddi un heb siomi cyfeillion eraill; mae yn amhosibl i mi wrthod i ti.' Rhoddodd Feibl iddi a thalodd hithau iddo â'i chynilion. Ychwanegodd Thomas Charles, 'Os yw yn dda gennyt ti gael Beibl, mae yn dda iawn gennyf finnau ei roddi i ti. Darllena lawer arno, a dysg lawer o hono ar dy gof.' Yna dywedodd wrth Dafydd Edwards, 'Onid yw'r olygfa hon yn ddigon i hollti y galon galetaf; geneth ieuanc dlawd, ddeallus, yn gorfod cerdded yr holl ffordd o Lanfihangel, 50 milltir a mwy – i gael Beibl! Ni allaf fyth orffwys nes cael rhyw lwybr arall i gyfarfod ag angen mawr ein gwlad am Air Duw.' Y mae'r Beibl a gafodd Mari Jones gan Thomas Charles yn Nhŷ'r Beiblau yn Llundain.

Ysgogwyd Thomas Charles gan Mari Jones i fynd ati i geisio Beiblau fforddiadwy i werin Cymru. Ym 1802 gwnaeth yr angen am air Duw yng Nghymru yn hysbys i bwyllgor Cymdeithas y Traethodau Crefyddol yn Llundain gan adrodd hanes Mari Jones. Rhoddodd ei gynllun i sefydlu Cymdeithas Feiblau i Gymru gerbron y pwyllgor ac ymatebodd yr ysgrifennydd y Parch. Joseph Hughes, drwy ddweud, 'Os Cymdeithas i Gymru, paham nad i'r holl deyrnas – a'r holl fyd?' Ar 7 Mawrth 1804 cyfarfu 300 o gynrychiolwyr yr enwadau yn y London Tavern ac yno y sefydlwyd y Feibl Gymdeithas Frytanaidd a Thramor. Ei gorchwyl cyntaf oedd cyflenwi angen Cymru gydag ugain mil o Feiblau a phum mil o Destamentau.

Y mae'r hanes hwn am Mari Jones wedi mynd ar led i bum cyfandir ac mae'n bosibl mai dyma'r hanes mwyaf cyfarwydd o Gymru yng ngweddill y byd. Bu farw Mari Jones Nadolig 1866 yn 82 oed a chladdwyd hi ym mynwent Bryn-crug. Y mae cofadail iddi yn Llanfihangel-y-Pennant, ar adfeilion yr hen fwthyn lle'r oedd yn byw.

Michael Jones, 1787–1853
Gweinidog (A) ac athro cyntaf Coleg Annibynnol y Bala

Ganwyd Michael Jones ym mhlwyf Henfynyw yn agos i Neuadd-lwyd, sir Aberteifi, lle roedd y teulu'n byw mewn tyddyn bychan o'r enw Ffosybontbren. Yn hwyr yn eu bywyd y daeth ei rieni at grefydd. Ymaelododd ei dad Daniel â'r Wesleaid yng Nghapel y Ficer, a'i fam Mari â'r Methodistiaid Calfinaidd yn Ffos-y-ffin. Bu'n was fferm am gyfnod cyn mynd i ennill ei fara beunyddiol fel saer maen. Cafodd dymor o addysg mewn ysgol, ac yna aeth i Lanbedr i ddysgu'r grefft o rwymo llyfrau.

Derbyniwyd ef yn aelod yn Neuadd-lwyd ym 1807 ac fe'i hanogwyd i ddechrau pregethu gan y gweinidog, Dr Phillips. Er mwyn ei ddiwyllio'i hun ymhellach aeth i ysgol enwog David Davis, Castellhywel. Ym 1810 cafodd ei dderbyn i athrofa'r gogledd yn Wrecsam a gedwid gan Dr Jenkin Lewis, a threuliodd bedair blynedd yno. Yn y cyfnod hwn daeth Dr George Lewis yno fel athro diwinyddol. Ym 1814 cafodd Michael Jones alwad gan eglwys yr Annibynwyr yn Llanuwchllyn ac fe'i hordeiniwyd fel olynydd i Dr George Lewis ar gyflog o £20 y flwyddyn; yno y bu am wyth mlynedd ar hugain. Priododd â Mari Hughes, Cwmcarnedd, Llanbryn-mair, gwraig a dorrwyd o'r un brethyn ag ef, ac fe gawsant bump o blant. Bu'r rhain yn flynyddoedd o gynnwrf a dadlau ffyrnig ymhlith arweinyddion Cristnogol Cymru ynghylch llywodraeth eglwysig a materion diwinyddol.

Yr oedd y prif wrthdaro rhwng pleidwyr Uchel Galfiniaeth a Chalfiniaeth gymedrol. Effeithiodd hyn ar yr eglwys yn Llanuwchllyn ond yn y fan honno yr oedd elfen ychwanegol i'r anghydfod, sef yr hen drefn Henaduriaethol. Holltodd yr eglwys yn ddwy ran, sef yr Hen Bobl a charfan Michael Jones. Cyhuddwyd ef gan yr Hen Bobl o danseilio'r Henaduriaeth oedd wedi bod yn rhan annatod o fywyd yr eglwys ers degawdau, a hefyd o goleddu syniadaeth Arminaidd. Dywedid bod Arminiaeth yn gwadu pechod gwreiddiol, yn gorbwysleisio cyfrifoldeb personol dyn yn nhrefn iachawdwriaeth, ac yn gwneud gwerth yr Iawn yn rhy gyffredinol.

Galwyd gweinidogion o'r tu allan i geisio cyfannu'r rhwyg, ond i ddim diben, felly aeth y ddwyblaid i gyfraith ynghylch meddiant y capel, a'r Hen Bobl a orfu. Ymadawodd Michael Jones a'i blaid â'r Hen Gapel dan gwmwl a dechrau addoli yn ei gartref, y Weirglodd Wen. Ym 1839 cymodwyd y ddwy garfan ac unwyd hwy drachefn yn yr Hen Gapel. Pan symudwyd Athrofa'r Annibynwyr o'r gogledd i Aberhonddu penderfynwyd cael coleg arall yn y Bala a dewiswyd Michael Jones yn brifathro cyntaf arno. Symudodd i'r Bala ym 1842 ac yno treuliodd deuddeng mlynedd olaf ei oes. Yn ystod y cyfnod hwnnw bu 89 o fyfyrwyr yn ei ofal. Yr oedd yn ddyn mawr o gorffolaeth, yn pwyso deunaw stôn, yn gwbl ddi-hiwmor – credai mai gwastraff amser oedd hwyl – ac yn brysur i'w ryfeddu. Codai rhwng pump a chwech o'r gloch yn y bore'n rheolaidd, a rhwng un a dau, ddwywaith yr wythnos , ond ni wyddys faint o'r gloch y byddai'n clwydo.

Byddai'n dechrau darlithoedd y myfyrwyr am chwech y bore, ac ar ben hynny gofalai am bump o eglwysi bychain lleol. Cychwynnodd ysgol yn ei gartref yn Llanuwchllyn lle y cynhaliai hefyd un o ysgolion Dr Daniel Williams. Daeth ei fab, Michael D. Jones, yn olynydd iddo fel prifathro'r coleg yn y Bala. Bu farw 27 Hydref 1853 a chladdwyd ef yn Rhosyfedwen, mynwent yr Hen Gapel.

Elisabeth Cadwaladr neu Davies, 'Balaclava', Betsi Cadwaladr, 1789–1860
Nyrs yn rhyfel y Crimea

Yr oedd Betsi Cadwaladr yn dipyn o aderyn brith a wrthododd gydymffurfio â'r hyn a ddisgwylid ganddi. Daw'r cwbl a wyddom am ei gyrfa o'r *Autobiography of Elizabeth Davis* (dwy gyfrol, 1857), sef nodiadau o sgyrsiau rhyngddi hi a Jane Williams, Ysgafell. (Gwraig hynod arall a anwyd yn Chelsea ond a ddysgodd Gymraeg pan oedd yn byw am gyfnod yn ardal Talgarth. Cyhoeddodd lyfr ar hanes Cymru ym 1869, sef *A History of Wales.*)

Merch i Dafydd Cadwaladr oedd Betsi, ac yn un o naw o blant. Yr oedd ei thad yn gyfaill mawr i Thomas Charles o'r Bala, yn bregethwr gyda'r Methodistiaid ac yn dipyn o gymeriad. Ganwyd hi ar 24 Mai 1789 ac fe'i bedyddiwyd yn Llanycil ar 26 Mai. Bu farw ei mam tua 1795 ac fe'i magwyd gan ei chwaer hŷn. Derbyniwyd hi am gyfnod ar aelwyd Simon Lloyd, Plas-yn-dre, y Bala, lle y profodd garedigrwydd mawr. Yr oedd Simon Lloyd yn ŵr cefnog; ef oedd perchennog tyddyn ei thad a bu'n gurad eglwys Llanycil am gyfnod. Ond pan oedd Elisabeth Cadwaladr yn bedair ar ddeg daeth tro ar fyd pan ffodd i Lerpwl. Yno bu'n gweini gyda theulu da eu byd a chafodd gyfleoedd i deithio i amryw o wledydd y cyfandir, ond glynodd wrth yr achos Methodistaidd yn y dref. Dychwelodd i'r Bala, ond er mwyn osgoi priodi ffodd eto, y tro hwn i Gaer ac yna i Lundain.

Arhosodd i ddechrau dan gronglwyd John Jones, 'Jac Glan-y-gors', awdur *Seren Tan Gwmwl*, a cheidwad tafarn y Canterbury Arms, Southwark, cyn cael gwaith yn forwyn yn nhŷ teiliwr ffasiynol. Yn y fan honno gallai gyfuno'i diddordeb yn y theatr â'i ffyddlondeb i'r capel. Ym 1820 aeth yn forwyn gyda theulu capten llong a chrwydrodd y byd am flynyddoedd gan gyfarfod pobl fel William Carey ac actio dramâu Shakespeare ar fwrdd y llong. Pan ddychwelodd i Loegr bu'n gwasanaethu gyda theulu ac yna fe'i cyflogwyd fel gweinyddes yn Guy's Hospital.

Arweiniodd hynny hi i gynnig mynd i weithio gyda'r milwyr clwyfedig yn rhyfel y Crimea ym 1854, ac felly y gwnaeth. Y mae'r Crimea yn ardal sydd yn ne-ddwyrain Wcráin bellach, ond rhwng 1853 a 1856 yr oedd rhyfel gwaedlyd yno. Bu gwrthdaro ffyrnig rhwng Rwsia a chlymblaid a gynhwysai Brydain, Ffrainc, Brenhiniaeth Sardinia a'r Ymerodraeth Otomanaidd, a bu'n drobwynt pwysig yn hanes gwleidyddol Ewrop. Yn filitaraidd yr oedd yn anhrefn llwyr gyda bywydau dynion yn cael eu haberthu'n ynfyd gan arweinyddion cibddall, fel yn hanes y Charge of the Light Brigade ym mrwydr Balaclava. Hefyd yr oedd y gofal a roddid i'r sâl a'r clwyfedig yn waradwyddus. Bu farw mwy o ddynion o salwch nag a wnaeth ar faes y gad.

Yma y daeth Florence Nightingale (1820–1910) i enwogrwydd wrth iddi fynnu safonau glendid uwch a threfn gofal gwell ar gyfer y cleifion. Ac yma yng nghanol y dioddefaint y gweithiodd Betsi Cadwaladr, yn gofalu am yr anghenus. Dywedir bod pethau wedi mynd yn ddrwg rhyngddi a Florence Nightingale ond ni wyddys y rheswm pam. Anfonwyd hi adref yn wael a threuliodd ei blynyddoedd olaf yn byw mewn tlodi gyda'i chwaer Bridget yn Llundain. Glynodd wrth Gristnogaeth drwy gydol ei hoes, a chydymaith cyson iddi ar ei theithiau oedd y Beibl bychan a roddwyd iddi gan Thomas Charles pan oedd yn eneth. Bu farw yn Llundain ar 17 Gorffennaf 1860. Y mae darlun ohoni ar wal Ysbyty'r Brifysgol yng Nghaerdydd.

John Jones, Tal-y-sarn, 1796–1857
Gweinidog (MC), pregethwr poblogaidd a grymus

Perthynai John Jones i genhedlaeth o bregethwyr yng Nghymru a dorrodd gŵys newydd yn arddull pregethu. Yr oedd yr arddull hon yn llawer mwy darluniadol, cymelliadol ac emosiynol na'r hen ddull pynciol gynt, pryd y byddai'r pregethwyr yn dewis pynciau diwinyddol i draethu arnynt.

Ar ddydd Gŵyl Ddewi 1796 y ganed John Jones, a hynny yn Nhanycastell, Dolwyddelan, Gwynedd, ergyd bwa o gastell enwog y Cymry. Yr oedd ei deulu'n Gristnogion a chynhelid dyletswydd deuluol ar yr aelwyd yn gyson. Goruchwyliwr chwarel oedd ei dad, John Jones, ac fe gafodd ef a'i briod, Elinor ach Rhisiart, naw o blant a John Jones oedd y pumed. O ganlyniad i'w ddiddordeb mewn canu, datblygodd ei ddoniau cyhoeddus. Cafodd wersi canu gan Griffith Jones, Dolbryn Goch, Capel Curig, a maes o law dysgodd eraill i ganu. Cyfansoddodd rai tonau, a'r enwocaf yw 'Llanllyfni'. Ychydig iawn o addysg ffurfiol a gafodd. Mae'n debyg iddo gael peth addysg gan David Roberts, Cerrigydrudion, a gadwai ysgol yn y pentref ym 1805, ac iddo ddysgu darllen Cymraeg. Cymro uniaith ydoedd.

Ym 1819 clywodd Henry Rees yn pregethu a chafodd y genadwri argraff ddofn arno. Yn raddol yr oedd yn dod i'r bywyd ac fe ymunodd â'r seiat yn Nolwyddelan. Am gyfnod bu'n arferiad ganddo fynd i gaeau cyfagos i'w gartref i bregethu, lle nad oedd yr un creadur byw, a thrwy hyn datblygodd ei ddoniau. Yna, yn ddirybudd, gofynnodd un o'r blaenoriaid iddo bregethu mewn tŷ o'r enw Garnedd, ac felly y gwnaeth, ar Rufeiniaid 8:9. Derbyniwyd ef yn aelod o gyfarfod misol sir Feirionnydd yn y Bala ym 1822 ac fe'i hordeiniwyd ym 1829.

Gweithiodd John Jones fel labrwr ar yr A55 am gyfnod ac yna fel chwarelwr yn Nhrefriw a Llanrhychwyn, ac yn ddiweddarach yn Nhal-y-sarn a Llanllyfni. Pennod anhapus yn ei fywyd oedd y cyfnod pan brynodd ef a chyfeillion iddo Chwarel

Dorothea yn Nyffryn Nantlle. Gostyngodd pris llechi a gofynnodd i'r gweithwyr un ai i dderbyn gostyngiad yn eu cyflog neu adael y gwaith. Gwnaeth hyn ddrwg i'w enw da yn yr ardal a thynnodd allan o'r fenter ym 1853. Priododd â Frances Edwards o Ffestiniog yn eglwys Llanllyfni ym 1824 a chawsant ddeuddeg o blant. Agorodd Frances siop a bu hyn o gymorth mawr i gynnal y teulu gan fod ei gŵr yn teithio cymaint i bregethu. Nid oedd gweinidogaeth lawn amser gyflogedig gan y Methodistiaid Calfinaidd yn y cyfnod hwnnw felly roedd rheidrwydd ar y gweinidogion i gael ffynhonnell ariannol arall.

Yr oedd yn bregethwr ymhlith y mwyaf grymus a welwyd yng Nghymru a byddai torfeydd yn tyrru i wrando arno. Gweithiai'n ddiflino, a rhwng Sulgwyn 1821 a 23 Ebrill 1832, pregethodd 2,735 o weithiau, cyfartaledd o dros bedair gwaith yr wythnos.

Byddai effeithiau cynhyrfus iawn i'w gweld yn rhai o'i oedfaon gyda phobl yn gweiddi ac yn gorfoleddu o ganlyniad i'w genadwri, ac yn achlysurol byddai'n rhaid iddo roi'r gorau i bregethu oherwydd y cynnwrf. Er hynny, dywedid ei fod ef ei hun yn sefyll yn stond heb symud na llaw na throed ynghanol y cyfan. Fel pregethwr yr oedd yn llawn argyhoeddiad, yn rymus ac effeithiol, ac fe arweiniodd lawer o bobl i gredu yn yr Arglwydd.

Bu farw ar 16 Awst 1857 ac fe'i claddwyd yn Llanllyfni ar y 23ain. Dywedwyd bod wyth meddyg, 65 gweinidog, 70 blaenor, 200 o gantorion a thua 4,000 o bobl yn y cynhebrwng, ac ymunodd dwy fil o alarwyr â'r orymdaith rhwng Pen-y-groes a Llanllyfni. Dyma'r angladd mwyaf a welwyd yn yr ardal erioed.

David Jones, 1797–1841
Cenhadwr ym Madagascar

Ganwyd David Jones ym 1797 yn Mhenrhiw gerllaw Neuadd-lwyd, Aberteifi. Magwyd ef ar aelwyd Gristnogol ac yr oedd ei dad yn un o swyddogion capel Neuadd-lwyd. Trwythwyd y plant yn yr Ysgrythur ac ar nos Sul byddai eu tad yn darllen ac yn esbonio rhan o'r Beibl iddynt. Ar yr aelwyd hefyd y dysgodd ddarllen. Daeth o dan ddylanwadau ysbrydol yn gynnar a pharodd dau ddigwyddiad arbennig iddo feddwl am gyflwr ei enaid. Yn gyntaf syrthiodd oddi ar geffyl, ac yn ystod y tri mis y bu'n glaf, fe geisiodd Dduw yn ddyfal. Yr ail ddigwyddiad oedd gweld perthynas iddo'n cael ei dderbyn yn aelod o'r eglwys mewn oedfa Gymun. Daeth o dan deimlad dwys a dechreuodd wylo oherwydd ei gyflwr colledig a'i angen am Waredwr.

Ymgynghorodd â'i fam ac fe'i hanogodd ef i uno â phobl Dduw, ac felly y gwnaeth. Yn fuan teimlodd alwad i bregethu ac angen am ragor o addysg, felly pan oedd yn bedair ar ddeg aeth i athrofa ei weinidog, Dr Thomas Phillips, yn Neuadd-lwyd. Dechreuodd bregethu pan oedd yn un ar bymtheg oed, gan wasanaethu eglwysi'r cylch. Yn y cyfnod hwn cafodd weledigaeth a newidiodd gyfeiriad ei fywyd. Meddai, 'Gwelais fy hun, yng ngweledigaethau'r nos, yn pregethu ymhlith Paganiaid gyda hyfrydwch neilltuol', a chadarnhawyd hyn gan adnodau o'r Beibl, e.e. Rhuf.10:13-16. Daeth yr alwad gan Dduw i genhadu yn gryfach ac yn gryfach a phenderfynodd y byddai'n mynd i Fadagascar.

Gyda chymorth ei weinidog, gwnaeth David Jones, gais i'r Gymdeithas Genhadol. Cafodd eirda gan Thomas Phillips ac fe'i gefnogwyd gan dri ar ddeg o weinidogion. O ganlyniad fe'i hanfonwyd i Gosport, swydd Hampshire, am hyfforddiant pellach, ac yno priododd â Louisa Derby a oedd yn aelod yn eglwys yr Annibynwyr, Gosport.

Cynhaliwyd y cyfarfod i'w neilltuo i'r gwaith yng nghapel Neuadd-lwyd, 20 – 21 Awst 1817, ac fe'i dewiswyd i fynd i Affrica.

Hwyliodd ar y *Swallow* gan lanio ar ynys Mauritius ar ôl mordaith o bum mis. O'r fan honno dim ond mordaith o 400 milltir oedd hi i gyrraedd Madagascar. Croesodd David Jones a'i deulu i Tamatave ym Madagascar ond yn fuan cafodd ergyd drom pan fu farw ei wraig a'i blentyn bychan. Ymsefydlodd yn Antananarivo a phriododd â Mary Anne Mabille, aelod yn eglwys Le Brun, ac ymunodd cenhadwr arall o Gymru â hwy, sef David Griffiths.

Aeth y ddau ati i gyfieithu'r Beibl i'r Falagaseg, a'r cam cyntaf oedd ffurfio gwyddor. Gwnaed hyn gyda chydsyniad y brenin Radama a fu'n bur gefnogol iddynt. Bu gwrthdaro rhwng y ddau a'r cenhadwr o Sais John Jeffreys ynghylch pa lythrennau y dylid eu defnyddio i gyfleu synau yn y Falagaseg, a dim ond ar ôl marwolaeth Jeffreys ym 1827 y tawelodd y storm honno. Gweithiodd y ddau yn eithriadol o galed, ac erbyn mis Mawrth 1825 roeddent wedi ysgrifennu at y cyfarwyddwyr yn eu hysbysu eu bod wedi cyfieithu'r Testament Newydd a rhannau helaeth o'r Hen Destament.

Cyflawnwyd y gwaith hwnnw mewn dim ond pum mlyncdd ar ôl i David Jones gyrraedd Madacasgar, ac erbyn 1830 roedd y Beibl cyfan wedi ei gyfieithu. Bu'r cenhadon hefyd yn sefydlu ysgolion mewn pentrefi er mwyn addysgu'r bobl, ond oherwydd salwch bu rhaid i David Jones adael yr ynys ym 1830 a mynd i Lundain am gyfnod. Dychwelodd i Mauritius ym 1838 gan ei defnyddio fel gorsaf i efengyleiddio, ac yno bu farw ym 1841.

Henry Rees, 1798–1869
Gweinidog (MC)

Dywedid mai Henry Rees oedd gweinidog enwocaf y Methodistiaid Calfinaidd yn ei gyfnod. Mab ydoedd i Dafydd ac Ann (Cefn y Fforest) ac fe'i ganwyd ar 15 Chwefror 1798 yn Chwibren Isaf, Llansannan, sir Ddinbych. Yr oedd yn un o bump o blant, un ferch a phedwar bachgen, a brawd iau iddo oedd William Rees (Gwilym Hiraethog). Pan oedd oddeutu saith oed fe'i hanfonwyd i ysgol ddyddiol Gymraeg yng nghapel Tan-y-fron a gedwid gan Richard Davies. Wedyn aeth i ysgol Saesneg yn Llansannan a gedwid gan John Jones, mab Edward Jones, Maes-y-plwm, a bu yno am dair blynedd yn dysgu darllen ac ysgrifennu. Pan oedd yn bedair ar ddeg oed fe ddaeth i gredu o dan effeithiau diwygiad ac fe'i derbyniwyd yn aelod o'r eglwys (MC) yn Llansannan. Aeth i wasanaethu ar fferm Syrior, ger Abergele, a oedd yn eiddo i Thomas Jones, Dinbych. Yn ystod Cymdeithasfa'r Bala 1814 aeth i dŷ Thomas Charles i gael copi o'r *Geiriadur Ysgrythurol* a phan oedd yno cyfarfu â John Elias. Dyma'r unig dro i'r tri arweinydd enwog gyfarfod.

Rhoddodd ei fryd ar bregethu yn ifanc iawn a thraddododd ei bregeth gyntaf tua 1818, a hynny yn Llaneilian. Datblygodd yn bregethwr anghyffredin ac aeth ei enw ar led trwy siroedd y gogledd. Yn y cyfnod hwn yr oedd pregethu teithiol mewn bri a byddai pregethwyr yn mynd ar deithiau bob yn ddau am wythnosau lawer. Cynhelid cyfarfodydd nid yn unig ar y Sul ond hefyd yn ystod yr wythnos. Teithiodd Henry Rees gryn dipyn a chynyddodd ei boblogrwydd. Yna penderfynodd fynd i ysgol y Parch. Thomas Lloyd, Abergele, ac yno y bu am dair blynedd. Ym 1820 fe'i derbyniwyd fel pregethwr gan y cyfarfod misol.

Y flwyddyn ddilynol symudodd i Amwythig fel prentis llyfr-rwymydd ac yno gwasanaethodd yr eglwys Gymraeg am ei lety, ei fwyd a'i ddillad. Aeth i ysgol yn Dorrington am ychydig, a gedwid gan Gymro o'r enw Mr Beynon, er mwyn gwella'i Saesneg. Pregethodd yng Nghymdeithasfa'r Bala ym 1822 a gwnaeth hynny'n gyson gydol ei oes. Ordeiniwyd ef yn y Bala ym Mehefin 1827.

Yn Amwythig priododd ag un o'r aelodau, sef Mary Roberts, a hynny yn eglwys St Chad's (1830). Cawsant bedwar o blant ond dim ond un, sef Ann, a dyfodd yn oedolyn. (Priododd hi â Richard Davies a ddaeth yn aelod seneddol dros y Rhyddfrydwyr ar Ynys Môn yn etholiad hanesyddol 1868.) Symudodd ym 1836 i weinidogaethu gyda'r Methodistiaid Calfinaidd Cymraeg yn Lerpwl, a chyda'r ddinas honno y cysylltir ei enw. Erbyn hynny yr oedd gan y Methodistiaid gapeli yn Pall Mall, Bedford Street a Rose Place, ac ystafell yn Oil Street. Cafodd yrfa lewyrchus fel gweinidog a gweithiodd yn ddiwyd o fewn ei enwad gan ddod yn brif arweinydd ei gyfnod. Ef oedd llywydd Cymdeithasfa'r Gogledd ym 1855–56 a 1867, ac ef oedd llywydd y Gymanfa Gyffredinol gyntaf ym 1864. Bu ar daith bregethu yn America ym 1839 ac yng nghyfarfod y Cynghrair Efengylaidd yn yr Almaen ym 1857.

Yr oedd yn eithriadol o boblogaidd fel pregethwr ac yr oedd galw mawr am ei wasanaeth ar hyd a lled Cymru a Lloegr. Paratoai ei bregethau'n fanwl ac adlewyrchai hyn ddylanwad y Piwritaniaid arno; yr oedd ganddo ddiddordeb ysol yng ngweithiau'r Piwritan Dr John Owen. Pwysleisiai hefyd bwysigrwydd crefydd bersonol a'r angen i'r Cristion weddïo yn gyson a darllen y Beibl. Yr oedd ei lwyddiant yn seiliedig ar gymdeithas gyson â Duw. Bu farw ym Mhenarth, Dyffryn Conwy, 18 Chwefror 1869, a chladdwyd ei weddillion yn Llantysilio, Môn.

Samuel Roberts, 'S.R.', 1800–85
Gweinidog (A), golygydd, diwygiwr cymdeithasol radicalaidd, heddychwr a dirwestwr

> O blentyn y nefoedd, paham mae dy fron
> Mor ofnus wrth weled gwyllt ymchwydd y don?
> Mae'r dyfnder du tywyll yn rhuo, gwir yw;
> Ond diogel dy fywyd, a'th Dad wrth y llyw.
>
> *Samuel Roberts*

Yr oedd John Roberts, tad Samuel Roberts, yn weinidog ar eglwys Annibynnol Llanbryn-mair ac yn y pentref hwnnw y ganwyd Samuel Roberts, 'yn blentyn eiddil', ar 6 Mawrth 1800, yn fab hynaf John a'i wraig Mary. Cawsant bump o blant i gyd, tri mab a dwy ferch. Cafodd addysg elfennol yn ysgol ei dad ac yna yn Amwythig, ac fe'i derbyniwyd yn gyflawn aelod o'r eglwys yn bymtheg oed. Rhoddodd ei fryd ar y weinidogaeth tua 1819 ac aeth i athrofa George Lewis yn Llanfyllin a'r Drenewydd i gael ei baratoi. Derbyniodd alwad i fod yn weinidog gyda'i dad ar yr Hen Gapel, ac fe'i hordeiniwyd ar 15 Awst 1827. Wedi marwolaeth ei dad derbyniodd ei frawd John Roberts alwad i gydweinidogaethu ag ef.

Ym 1857 penderfynodd ymfudo i Tennessee yn yr Unol Daleithiau at ei frawd Gruffydd Roberts a oedd wedi symud yno flwyddyn ynghynt i chwilio am fywyd gwell. Hwyliodd o Lerpwl ar fwrdd y *Circassian,* un o longau y North Atlantic Steam Company. Yr oedd ganddo freuddwyd i sefydlu gwladfa Gymreig yn un o'r taleithiau, ond buan y sylweddolwyd eu bod nhw wedi cael eu twyllo gan y goruchwylwyr tir yno. Aeth pethau o ddrwg i waeth i Samuel Roberts yn ystod Rhyfel Cartref America, 1861–65, oherwydd ei safbwynt heddychol, ac fe'i henllibiwyd gan y wasg yng Nghymru ac yn *Y Drych* yn America. Dychwelodd i Gymru ar y *City of Paris* gan lanio yn Lerpwl ym mis Awst 1867, ac aeth i fyw gyda'i frawd John Roberts yng Nghonwy lle y bu hyd ddiwedd ei oes.

Bu Samuel Roberts yn eithriadol o weithgar yn pregethu, ysgrifennu a darlithio, a dros y blynyddoedd bu'n cystadlu mewn eisteddfodau gan ennill llu o wobrwyon, e.e. y wobr am draethawd yn dwyn y teitl 'Ardderchawgrwydd yr Iaith Gymraeg' yn eisteddfod Rhuthun 1824. Bu hefyd yn dadlau yn y wasg ar faterion pwysig y dydd fel y System Newydd, natur eglwys, addysg, y rheilffyrdd, a Brad y Llyfrau Gleision. Yr oedd yn heddychwr digymrodedd, a rhwng 1828 a 1834 darlithiodd lawer dros y Gymdeithas Heddwch. Cyhoeddodd lyfr emynau, sef *Casgliad o dros Ddwy Fil o Hymnau*, a chafwyd chwech argraffiad ohono mewn cyfnod o ugain mlynedd. Brwydrodd ac ysgrifennodd am ryddid a chyfiawnder mewn llawer maes; yr oedd yn erbyn caethwasanaeth, camdrin merched, creulondeb i anifeiliaid, y Degwm, ac o blaid masnach rydd a dileu'r Deddfau Ŷd.

Ym 1843 sefydlodd y misolyn *Y Cronicl* a adwaenid, oherwydd ei blyg, fel 'Y Cronicl Bach', ac fe'i defnyddiodd fel cyfrwng poblogaidd i oleuo'r darllenwyr ynglŷn â materion gwleidyddol, amaethyddol, economaidd a chrefyddol. Yr oedd ganddo faich arbennig dros amaethwyr cyffredin a chaledi eu bywydau, yn enwedig pan oedd tirfeddianwyr yn codi rhenti annheg arnynt.

Mae'n debygol mai erthyglau enwocaf Samuel Roberts oedd 'Ffarmwr Careful Cilhaul Uchaf' lle'r ymosodai ar landlordiaid barus. Golygodd *Y Cronicl* am bedair blynedd ar ddeg gan gyfrannu dros 1,500 o erthyglau iddo, a honnai fod dros filiwn o gopïau wedi eu gwerthu mewn deuddeng mlynedd. Bu farw'n ddibriod ar 24 Medi 1885, a chladdwyd ef yng Nghonwy lle y gosodwyd yn ddiweddarach gofgolofn i'r tri brawd, Samuel Roberts, John Roberts a Gruffydd Roberts.

David Rees, 'Y Cynhyrfwr', 1801–69
Gweinidog (A) a golygydd

Cynhyrfer! Cynhyrfer! Cynhyrfer! yw ein cais atoch,
gydwladwyr ... tra gallom ddal ysgrifell i ysgrifenu, eiliwn ein cais,
Cynhyrfer! Cynhyrfer! Cynhyrfer!

David Rees

Ganed David Rees ar 14 Tachwedd yn y Gelli-lwyd, plwyf Trelech, Caerfyrddin. Bu farw ei fam pan oedd yn dair oed a symudodd y teulu i fferm Pengraig. Yr unig addysg a gafodd yn ei blentyndod oedd gartref ac yn yr ysgol Sul. Dywedir fod ganddo gof ardderchog ac fe ddysgodd bob gair o Lyfr y Proffwyd Eseia. Pan oedd yn ddeuddeg oed aeth i ffwrdd i ddysgu crefft fel gof ond dychwelodd ar ôl tair blynedd. Gweithiodd ar fferm ei dad am flynyddoedd cyn mynd i'r ysgol yn Hwlfford ym 1822 gan ei fod yn teimlo galwad i'r weinidogaeth. Ym 1823 treuliodd gyfnod byr yn Ysgol Ramadeg Caerfyrddin ac ysgol baratoi yn y Drenewydd, ac yn y cyfnod hwn fe ddechreuodd bregethu. Derbyniwyd ef i athrofa'r Annibynwyr yn y Drenewydd ym 1825 a thra oedd yn y fan honno daeth yn gyfeillgar iawn â Samuel Roberts, Llanbryn-mair.

Wedi'r cyfnod hwn o hyfforddiant fe'i hordeiniwyd yng nghapel Als, Llanelli ar 5–6 Gorffennaf 1829. Tref fechan oedd Llanelli pan gyrhaeddodd ond datblygodd a thyfodd yn sydyn o ganlyniad i'r chwyldro diwydiannol. Cynyddodd cynulleidfa capel Als i'r fath raddau o dan ei weinidogaeth fel y bu rhaid sefydlu eglwysi eraill, sef eglwys Saesneg y Parc, capel Siloa a chapel y Bryn.

Yr oedd yn arweinydd wrth reddf ac amlygodd y nodweddion hynny'n gynnar yn ei fywyd. Yn fuan prifiodd i fod yn bregethwr a darlithydd o fri ac yn ddyn oedd yn ymwneud â materion cymdeithasol a chrefyddol yn lleol a chenedlaethol. Rhaid cofio fod Cymru'n ferw gwyllt o anfodlonrwydd yn y cyfnod hwn, a'r werin yn anhapus, gyda Merched Beca'n chwalu'r clwydi a'r Siartwyr yn codi'r faner goch mewn anniddigrwydd. Cydymdeimlai David Rees yn fawr â'r bobl hyn ond credai mai addysg ac nid gwrthryfel oedd y ffordd ymlaen.

Digwyddiad arwyddocaol iawn oedd ei benodiad yn olygydd cyntaf *Y Diwygiwr* ym 1835 a chyflawnodd y gwaith hwnnw am ddeng mlynedd ar ugain. Ysgrifennodd J. Dyfnallt Owen amdano gan ddweud:

> Meddai ar bersonoliaeth a doniau un wedi ei eni'n arweinydd, digymrodedd ei argyhoeddiadau, a diysgog ei egwyddorion.Yr oedd yn ddinesydd goleuedig a doeth ... Gan ei fod wrth natur yn wleidydd a diwygiwr cymdeithasol, amgylchiad arbennig yn hanes Annibyniaeth ac Ymneilltuaeth yn ne Cymru oedd ei benodi'n olygydd cyntaf *Y Diwygiwr* ... creodd farn gyhoeddus newydd ... yr oedd yn bensaer ac adeiladydd y ffydd Ymneilltuol.

Ceisiodd oleuo'r darllenwyr trwy gyfrwng *Y Diwygiwr* a safodd yn gadarn dros egwyddorion Ymneilltuaeth gan ymateb i ymosodiadau a wnaed arnynt. Un o'r rhai a gâi bleser mawr wrth ymosod ar yr Ymneilltuwyr yn y cyfnod hwnnw oedd David Owen, neu Brutus fel y'i galwai ei hun ar ddalennau *Yr Haul*. Ond safai David Rees yn gadarn gan greu meddylfryd a chonsenws Ymneilltuol a defnyddio'r *Diwygiwr* fel cyfrwng effeithiol. Bu hefyd am gyfnod yn olygydd *Tywysydd y Plant*.

Dioddefodd golledion trymion yn ystod ei oes. Boddodd dau o'i feibion mewn damwain ar yr un diwrnod, a bu farw ei wraig a'i ferch yn annhymig. Er hynny gweithiodd yn ddiflino yn erbyn pob drwg ac er budd ei Arglwydd a'i gyd-ddynion. Arwydd o'i haelioni oedd iddo fynnu rhoi'r dysteb o £700 a dderbyniodd gan bobl Llanelli fel arwydd o'u diolch am ei waith i helpu dynion ieuanc oedd yn paratoi ar gyfer y weinidogaeth. Bu farw 31 Mawrth 1869.

William Williams, 'Caledfryn', 1801–69
Gweinidog (A), awdur, bardd a beirniad

Yr oedd Thomas a Mary Williams, rhieni William Williams, mewn amgylchiadau cysurus pan anwyd ef yn Ninbych ar 6 Chwefror 1801, ac yn byw yn Bryn y Ffynnon. Gwehydd oedd ei dad a gyflogai dri gweithiwr i wneud brethyn a gwlenyn. Fe gafodd William addysg gynnar yn lleol hyd nes i'r hwch fynd trwy'r siop gyda masnach ei dad. Bu rhaid gwerthu'r busnes, y stoc a'r siop, ac am gyfnod bu pethau'n eithriadol o fain gan fod saith o blant i'w cynnal. Aeth William Williams i Lanrwst at ei daid am gyfnod byr i brentisio fel gwehydd ac yna dychwelodd i Ddinbych i gynorthwyo'i dad. O 1820 i 1826 bu'n cadw ysgol yng nghapel y Methodistiaid yn Ninbych a dyna pryd y dechreuodd gystadlu mewn eisteddfodau gan ennill y wobr gyntaf am englyn i'r enfys yn eisteddfod Aberhonddu ym 1822.

Y wobr ariannol am ennill y gystadleuaeth hon oedd pedair gini a oedd yn swm sylweddol ar y pryd. Gallai ennill yn gyson ychwanegu llawer at gyllid gweinidogion a oedd yn aml yn byw ar eu cythlwng. Yn yr un cyfnod bu'n cyfrannu i *Seren Gomer* o dan y glasenw Gwilym Caledfryn a defnyddiodd dalfyriad o'r enw weddill ei oes. Yr un flwyddyn cyhoeddodd ei lyfr cyntaf, sef *Cyfarwyddyd i Ddarllen ac Ysgrifenu Cymraeg*, a gwerthwyd dwy fil o gopïau ohono. Yn raddol datblygodd ei ddoniau cyhoeddus drwy gymryd rhan yn gyson yn yr oedfaon, ond yna penderfynodd droi at yr Annibynwyr oherwydd materion yn ymwneud â threfn eglwysig, ac ymaelododd yn Lôn Swan, Dinbych, ym 1826. Aeth ar deithiau pregethu am gyfnod, ac yna i'r coleg yn Rotherham am bedwar mis cyn symud ymlaen i Fanceinion lle y bu'n pregethu i gynulleidfa Gartside Street am naw mis.

Yn y diwedd, wedi derbyn cyngor gan William Williams o'r Wern, fe'i hordeiniwyd yn weinidog Peniel, Llannerch-y-medd a Maenaddwyn Môn ym 1829. Yn ystod y blynyddoedd dilynol bu'n weinidog ym Mhendref, Caernarfon, 1832–48; Aldersgate Street,

Llundain, 1848–50; Llanrwst, Trefriw a Nantyrhiw, 1850–56; Beulah ger Bangor, 1856–57, a'r Groeswen, Caerffili, 1857–69.

Yn ystod ei gyfnod yng Nghaernarfon fe gafodd amser caled am ddau reswm, sef ei wrthwynebiad i lwyrymataliaeth a'i ymosodiad ar John Elias. O 1839 ymlaen ymledodd y mudiad dirwestol trwy Gymru gan hyrwyddo llwyrymataliaeth rhag diodydd meddwol. Cododd mudiadau newydd fel y Rechabiaid ac Urdd y Ruban Las ac anogwyd Cristnogion i arwyddo ardystiad na fyddent byth yn ymgymryd ag alcohol. Plediodd Caledfryn gymedroldeb gan ysgrifennu yn erbyn y mudiad dirwestol, ac o ganlyniad daeth o dan y lach a'i wahardd rhag pregethu mewn rhai eglwysi.

Ymosododd ar John Elias mewn llythyr gan ei gyhuddo o ragrith ac o gowtowio i'r Eglwys Wladol. Parodd hyn i drefnyddion Calfinaidd Caernarfon – a brawd John Elias yn eu plith – droi yn ei erbyn. Yn wahanol i Elias plediai Caledfryn Ryddfrydiaeth a bu'n amlwg yn yr Anti-Corn Law League, y Gymdeithas Heddwch a Chymdeithas Rhyddhad Crefydd. Golygodd nifer o gylchgronau gan gynnwys *Y Sylwedydd*, 1831; *Tywysog Cymru*, 1832-3; *Y Seren Ogleddol*, 1835; *Yr Adolygydd*, 1839 a'r *Amaethydd*, 1852. ymhlith y llyfrau a gyhoeddodd oedd *Drych Barddonol* (1839) a *Caniadau Caledfryn* (1856). Priododd dair gwaith ac fe gafodd ferch, Margaret Mary, a mab William (ap Caledfryn) a ddaeth yn enwog fel arlunydd. Bu farw 23 Mawrth 1869.

Yr Anrhydeddus Augusta Hall, Arglwyddes Llanofer, 'Gwenynen Gwent', 1802–96

'Ni ddaw da o hir arofyn'
Arwyddair y teulu

Ganed Augusta Waddington ar 21 Mawrth 1802 yn ferch i Benjamin Waddington a Georgina Port, Tŷ Uchaf, Llanofer. Ym 1823 priododd â Benjamin Hall, bonheddwr o sir Benfro a gŵr o gryn awdurdod. Ef a arolygodd y gwaith o atgyweirio Tŷ'r Cyffredin yn Llundain, a phan godwyd y cloc mawr galwyd ef yn Big Ben ar ei ôl. Pan briododd y ddau unwyd dwy stad, sef Llanofer ac Abercarn, ac afraid dweud eu bod yn bur gefnog.

Cymdeithasai'r Arglwyddes a'i gŵr â'r cylchoedd breiniol ac yr oeddent yn gyfeillion personol â'r Frenhines Victoria. Dechreuodd ymddiddori yng Nghymru, ei chyflwr ysbrydol, ei hiaith, ei hanes a'i thraddodiadau, a gwnaeth gyfraniad gwerthfawr. Cymerodd ran mewn cystadleuaeth yn eisteddfod Caerdydd ym 1834 trwy ysgrifennu traethawd yn dwyn y teitl 'Y fantais i'r Cymry o gadw eu hiaith a'u gwisg' a mabwysiadodd yr enw barddol Gwenynen Gwent. Trodd ei chartref yn ganolfan Gymreig a dywed rhai iddi ddysgu Cymraeg yn rhugl ac mai'r 'fain, firain, gain Gymraeg' oedd iaith ei chartref yn Llanofer. O dan ddylanwad Thomas Price (Carnhuanawc) daeth yn aelod o Gymreigyddion y Fenni, a thrwy'r gymdeithas hon enynnwyd ynddi ddiddordeb mewn canu gwerin Cymraeg a'r delyn deires. Yr oedd yn noddwr hael i'r Welsh Manuscripts Society ac i'r Welsh Collegiate Institution, Llanymddyfri, a phrynodd lawysgrifau diddorol Edward Williams (Iolo Morganwg) gan ei fab Taliesin Williams (ab Iolo). Cyfrannodd yn ariannol tuag at eiriadur y Canon D. Silvan Evans, a chyflawnodd waith eithriadol o bwysig mewn cydweithrediad â Maria Jane Williams a Brinley Richards yn casglu alawon gwerin Cymru a'u rhoi ar gof a chadw. Golygodd *The Autobiography and Correspondence of ... Mrs. Delaney* (1861) a chyhoeddodd lyfr coginio yn dwyn y teitl ysblennydd *Good Cookery... a Recipes communicated by the Hermit of the Cell of St. Gover...* (1867). Yn hwn yr oedd casgliad o luniau lliw o wisgoedd traddodiadol merched Cymru, a rhain a'r ysbrydolodd y syniad sydd gennym o'r wisg fenywaidd draddodiadol Gymreig.

Magwyd yr arglwyddes fel aelod o Eglwys Loegr ond cefnodd ar y traddodiad hwnnw oherwydd yr agweddau gwrth-Gymreig a amlygid ganddynt. Sefydlodd Ysgol Llanymddyfri, cyfrannodd at achos Llanofer, adeiladwyd eglwys wych yn Abercarn trwy ei nawdd hael, ac ym 1874 cyflwynodd yr eglwys a'r persondy i Gyfundeb y Methodistiaid er mwyn iddo fod yn achos Cymraeg. Dangosodd ddiddordeb yng ngwaith yr ysgolion Sul a bu'n fwy na pharod i noddi rhai ohonynt.

Yr oedd hefyd yn gefnogwr brwd i'r mudiad dirwestol. Caeodd bob tafarn oedd ar ei thir gan eu troi yn dai dirwest, a gwrthododd yn bendifaddau bob cais a ddaeth i adeiladu tŷ tafarn newydd. Cyfaill mawr iddi am gyfnod o ddeng mlynedd ar hugain oedd y Parch. Edward Mathews, Ewenni. Bu farw ei gŵr ym 1868, a hithau 28 mlynedd yn ddiweddarach ar 17 Ionawr 1896.

William Rees, 'Gwilym Hiraethog', 1802–83

Gweinidog (A), llenor, golygydd ac arweinydd cymdeithasol

Ganed William Rees ar 8 Tachwedd 1802 yn y Chwibren-isaf, fferm ar odrau Mynydd Hiraethog, plwyf Lansannan, Dinbych, yn drydydd plentyn ac ail fab i Dafydd ac Ann Rees. Yr oedd ei fam o linach Hedd Molwynog a daeth ei dad i Lansannan fel cyllidydd o Wenfô, Morgannwg. Ei frawd hŷn oedd Henry Rees, un o hoelion wyth y Trefnyddion Calfinaidd.

Fel llawer o'i gyfoedion, ychydig o addysg ffurfiol gynnar a gafodd ac felly aeth yn ieuanc i fugeilio a ffermio. Er hynny roedd yn benderfynol o'i ddiwyllio'i hun, a than gyfarwyddyd Robert ap Dafydd, y Gilfach Lwyd, dysgodd gynganeddu gan ennill ar y cywydd yn eisteddfod Aberhonddu ym 1826. Magwyd ef gan y teulu ymhlith y Trefnyddion Calfinaidd, ond oherwydd anghydweld ynghylch mater o ddisgyblaeth eglwysig fe drodd at yr Annibynwyr pan gychwynnwyd achos yn Llansannan ym 1828. Y mater hwnnw oedd diarddel aelod o'r eglwys am dorri'r Sabath trwy deithio i weld ei wraig oedd yn ddifrifol wael.

Yn fuan teimlodd Rees alwad Duw i'r weinidogaeth ac fe gadarnhawyd hynny pan dderbyniodd alwad gan Annibynwyr Mostyn. Yn raddol daeth yn bregethwr grymus a phoblogaidd. Ataliwyd ambell i long rhag hwylio o ddociau Mostyn ar sawl Sul oherwydd bod cymaint o forwyr yn gwrando arno'n pregethu. Symudodd i Lôn Swan, Dinbych, ym 1837, ac yna i'r Tabernacl, Lerpwl, yn olynydd i'r 'Hen Seraph', William Williams o'r Wern. Ym 1853 symudodd i Salem yn yr un ddinas ac adeiladwyd capel newydd Grove Street ym 1867.

Bu'n weithgar iawn fel diwygiwr cymdeithasol gan fynegi ei farn yn glir ac arwain eraill trwy gyfrwng cylchgronau. Ef oedd golygydd *Yr Amserau* o 1843–52, ac yn ystod y cyfnod hwnnw ysgrifennodd 'Llythyrau'r Hen Ffarmwr'. Daeth y llythyrau hyn yn enwog am eu bod yn gyfrwng i fynegi barn am galedi bywyd gweithwyr Cymru, annhegwch tirfeddianwyr, y Deddfau Ŷd ac addysg. Dywedir iddo ddeffro Cymru'n wleidyddol, ac mai'r *Amserau* oedd yn bennaf gyfrifol am hynny.

Ym 1859 unwyd yr *Amserau* â'r *Faner* ac yn y cylchgrawn ar ei newydd wedd rhoddwyd gofod i ddigwyddiadau Ewropeaidd a byd-eang. Ysgrifennodd yn huawdl gan addysgu'r werin am Mazzini a Garibaldi yn yr Eidal, a Kossuth yn Hwngari, a galwodd am ryddid i'r caethweision yn America. Gwnaeth hynny yn bennaf trwy ei lyfr *Aelwyd F'Ewythr Robert* a oedd yn efelychiad o *Uncle Tom's Cabin*. Roedd hefyd yn arloeswr ym myd y ddarlith gan ei gwneud yn gyfrwng poblogaidd ac effeithiol yng Nghymru. Ar ben hyn fe gyhoeddodd liaws o lyfrau, yn farddoniaeth ac yn rhyddiaith, megis *Gweithiau Barddonol Gwilym Hiraethog* (1855) a *Cofiant William Williams o'r Wern* (1842). Yr oedd cyfanswm ei gyhoeddiadau barddonol yn enfawr. Yr emyn mwyaf poblogaidd a gyfansoddodd oedd emyn mawr Diwygiad 1904–1905, sef:

Dyma gariad fel y moroedd,
Tosturiaethau fel y lli:
T'wysog bywyd pur yn marw,
marw i brynu'n bywyd ni.
Pwy all beidio â chofio amdano?
Pwy all beidio â thraethu'i glod?
Dyma gariad nad â'n angof
tra bo nefoedd wen yn bod.

Ymddeolodd o Lerpwl i Gaer ym 1875 lle y bu fyw hyd ei farw ar 8 Tachwedd 1883. Claddwyd ei weddillion ym mynwent Smithdown Road, Lerpwl. Bu'n briod ag Ann Edwards, Waunddilen, Nantglyn.

John Roberts, 'J.R. Conwy', 1804–84

Gweinidog (A), golygydd ac awdur

Ai ag ysol ddygasedd – yn onest
I wyneb pob trawsedd;
Digryn o blaid y gwirionedd
Ei fywyd fu, hyd ei fedd...

Ac os ceir llawer i herio – ei farn
Un ni fydd, rwy'n coelio,
Dry i achwyn, pan edrycho
I wyneb ei burdeb o...

Pedrog (O gadwyn o englynion er cof am J.R.)

Ail fab a phedwerydd plentyn John Roberts a'i wraig Mary oedd J.R. Daeth ei dad yn adnabyddus ar ddechrau'r ddeunawfed ganrif fel amddiffynnydd Calfiniaeth gymedrol a gweinidog yr Hen Gapel, Llanbryn-mair. Ganed John Roberts yn y pentref hwnnw ar 10 Tachwedd 1804 ac addysgwyd ef yn ysgol ei dad yn yr Hen Gapel. Symudodd y teulu i fyw i fferm y Diosg, a bu yntau'n gweithio ar y tir am gyfnod. Yr oedd bron yn bump ar hugain oed cyn iddo ddechrau pregethu. Ym 1831 derbyniwyd ef i'r athrofa yn y Drenewydd, a oedd bryd hynny yng ofal Edward Davies.

Fe'i hordeiniwyd yn gyd-weinidog â'i frawd Samuel Roberts yn yr Hen Gapel ym 1835 pan oedd yn dri ar hugain oed, ac ym 1838 priododd Ann, merch Thomas Jones, gweinidog Llansant-sior a Moelfre, Abergele. Ar ôl priodi treuliodd flwyddyn yn eglwysi ei dad-yng-nhyfraith cyn dychwelyd i Lanbryn-mair. O 1848 hyd 1857 bu'n weinidog yn Rhuthun, ac yna yn Aldersgate, Llundain, hyd 1860. Yn y flwyddyn honno derbyniodd alwad i fugeilio'r eglwys yn Seion, Conwy, ar gyflog o £60 y flwyddyn. Gweithiodd yn eithriadol o galed gyda'r eglwys gan ddileu dyled o £120 a chyfannu rhwygiadau a grewyd gan anghydfod yn y gorffennol. Ym 1875 teimlid bod angen capel newydd a chasglwyd

£845 er mwyn ei adeiladu. Agorwyd 'Capel y Dysteb' ar 2 a 3 Hydref 1876.

I John Roberts ei hun, ei waith pwysicaf oedd ei swydd fel gweinidog cynulleidfa Seion, a chredai fod gwasanaethu cynulleidfa o bobl ymhlith y swyddi mwyaf urddasol y gellid ei chyflawni. Ond cyflawnodd fwy na hynny gan gyfrannu'n hael at fywyd Cymru.

Yr oedd J.R. ymhlith cenhedlaeth o bobl a safai rhwng dau gyfnod lle y gwelwyd newid mewn iaith, diwinyddiaeth, pregethu a gwleidyddiaeth: rhwng Calfiniaeth gymedrol ei dad a rhyddfrydiaeth David Adams; rhwng yr hen bregethu a'r system newydd a ddatblygodd; rhwng ceidwadaeth wleidyddol a radicaliaeth oes newydd. Seiliodd ei radicaliaeth wleidyddol ar y syniad fod gan bobl ewyllys gwbl rydd i ddewis credu yn Nuw neu beidio. Ni chredai mewn etholedigaeth.

Un o'i brif gyfraniadau oedd fel golygydd *Y Cronicl* rhwng 1857 a'i farwolaeth. Yr oedd y cylchgrawn hwn yn eithriadol boblogaidd ac yn llwyfan i ddadleuon eglwysig ac enwadol. Hefyd rhoddai wybodaeth am bynciau llosg y dydd yn lleol a byd-eang.

Ystyrid John Roberts hefyd yn arloeswr mewn arddull pregethu Ymneilltuol. Gwrthwynebai bregethu niwlog a phregethu mawreddog gorflodeuog, gan ffafrio eglurder a symlrwydd. Roedd yn gas ganddo bregethu o'r math hwn: "Chwi fynyddau banaglawg ac ysgythrogedig; chwithau foroedd trochionllyd gorddiwaelodadwy ac anwadal-rymychoddaidd; chwithau ser gwefreiddiawl tanbelenawg damgynffonegawg sydd yn llamsachu yn ymwagle bodolaeth..." Credai y dylid pregethu'n debyg i'r Iesu, yn fyr, yn eglur ac yn gynhwysfawr.

Cyhoeddodd nifer o lyfrau, gan gynnwys *Traethodau, Pregethau ac Ymddiddanion*, (1854) a *Hanesion y Beibl ar Ffurf Ymddiddanion*, (1880). Bu farw 7 Medi 1884 a chladdwyd ei weddillion ym mynwent gyhoeddus Conwy.

Frances Jones, Tal-y-sarn, 1805–77
Cristion a gwraig fusnes

Rhoi i'r tlawd, nid gwawd, ond gwên
A hael lesol elusen
Wnai Phanny, hoff yw hanes
Ei chamrau yn llwybrau lles!
Un anwyl yn ei henaint, -
Un gynhes oedd gan y saint.
Cywydd Coffadwriaethol R.A.Williams (Berw)

Ganwyd Frances Edwards yng Nghefn-faes, Ffestiniog, ym mis Mai 1805, yn un o bump o blant Thomas ac Ann Edwards. Symudodd y teulu i fferm Llwydcoed ac yna fferm Taldrwst, Llanllyfni, Dyffryn Nantlle. Yr oedd ei thad yn Fethodist selog ac yn ddyn diwylliedig a weithiai fel rheolwr yn y diwydiant llechi. Bu farw ei mam yn 35 oed. Gan fod ei thad yn lled gyffyrddus ei fyd anfonwyd hi i ysgol breswyl yng Nghaernarfon, ond yna dychwelodd adref i ofalu am aelwyd ei thad a daeth yn adnabyddus fel un oedd yn hael tuag at y tlodion. Yn raddol dros y blynyddoedd daeth i gredu yn yr Arglwydd Iesu Grist a'i garu. Ym 1823 symudodd y pregethwr enwog John Jones i Dal-y-sarn ac ymrôdd i waith yr eglwysi lleol. Sefydlodd gyfarfod canu i ieuenctid Llanllyfni a syrthiodd mewn cariad â merch ifanc hardd ddwy ar bymtheg oed, sef Frances (Fanny) Edwards. Ar ddiwedd un o'r cyfarfodydd canu hebryngodd John Jones hi adref a rhoi llythyr yn ei llaw yn gofyn a fyddai'n ei briodi. Wedi iddi ymgynghori â'i thad, cytunodd, ac fe'u priodwyd ar 14 Mai 1823.

Wedi priodi teimlai nad oedd ei gŵr, oherwydd ei waith yn y chwarel, yn cael digon o amser i baratoi a mynd i bregethu'r Efengyl, felly cychwynnodd fusnes yn ddiymdroi gan adeiladu masnachdy ger y chwarel yn Nhal-y-sarn. Profodd ei hun yn wraig fusnes o'r radd flaenaf ac yr oedd hi'n amlwg yn wraig abl. O fewn blwyddyn yr oedd y busnes yn ddigon llwyddiannus i gynnal y teulu, felly rhoddodd John Jones heibio'i waith yn y chwarel gan neilltuo ei holl amser i'r weinidogaeth. Tyfodd y busnes a chadwent efail gof gerllaw gan gyflogi gweithwyr yno. Datblygodd y masnachdy i werthu popeth angenrheidiol i'r gymuned: bwydydd, defnyddiau, arfau i'r gweithwyr, pylor i'r chwarel a phob math o daclau. Er mwyn cyflenwi'r masnachdy byddai Frances Jones yn mynd ar deithiau ar gefn ceffyl yn gyson i drefi fel Caer yn Lloegr, ac wedi rhai blynyddoedd, o ganlyniad i lwyddiant y busnes, adeiladodd dŷ a masnachdy newydd mewn man mwy canolog.

Ar ben hyn ganwyd iddynt ddeuddeg o blant, a Frances, yn ôl disgwyliadau'r cyfnod, oedd yn gyfrifol am eu magu, eu dilladu, eu bwydo a'u diwyllio a'u meithrin yn y ffydd, a hynny i gyd tra oedd ei gŵr fynychaf wrthi'n paratoi pregethau neu i ffwrdd ar deithiau pregethu. Fe gafodd y profiad chwerw o golli tri o'i phlant trwy salwch a bu farw ei phriod ym mis Awst 1857.

Ym 1877 aeth Frances i Landinam i gysuro'i mab a oedd newydd golli ei wraig, ac yno y bu farw ar 13 Awst. Fe'i claddwyd yn Llanllyfni. Yr oedd hi'n un o filoedd o ferched Cymru a ryddhaodd eu gwŷr i weithio dros achos Iesu Grist. Y mae'n hawdd moesoli yn ein cyfnod ni ynglŷn â thegwch hyn a'r disgwyliadau eithafol oedd ar ferched yr adeg honno, ond byw yr oeddent gan dystio i'r Arglwydd yn ôl cyfyngiadau ac arferion eu hoes.

Lewis Edwards, 1809–87
Sefydlydd a phrifathro cyntaf Coleg y Bala (MC), athro a diwinydd

Gŵr oedd ef a greodd ddydd – diwylliant
Ein deallol gynydd;
Hyd y farn goleuad fydd
Yn awyr 'Cymru Newydd.'

Englyn coffa i Lewis Edwards gan 'Glyn Llyfnwy'

Deuai Lewis Edwards o gefndir cyffredin gwerinwyr tlawd a Christnogol a drigai ym Mhwllcenawon, Pen-llwyn, Ceredigion, ryw bum milltir o Aberystwyth. Fe'i ganed ar 27 Hydref 1809 yn fab hynaf o wyth o blant Lewis a Margaret Edwards. Bu mewn dwy ysgol ym Mhen-llwyn a gwelwyd arwyddion clir o'i allu yn gynnar drwy ei awch am wybodaeth. Symudwyd ef i ysgol Llanfihangel Genau'r-glyn er mwyn ei hyfforddi yn yr iaith Ladin, ac oddi yno aeth i ysgol John Evans yn Aberystwyth, gŵr a gafodd ddylanwad mawr arno, ac yna i ysgol John Jones yn Llangeitho. Tra oedd yn Aberystwyth fe'i gwnaed yn gyflawn aelod yn eglwys y Tabernacl ac yno y cychwynnodd bregethu. Cadwodd ysgol am ysbaid ac yna aeth i fod yn athro ar blant bonheddwr, sef John Lloyd, Pentywyn, Meidrim, yng Nghaerfyrddin.

Tra oedd yn Llangeitho fe'i cyflwynodd ei hun i waith y weinidogaeth gyda'r Methodistiaid Calfinaidd, ac yng Nghymdeithasfa Llangeitho, 1829, derbyniwyd ef yn bregethwr rheolaidd. Yn y cyfnod hwn rhoddodd ei fryd ar fynd i goleg prifysgol. Ym 1831 gwnaeth gais i Gymdeithasfa Woodstock am gael mynd ond cododd gwrthwynebiad o du'r cadeirydd, y Parch. Thomas Richards, Abergwaun. Ar ddechrau'r 19eg ganrif roedd yna anniddigrwydd cyffredinol yna ynghylch gweinidogion yn cael addysg uwch mewn colegau prifysgol. Gwrthwynebwyd ei gais ar y sail ei fod yn arwydd o falchder a'i fod yn ceisio ymgyrraedd at rywbeth oedd y tu hwnt i'w safle cymdeithasol. Dechreuodd Lewis

Edwards wylo'n hidl, a phan welwyd ei ddagrau meiriolodd y gwrthwynebiad a rhoddwyd caniatâd iddo wedi'r cyfan. Aeth i goleg yn Llundain ac yna i Brifysgol Caeredin ym 1833 gan ennill gradd MA. Derbyniodd radd DD er anrhydedd ym 1865. Priododd â Jane, wyres i Thomas Charles o'r Bala, ym 1836, a ganwyd iddynt saith o blant. Ei fab, Thomas Charles Edwards, oedd Prifathro cyntaf Coleg Prifysgol Cymru, Aberystwyth. Ym 1837, gyda'i frawd-yng-nghyfraith Dr David Charles, cychwynnodd ar anturiaeth fawr ei fywyd, sef sefydlu'r ysgol yn y Bala i hyfforddi gweinidogion a ddatblygodd yn Athrofa'r Methodistiaid Calfinaidd.

Bu'n Brifathro ar y sefydliad hwnnw am hanner can mlynedd. Ef oedd y cyntaf o'i genhedlaeth i weld gwerth gweinidogaeth hyfforddedig ac aeth ati i argyhoeddi ei enwad o hynny. Yn dilyn penderfyniad yng Nghymdeithasfa'r Wyddgrug ym 1856 aethpwyd ati i sefydlu cronfa sefydlog tuag at waith yr Athrofa a llwyddwyd i godi'r swm enfawr o £26,000.

Fe ddaeth yn arweinydd amlwg o'r Cyfundeb a'i ddatblygu i fod yn llawer mwy Presbyteraidd ei natur. Ystyrid ef yn bregethwr mawr yn ei ddydd, a gwelodd werth y cyfnodolion fel cyfrwng i ddylanwadu ar bobl Cymru a'u haddysgu. Bu'n olygydd *Yr Esboniwr*, cynorthwyodd i gyhoeddi'r cylchgrawn eithriadol ddifyr hwnnw *Y Geiniogwerth*, a bu'n allweddol yn y broses o gychwyn *Y Traethodydd* gyda Thomas Gee a Roger Edwards. Yr oedd Lewis Edwards yn ŵr dylanwadol mewn cyfnod pwysig yn hanes yr enwadau yng Nghymru a chenedl y Cymry, ac fe gyfrannodd ei lyfrau, megis *Athrawiaeth yr Iawn*, *Traethodau Llenyddol*, *Traethodau Duwinyddol*, *Hanes Duwinyddiaeth*, a *Person Crist*, at ddatblygiadau diwinyddol a beirniadaeth lenyddol ei oes. Bu farw 19 Gorffennaf 1887, a chladdwyd ef ym mynwent Llanycil gerllaw bedd Thomas Charles.

Thomas Jones, 1810–49
Cenhadwr cyntaf y Methodistiaid Calfinaidd yn India

Yr oedd Thomas Jones yn gwbl allweddol ym mhenderfyniad y Methodistiaid Calfinaidd yng Nghymru i sefydlu eu cenhadaeth dramor eu hunain ym 1840. Ganwyd ef ar 24 Ionawr 1810, yn fab i Edward a Mary Jones, Tan-y-ffridd, Llangynyw, a gweithiodd fel saer troliau ac yna fel melinydd ym melin Llifior, Aberriw. Dechreuodd bregethu tua 1835 ac ef oedd un o fyfyrwyr cyntaf Coleg y Bala ym 1837. Rhoddodd ei fryd ar fod yn genhadwr yn India ac fe drafodwyd ei gais yng Nghymdeithasfa'r Bala 1839. Penderfynwyd ei fod yn ymgeisydd cymwys a gofynnwyd i'r Parchedigion Lewis Edwards a David Charles gyflwyno'i enw i Gymdeithas Genhadol Llundain. Gwahoddwyd ef i ymddangos gerbron panel y gymdeithas er mwyn tafoli ei addasrwydd.

Derbyniwyd ef i'r gwaith ond penderfynwyd ar sail cyngor meddygol ei anfon i Affrica yn hytrach nag India. Nid oedd Thomas Jones yn fodlon ar hyn ac apeliodd am gael ei anfon i India, ond gwrthodwyd ei apêl a dywedwyd wrtho yn ddiflewyn-ar-dafod pe na bai'n mynd i Affrica ni fyddent yn ei anfon i unrhyw le. Fe'i hordeiniwyd i'r gwaith ar 1 Ionawr 1840 yng Nghyfarfod Misol Sir Feirionnydd yn y Bala, ond yr oedd yn parhau i deimlo'n anfoddog ynglŷn â mynd i Affrica, felly cafodd gyngor a llythyrau meddyg gan Dr Serph, y Trallwng, a Dr Carson, Lerpwl, yn dweud nad oedd rheswm meddygol dros ei atal rhag mynd i India. Cyflwynodd y dystiolaeth i'r Parchedigion J. Arundel a J. Tidman, ysgrifenyddion Cymdeithas Genhadol Llundain a'r pwyllgor llywio. Ond nid oedd dim yn tycio a chytunwyd bod cysylltiad Thomas Jones â'r gymdeithas i gael ei derfynu.

Creodd hyn gynnwrf yn rhengoedd arweinyddion y Methodistiaid Calfinaidd ac aethant ati yn ddiymdroi i sefydlu eu cymdeithas genhadol eu hunain. Galwyd cyfarfod brys yn festri capel Rose Place, Lerpwl, ar 31 Ionawr 1840 o dan gadeiryddiaeth y Parch. Henry Rees a phenderfynwyd yn y fan a'r lle eu bod yn ymgorffori yn Gymdeithas Genhadol Dramor. Cenhadwr cyntaf y corff newydd hwn oedd Thomas Jones, a chynhaliwyd ei gyfarfod ymadawol yng nghapel Rose Place, Lerpwl, ym mis Tachwedd cyn hwylio ar y *Jamaica* ar y 25ain. Cyraeddasant Calcutta ar 23 Ebrill 1841 ar ôl mordaith o bum mis. Trannoeth y glanio rhoddodd ei wraig enedigaeth ond bu farw'r baban yr un diwrnod. Dyddiau caled oedd y rhai cyntaf hynny i Thomas Jones, yn bennaf oherwydd gwendid ei briod, a'r glawogydd trymion.

Penderfynodd Thomas Jones ymsefydlu ym mhentref Cherrapoonjee lle'r oedd gorsaf filwrol y llywodraeth, ac ymroddodd i ddysgu'r iaith frodorol Khasi trwy gymorth dau o'r brodorion oedd â rhyw grap ar y Saesneg. Wedi wyth mis gallai gyfathrebu'n gymharol rwydd yn yr iaith a thyrrai'r bobl i weld y dyn gwyn oedd wedi dysgu eu hiaith mor rhugl. Ymddengys mai ef oedd y cyntaf i roi'r Khasi ar glawr a chyhoeddodd werslyfrau a gynhwysai'r wyddor a chyfieithiadau o *Rhodd Mam* ac Efengyl Mathew. Adeiladwyd ysgolion ym mhentrefi Mawsmai, Mawmluh a Cherra a noddwyd gan yr eglwysi yng Nghymru. Bu farw priod Thomas Jones ym 1845, ac ailbriododd, ond nid oedd yn gallu cyd-dynnu â'r cenhadon eraill. Ymddengys i'w sêl genhadol bylu gan iddo adael y gwaith yn ddirybudd a dechrau ffermio yn Pomreng. Ymhen tipyn bu rhaid iddo ffoi oddi yno i Galcutta oherwydd iddo gael ei gyhuddo o dwyllo a gorthrymu brodorion. Yno bu farw ar 16 Medi 1849, a chladdwyd ef yn y fynwent Albanaidd.

Owen Thomas, 1812–91
Gweinidog (MC), pregethwr ac awdur

Ganed Owen Thomas yng Nghaergybi ar 16 Rhagfyr 1812, yr hynaf o wyth o blant Owen a Mary Thomas. Yr oedd ei dad yn saer maen. Aeth i ysgol Mrs Morton lle dysgodd ddarllen, yna i ysgol eglwys yn y dref am gyfnod, ysgol Owen Antony, hen gapten llong, ac yna ysgol Owen Roberts. Oherwydd diffyg gwaith symudodd y teulu i Fangor ym 1827 lle y cafodd ei dad waith yng nghastell Penrhyn. Bu farw ei dad ym 1831 pan oedd y plentyn ieuengaf yn 11 mis oed, a chymerodd Owen Thomas ei le yn y gwaith yng nghastell Penrhyn. Yr oedd y teulu'n aelodau yn eglwys y Methodistiaid yn y dref, sef y Tabernacl, a derbyniwyd Owen yn aelod o'r cyfarfod misol yn y Graig ym 1834 a dechreuodd bregethu. Yn fuan enillodd enw iddo'i hun fel pregethwr dawnus a grymus. Yn y cyfnod hwn bu hefyd yn weithgar gyda'r mudiad dirwestol gan gynorthwyo i sefydlu Cymdeithas Ddirwestol Bangor ym 1836.

Aeth i Goleg y Bala ym 1838 lle y treuliodd dair blynedd, ac oddi yno aeth i Brifysgol Caeredin lle y bu am ddwy flynedd arall. Ar ei ddychweliad i Gymru ym 1843 derbyniodd alwad o Bwllheli i ofalu am eglwys Penmount a chafodd ei ordeinio i'r gwaith yng Nghymdeithasfa Bangor yn yr un flwyddyn. Byr fu ei arhosiad yno oherwydd o fewn llai na thair blynedd derbyniodd alwad i fugeilio eglwys Saesneg yn y Drenewydd ar gyflog o £60 y flwyddyn. O'r fan honno derbyniodd alwad ym 1851 i fod yn weinidog eglwys enwog Jewin Crescent yn Llundain. Cyrhaeddodd yno yn dilyn cyfnod cythryblus yn hanes yr eglwys lle y bu drwgdeimlad, ond yn raddol cyfannwyd y rhwygiadau o dan ei arweiniad.

Trwy gydol y blynyddoedd fe deithiodd yn ddiflino trwy Gymru a Lloegr gan bregethu'n rymus. Cydnabyddid ef fel un o bregethwyr mwyaf ei genhedlaeth ac fe saernïai ei bregethau'n grefftus gan eu traddodi'n gelfydd. Ym 1860 priododd ag Ellen, merch ieuengaf y Parch. William Roberts, Amlwch. Daeth y mudo nesaf i Netherfield Road, Lerpwl, ym 1865, ond ddwy flynedd yn ddiweddarach bu farw ei briod yn annhymig gan adael pump o blant, yr hynaf yn bump oed a'r ieuengaf yn ddeng niwrnod. Yna ym 1871 aeth yn weinidog ar eglwys Princess Road yn yr un ddinas. Fe ddaliodd uchel swyddi'r enwad; bu'n llywydd Cymdeithasfa'r Gogledd ym 1863 a 1882, ac yn llywydd y Gymanfa Gyffredinol ym 1868 a 1888.

Ysgrifennodd yn helaeth dros y blynyddoedd. Cyfrannodd erthyglau swmpus i'r *Traethodydd* ar faterion fel olyniaeth Apostolaidd, William Gurnal a marwolaeth enwogion, ac am gyfnod bu'n gyd-olygydd y cyfnodolyn hwnnw gyda'r Parch. Roger Edwards. Gwelir enghreifftiau o'i waith hefyd yn *Y Geiniogwerth*, *Y Traethodydd* a'r *Gwyddoniadur*. Ysgrifennodd gofiant i Henry Rees ac i John Jones, Tal-y-sarn, ac fe ystyrir hwn bellach yn un o glasuron y 19eg ganrif. Cyhoeddodd hefyd esboniad ar y Testament Newydd gan gynnwys cyfieithiad o esboniad Dr Kitto. Bu farw ddydd Sul, 2 Awst 1891, yn ei gartref yn Catherine Street, a chladdwyd ei weddillion ym mynwent Anfield, Lerpwl.

Henry Richard, 1812–88
Gwleidydd, gweinidog ac 'Apostol Heddwch'

Ganwyd Henry Richard ar 3 Ebrill 1812 yn Prospect House, Tregaron, yn ail blentyn a mab hynaf Ebenezer Richard a Mary. Yr oedd ei dad yn ŵr diwylliedig iawn ac yn fab i athro cylchynol ysgolion Gruffudd Jones. Bu'n athro ac yn diwtor preifat i deulu Bowen, Llwynygwair, ac yr oedd ymhlith gweinidogion cyntaf y Methodistiaid Calfinaidd a ordeiniwyd ym 1811. Etifeddodd ei fam ystad ei brawd, a hyn a'i galluogodd i roi addysg dda i'w phlant. Cafodd Henry Richard yr addysg orau a gaed yng Ngheredigion ar y pryd, yn Ysgol Ramadeg Llangeitho ac yna yn Ysgol Mathemateg a Masnach John Evans yn Aberystwyth. Wedi gorffen yn yr ysgol bwriodd ei brentisiaeth fel dilledydd yng Nghaerfyrddin gan dreulio cyfnod yn gweithio yn Aberystwyth yn siop John Mathews y draper. Yna rhoddodd ei fryd ar y weinidogaeth ac aeth i Goleg Annibynnol Highbury yn Llundain.

Yno cafodd addysg yn y clasuron, athroniaeth, diwinyddiaeth ac ieithoedd modern, ac yn y cyfnod hwn yr heuwyd hadau ei ddiddordeb mewn gwleidyddiaeth, hadau a eginodd ac a flodeuodd yn ddiweddarach yn ei oes. Yn 1835 ordeiniwyd ef yn weinidog ar eglwys yr Annibynwyr Saesneg, Marlborough Street yn yr Old Kent Road, Llundain, a bu yno hyd ei ymddeoliad o'r weinidogaeth ym 1850. Ym 1847 cyhoeddwyd yr Adroddiadau ar Gyflwr Addysg yng Nghymru (Brad y Llyfrau Gleision) ac ymatebodd Henry Richard yn egnïol iddynt trwy amddiffyn y Cymry a'u hiaith yn erbyn ymosodiadau enllibus yr adroddiadau. Penodwyd ef ym 1848 yn ysgrifennydd y Gymdeithas Heddwch ac fe ysgrifennodd, "Y mae'r Gymdeithas Heddwch yn croesawu unrhyw un sy'n caru Heddwch i ymaelodi, p'un ai ydynt yn derbyn y gred haniaethol ynglŷn â dyletswydd Gristnogol ar y pwnc ai peidio. Crëwyd y Gymdeithas i ysgogi barn gyhoeddus yn erbyn y Gyfundrefn Ryfel ac i annog mabwysiadu dulliau Cristnogol a theg i ddatrys anghytundebau rhyngwladol."

Roedd ef hefyd yn gyfrifol am barhad a datblygiad cyfres o gymanfaoedd heddwch pwysig a gynhaliwyd ym Mrwsel (1848), Paris (1849), Frankfurt (1850) a Llundain adeg yr Arddangosfa Fawr ym 1851. Bu hefyd yn gofalu am rai o gyhoeddiadau'r Gymdeithas. Ym 1866 cyhoeddodd y gyfrol *Letters a Essays on Wales*, a oedd, yn ôl Ieuan Gwynedd Jones, yn un o'r llyfrau pwysicaf am Gymru a gyhoeddwyd yn y 19eg ganrif. Ei fwriad oedd goleuo'r Saeson ynglŷn â'r Cymry, eu cyflwr cymdeithasol a'u gwleidyddiaeth, gan ei haddysgu am y math arbennig o genedlaetholdeb a fodolai mor agos atynt. Priododd yn Awst 1866 â Matilda Augusta Farley o Kennington, Llundain.

Etholwyd ef yn aelod seneddol Rhyddfrydol dros Ferthyr Tudful ym 1868. Safodd yn gadarn dros fuddiannau Cymreig ac Anghydffurfiol yn ystod ei dymor yn y Senedd ac yno hefyd, yng Ngorffennaf 1873, llwyddodd i gario mesur o blaid cyflafareddiad rhwng y gwledydd. Bu farw yng nghartref ei ferch yn Nhreborth, ger Bangor ar 20 Awst, 1888, ac fe'i claddwyd ym mynwent Abney Park, Llundain. Y mae cofgolofn iddo yno, a hefyd ar sgwâr Tregaron.

Dafydd Morgan, 1814–83
Gweinidog (MC) a diwygiwr

Diwygiad 1859–60 oedd un o'r diwygiadau mwyaf grymus a welwyd yng Nghymru erioed a dywedid bod cymaint â 100,000 o bobl wedi eu dychwelyd i'r ffydd Gristnogol. Dylanwadodd y diwygiad hwn mewn ffordd allweddol ar ddatblygiad, twf a chyfeiriad Ymneilltuaeth yng Nghymru, a dyma oedd un o'r prif resymau am yr adeiladu gorffwyll fu ar gapeli yng nghanol y 19eg ganrif. Hefyd trwy'r diwygiad hwn cefnwyd ar hen drefn bwyllog yr Ymneilltuwyr o dderbyn aelodau eglwysig wrth i "dynnu'r rhwyd" ar derfyn oedfaon ddod yn beth cyffredin.

Cysylltir dau ddyn yn bennaf â'r diwygiad hwn, sef Humphrey Jones a David Morgan. Ganed David Morgan ym Melin Fodcoll, rhwng Cwmystwyth a Phontarfynach. Ef oedd y trydydd o naw plentyn y melinydd a'r saer Dafydd a'i briod Catherine. Symudodd y teulu gan ailgartrefu ym Melin y Lefel, Ysbyty Ystwyth, lle y bu Morgan yn byw hyd ei briodas. Bwriodd ei brentisiaeth gyda'i dad gan ddysgu crefft saer, ac roedd y teulu'n aelodau ffyddlon o eglwys y Methodistiaid Calfinaidd yn Ysbyty Ystwyth. Ychydig iawn o addysg a gafodd, a hynny mewn ysgol a gedwid yn y pentref gan John Edwards, Hendrefelen. Pan oedd yn ddwy ar hugain oed daeth i brofiad ysbrydol o dan bregethiad y Parch. Evan Evans, Nant-y-glo, ac o hynny ymlaen ymrôdd i weithio yn egnïol yn yr eglwys.

Dechreuodd bregethu gyda'r Methodistiaid Calfinaidd ym 1842 a thestun ei bregeth gyntaf oedd, "Canys daeth dydd mawr ei ddicter Ef, a phwy a ddichon sefyll?" o lyfr y Datguddiad. Ordeiniwyd ef, ynghyd â saith o ddynion eraill, yng Nghymdeithasfa Tre-fin ar 20 Mai 1847. Y flwyddyn ganlynol daeth i gysylltiad â Humphrey Jones, 'Y Diwygiwr' a oedd newydd ddychwelyd o Unol Daleithiau'r America yn llawn gwres diwygiadol. Aeth Dafydd Morgan i wrando ar Humphrey Jones yn pregethu ym Mhont-rhyd-y-groes ar destun o Lyfr y Datguddiad, sef "Am nad ydwyt yn oer na brwd..." a daeth o dan argyhoeddiad y dylai yntau gynnal cyfarfodydd diwygiadol.

Wedi'r oedfa aeth i gael gair gyda Humphrey Jones a chydsyniodd y ddau i gydymdrechu. Un noson yn fuan wedi'r cyfarfyddiad hwnnw deffrodd Dafydd Morgan am bedwar o'r gloch y bore gan wybod bod rhywbeth anarferol wedi digwydd iddo a bod yr Ysbryd Glân wedi ei fendithio. Dywedodd, "Deffroais tua 4.00 o'r gloch yn cofio pob peth crefyddol a ddysgais ac a glywais erioed. Popeth a ddywedid wrthyf mi a'i cofiwn." Cydweithiodd y ddau am gyfnod gan gynnal cyfarfodydd diwygiadol, ac ymledodd Diwygiad '59 trwy Gymru gyfan.

Yn ystod y misoedd dilynol daeth pobl wrth eu degau i gredu yn Iesu Grist o dan arweiniad y ddau. Gwaetha'r modd yn torrodd iechyd Humphrey Jones ystod y diwygiad a bu rhaid i Dafydd Morgan barhau ar ei ben ei hun. Yn ystod 1859–60 teithiodd trwy bob rhan o Gymru yn cynnal cyfarfodydd di-rif, ac ambell ddiwrnod byddai'n cynnal cymaint â thri chyfarfod cyhoeddus. Y mae hanesion lu o'r cyfarfodydd hyn wedi eu cofnodi gan ei fab, J.J. Morgan, mewn cyfrol eithriadol ddifyr, *Dafydd Morgan a Diwygiad '59.* Ymadawodd y nerthoedd anghyffredin a brofodd David Morgan, a chyffesodd un tro "mai un o deimladau mwyaf ofnadwy ei fywyd oedd gweld y tyrfaoedd yn parhau i'w ddilyn a'r pwerau argyhoeddiadol ac achubol wedi cilio o'i weinidogaeth." Wrth i wres y diwygiad bylu ailgydiodd yn ei ddyletswyddau fel gweinidog yn Ysbyty Ystwyth, a bu'n weinidog hefyd ar eglwys Swyddffynnon.

Ym 1865 priododd â Jane, merch y Parch. Evan Evans, Aberffrwd, gan ymgartrefu yn Glynbetws lle y cawsant saith o blant. Bu farw 27 Hydref 1883 a chladdwyd ei weddillion yn Ysbyty Ystwyth.

Thomas Gee, 1815–98
Argraffydd, pregethwr, newyddiadurwr, gwleidydd

Ni ellir gorbwysleisio pwysigrwydd cyhoeddi yn hanes Cristnogaeth yng Nghymru. Yr oedd dylanwad y wasg enwadol yn enfawr, yn enwedig yn y 19eg ganrif pan oedd cymaint o ddarllen ar gyhoeddiadau Cymraeg. Ar wahân i gyfarfodydd cyhoeddus, i lawer o Gymry Cymraeg y cyfnodolion oedd unig ffynhonnell gwybodaeth ar faterion ysbrydol, cenedlaethol, rhyngwladol, moesol, amaethyddol a llu o bynciau eraill. Gwelodd llawer o gymwynaswyr dros y canrifoedd werth cyhoeddiadau Cristnogol Cymraeg ac enill bywoliaeth trwyddynt – yn rhannol, beth bynnag – ac un o'r cyfryw rai oedd Thomas Gee. Y mae llawer dull, diolch i'r drefn, o wasanaethu teyrnas Dduw.

 Cysylltir enw Thomas Gee fynychaf gyda thref Dinbych ac yno y'i ganed, 24 Ionawr 1815. Yr oedd yn un o saith o blant i Thomas Gee a Mary Foulkes, Hendre'r Ŵydd, a sefydlodd ei dad wasg argraffu gyda Thomas Jones, Dinbych, yn y dref ym 1809. Eglwyswyr oeddent ar y dechrau, er eu bod yn mynychu ambell oedfa yn y Capel Mawr ond aethant yn aelodau at y Methodistiaid Calfinaidd ym 1830. Bu Thomas Gee mewn ysgol gynradd yn Ninbych ac yna aeth i Wrecsam i Ysgol Grove Park. Pan oedd yn bedair ar ddeg oed cychwynnodd ar brentisiaeth saith mlynedd fel argraffydd yn swyddfa ei dad gan barhau i fynychu Ysgol Ramadeg Dinbych yn achlysurol. Fe'i hanogwyd i fynd yn offeiriad yn yr Eglwys, yn feddyg ac yn dwrnai, ond penderfynodd barhau fel argraffydd. Wedi gorffen ei brentisiaeth bu'n gweithio o 1836 hyd 1838 yn swyddfa Eyre a Spottiswoode yn Llundain, lle y bu'n mynychu eglwys Jewin Crescent. Dychwelodd i Ddinbych ym 1838 a dechreuodd bregethu drwy anogaeth Lewis Edwards, Coleg y Bala, a dros y blynyddoedd pregethodd yn gyson.

 Priododd â Susannah, merch John Hughes, Plas Coch, Llangynhafal ym 1842, a chawsant naw o blant. Yn dilyn marwolaeth ei dad cymerodd y wasg drosodd ym 1845 ac yn yr un flwyddyn ymddangosodd *Y Traethodydd* o dan olygyddiaeth Lewis Edwards. Y gwaith mwyaf a ymgymerodd ag ef oedd *Y Gwyddoniadur* o dan olygyddiaeth y Parch. John Parry, y Bala. Yr oedd hwn yn waith arloesol yn y Gymraeg oherwydd iddynt ymdrechu nid i gyfieithu, ond i lunio o'r newydd ddeg cyfrol o wybodaeth amrywiol Gymraeg a Chymreig. Cyfrannodd oddeutu dau gant o bobl i'r cyfanwaith ac fe gostiodd tua £20,000 i'w gynhyrchu, gan ymddangos ym 1878.

Ym 1857 ymddangosodd wythnosolyn dylanwadol arall o'r wasg, sef *Baner Cymru* dan olygyddiaeth y Parch. William Rees (Gwilym Hiraethog), John Hughes a Thomas Jones. Unwyd *Baner Cymru* gyda'r *Amserau* ym 1859 ac fe'i cyhoeddwyd am gyfnod wrth yr enw *Baner ac Amserau Cymru*. Trwy gyfrwng *Y Faner* daeth Thomas Gee yn ddyn dylanwadol gyda'i farn yn cario ymhell.

Daeth *Y Faner* yn un o'r llwyfannau i syniadaeth Ymneilltuol Gymraeg ac yn gyfrwng i drafod a dadlau am bynciau llosg y dydd fel addysg, gwleidyddiaeth, dirwest (a gyrhaeddodd uchafbwynt gyda Deddf Cau Tafarnau ar y Sul yng Nghymru ym 1882), datgysylltiad yr Eglwys, dileu'r dreth eglwys, bugeiliaeth eglwysig a phynciau eglwysig. Trwy gydol ei oes bu Thomas Gee yn weithgar gyda'r ysgol Sul, yn gynghorydd lleol, yn henadur gyda'r Methodistiaid Calfinaidd ac yn ddirwestwr sobr o frwd. Bu farw ddydd Mercher, 28 Medi 1898, yn 84 oed wedi cyflawni dydd ardderchog o waith i'w Arglwydd ac i'w genedl. Ar Hydref 3 rhoddwyd ei weddillion i orffwys yn y Gladdfa Newydd, Dinbych.

Canon Daniel Silvan Evans , 1818–1903
Offeiriad, golygydd a geiriadurwr

Ar fore Sul 11 Ionawr 1818 y ganwyd Silvan Evans a hynny ym Mron Wilym Uchaf, Llannarth, Ceredigion. Mab ydoedd i Silvanus a Sarah Evans. Dysgodd ddarllen mewn ysgol oedd wrth ymyl bwthyn ei dad, a chan iddo ddangos addewid, aeth i ysgol Dr Phillips, Neuadd-lwyd a gedwid mewn tŷ bychan ryw ddwy filltir o'i gartref. Treuliodd dair blynedd yno gan ymddiddori mewn Lladin a Groeg a dechrau pregethu gyda'r Annibynwyr.

Ym 1840 aeth i Goleg yr Annibynwyr yn Aberhonddu ond byr fu ei arhosiad yno ac aeth yn athro ysgol am bum mlynedd. Yn y cyfnod hwn cyhoeddodd gasgliad o ganeuon ac ysgrifau yn dwyn y teitl *Blodeu Ieuainc*. Priododd â Margaret Walters o Geredigion, ac ymunodd â'r Eglwys Sefydledig Ym 1845–46 aeth i Goleg Dewi Sant, Llanbedr, ac yn ystod ei flwyddyn olaf yno fe'i penodwyd yn ddarlithydd yn y Gymraeg. Yna dechreuodd ar waith mawr ei fywyd, sef ei eiriadur Saesneg a Chymraeg, gan ddilyn ei freuddwyd o weld geiriadur Cymraeg cyffelyb i'r *Oxford English Dictionary*. Cafodd fywyd caled a nifer o brofiadau chwerw; bu farw tri mab a thair merch iddo cyn 1887, ac ym 1889 bu farw ei briod mewn damwain. Dim ond un o'i saith o blant a'i goroesodd.

Urddwyd ef yn ddiacon ym 1848 gan Dr Bethel, Esgob Bangor, a bu'n gurad yn Llandegwning a Phenllech, Llŷn; fe'i hordeiniwyd ym 1849. O 1852–62 bu'n gurad Llangïan a Llanfihangel Bachellaeth, ac ym 1862 penodwyd ef i fywoliaeth Llanymawddwy. Ym 1876 derbyniodd reithoriaeth Llanwrin ac yno bu hyd ei farwolaeth. Fe'i gwnaed yn ganon ym 1889 gan yr Esgob Campbell. Penodwyd ef yn athro Cymraeg rhan amser yng Ngholeg y Brifysgol, Aberystwyth, ym 1875 swydd a ddaliodd hyd 1884.

Dros y blynyddoedd golygodd nifer fawr o gyfrolau, gan gynnwys *Elfennau Seryddiaeth* (1851), argraffiad o *Y Bardd Cwsc* (1853), yr *Archeologia Cambrensis* dros y Cambrian

Archaeological Association, a hefyd cylchgrawn *Y Brython* o 1858–60. Ysgrifennodd erthyglau i'r *Gwyddoniadur* ac ym 1856 cyhoeddodd ei gyfrol fechan, *Llythyraeth yr Iaith Gymraeg*. Yn ogystal a hyn cyfieithodd dri o'r *Four Ancient Books of Wales* a gyhoeddwyd gan Dr Skene, sef Llyfr Du Caerfyrddin, Llyfr Aneirin a'r darnau prydyddol yn Llyfr Coch Hergest. Yr oedd ganddo gariad angerddol tuag at yr iaith Gymraeg ac fe ddywedodd O. M. Edwards mai ef oedd y cyntaf i ysgrifennu'n benodol ar lên gwerin yn y Gymraeg.

Ei waith mwyaf oedd ei eiriadur, a gweithiodd am ddeng mlynedd ar hugain mlynedd yn paratoi deunyddiau ar ei gyfer. Cyhoeddwyd ffrwyth ei waith mewn pedair cyfrol, sef y *Geiriadur Cymraeg* rhwng 1887 a 1896. Bu farw 13 Ebrill 1903 cyn gorffen y gwaith. Derbyniodd radd D. Litt. er anrhydedd gan Brifysgol Cymru ym 1901 a chyhoeddwyd y bumed ran o'i eiriadur, hyd y llythyren E, ym 1906 gan Walter Spurrell.

Evan Jones, "Ieuan Gwynedd", 1820–52

Gweinidog (A), newyddiadurwr ac amddiffynnydd merched Cymru

"Fy arwyddair a fydd 'Ymlaen': fy nerth a fydd Duw; fy nod Ei ogoniant Ef, ac yna bydd fy ngwobr yn fawr iawn."

Geiriau Evan Jones

Bu farw Ieuan Gwynedd yn ŵr ifanc 31 oed, ond yn ystod y bywyd byr hwnnw cyflawnodd lawer. Ganed ef yn nhyddyn bychan Bryn Tynoriad, y Brithdir, ger Dolgellau, ar 5 Medi 1820. Roedd yn un o chwech o blant Evan a Catherine Jones, ac ym 1824 symudodd y teulu i Dŷ Croes, y Bontnewydd, Dolgellau. Bu'n fregus iawn ei iechyd drwy gydol ei oes a dyna un o'r rhesymau pam mai ysbeidiol oedd ei gyfnodau yn ysgolion y Brithdir, Rhyd-y-main, Llanfachreth a Dolgellau. Dechreuodd weithio mewn banc yn Nolgellau gyda L Williams ond byrhoedlog fu'r yrfa honno. Yna ceisiodd gychwyn ysgolion mewn pentrefi cyfagos ond aflwyddiannus fu'r fenter oherwydd diffyg cefnogaeth. Dechreuodd bregethu ym 1838 a hynny yng nghapel Sardis, Llanwddyn. Wedi cyfnod ym Mangor ac Amwythig derbyniwyd ef i Athrofa Aberhonddu, lle y bu am bedair blynedd. Ordeiniwyd ef yn weinidog ar eglwys Annibynnol Saron, Tredegar, ym 1845, ac yno cafodd gyfnod caled.

Priododd â Catherine ym 1845, collasant blentyn y flwyddyn ganlynol ac ym 1847 bu farw ei wraig. Oherwydd afiechyd ymddiswyddodd o'i waith yn Saron ac ym 1848 symudodd i Gaerdydd er mwyn golygu *The Principality*, ond daeth hynny i ben a bu'n gweithio i *The Standard of Freedom*, The *Pathway* ac *Almanac y Cymru*. Ailbriododd ym 1848 â Rachel, pumed merch y Parch. Walter Lewis, Tredwstan. Ym 1849 aeth yn olygydd ar *Y Gymraes* a'r *Adolygydd* ond methiant ariannol fu'r cylchgrawn hwnnw.

Yr oedd Ieuan Gwynedd yn ysgrifennwr diwyd, yn gystadleuydd eisteddfodol ac yn gyfrannwr i gylchgronau. Fe'i cofir yn bennaf erbyn hyn am ei waith yn amddiffyn Cymru ac Anghydffurfiaeth Cymru yn erbyn y cyhuddiadau a wnaethpwyd yn eu herbyn gan gomisiynwyr y Llyfrau Gleision ym 1847. Gwrthwynebai hawl y llywodraeth i agor ysgolion i addysgu plant, gan ddweud mai dyletswydd yr eglwysi oedd cynnal ysgolion ac y dylid gwneud hynny'n wirfoddol. Bu dadlau brwd am hyn am gyfnod, ac roedd Ieuan Gwynedd yn un o brif ladmeryddion y Gwirfoddolwyr.

Bu hefyd yn amddiffynnydd merched Cymru. Cychwynnodd *Y Gymraes*, sef cylchgrawn i ferched, er mwyn hybu hawliau merched a dyrchafu eu statws cymdeithasol. Yn y rhifyn cyntaf gwaredai fod anghenion addysgol merched yn cael eu hanwybyddu'n llwyr a'u bod yn ddinasyddion eilradd.

Yn y cofiant i Ieuan Gwynedd gan C. Tawelfryn Thomas y mae llun, "Y Llaw yn y Llun", a ddaeth yn enwog trwy Gymru benbaladr. Pan dynnwyd y llun yr oedd mewn gwendid ac ni allai aros yn llonydd. O ganlyniad i hyn bu rhaid i'w wraig guddio y tu ôl iddo gan osod ei llaw ar ei ysgwydd i'w gynnal. Yr unig beth a welir yn y darlun yw llaw wen gynhaliol ar ei ysgwydd ac ysgrifennodd Watcyn Wyn y pennill hwn:

Y Darlun a llun y Llaw,
Anwylaf yn ei wyliaw,
Y Llaw gu a fu hyd ei fedd,
Yn gweini ar Ieuan Gwynedd.

Bu farw 23 Chwefror 1852 a'i gladdu ym mynwent capel enwog y Groes-wen, Caerffili.

Michael Daniel Jones 1822–98
Gweinidog (A), pregethwr, Prifathro Coleg Annibynnol y Bala, ac un o ysgogwyr y Wladfa ym Mhatagonia

Y mae Michael Daniel Jones yn un o'r enwau mwyaf cyfarwydd yn hanes Cymru ac fe'i cysylltir fynychaf â Phatagonia. Dywedir ei fod yn un o'r meddylwyr mwyaf gwreiddiol a threiddgar yn ail hanner y 19eg ganrif ac mai ef oedd tad y deffroad cenedlaethol Cymreig. Pryderai'n ddirfawr am ddyfodol y genedl a cheisiodd ei diogelu trwy ddatblygu syniadaeth ynglŷn â lle cenhedloedd bychain, a thrwy ysgrifennu a gwleidydda.

Mab ydoedd i Michael a Mari Jones. Yr oedd ei dad yn weinidog yr Hen Gapel, Llanuwchllyn, ac yn cadw ysgol yn y pentref, a'i fam Mari yn wreiddiol o Gwmcarnedd, Llanbryn-mair. Ganed ef ar 2 Mawrth 1822 yn nhŷ'r Hen Gapel, ac fe dderbyniodd ei addysg gynnar yn ysgol ei dad. Pan oedd yn bymtheg oed aeth yn brentis i siop ddefnydd yn Wrecsam, ond ymadawodd ar fyrder oherwydd i brentis arall ymosod arno. Ym 1839 aeth i Goleg y Presbyteriaid yng Nghaerfyrddin i baratoi ar gyfer y weinidogaeth. Yr oedd eisoes yn dangos nodweddion arbennig fel ysgolhaig, ac wedi pedair blynedd yno aeth i Goleg Highbury yn Llundain. Aeth ar ymweliad ag America ym 1848. Yr oedd ganddo ddiddordeb mawr yn y miloedd o Gymry oedd yn ymfudo i'r wlad newydd, ac yn ystod y cyfnod hwn sylweddolodd fod y Cymry hynny'n colli eu hunaniaeth mewn amser byr. Ordeiniwyd ef yn weinidog ar eglwys Gymraeg yn Cincinnati, Ohio, ym 1848.

Pryd hynny y cydiodd y syniad am wladychfa i'r Cymry ynddo am y tro cyntaf ac fe'i mynegodd mewn llythyr maith yn *Y Cenhadwr*. Trwy gydol ei oes ei freuddwyd oedd sefydlu Gwladfa Gymreig a fyddai'n hafan i Gymry, eu crefydd, eu hiaith a'u diwylliant ac ysgrifennodd yn ddiflino i'r cylchgronau ar y pwnc. Ei weledigaeth oedd i Gymry Cymraeg ymfudo mewn niferoedd i'r un man gan ddiogelu eu Cymreictod. Ar y dechrau awgrymodd

Wisconsin, Oregon, Vancouver a hyd yn oed Palesteina fel mannau cymwys i'r arbrawf, ond yn y diwedd penderfynwyd ar Batagonia yn Ariannin. Rhoddodd gefnogaeth frwd i'r Wladfa a sefydlwyd ym 1865 pan laniodd *Y Mimosa* ym Mhorth Madryn, 28 Gorffennaf, a 150 o Gymry ar ei bwrdd. Bu'r fenter hon yn drafferth ac yn golled ariannol iddo gan iddo orfod talu'r rhan fwyaf o'r £3,000 am baratoi, llwytho a hwylio'r llong i Ariannin.

Wedi dychwelyd i Gymru fe'i sefydlwyd yn weinidog ar eglwysi Bwlchnewydd a Gibeon, Caerfyrddin. Bu farw ei dad ym 1853 a phenodwyd ef yn olynydd iddo fel prifathro Coleg yr Annibynwyr a gweinidog eglwysi Annibynnol lleol. Cychwynnodd ar ei waith yn y coleg ym 1855 gyda dim ond pedwar o fyfyrwyr. Ym 1859 priododd â Miss Lloyd, Plas-yr-hall ger Rhuthun, a chawsant bedwar o blant.

Cafodd yrfa ddigon helbulus fel Prifathro oherwydd anghytundeb ynglŷn â'r dull o lywodraethu'r coleg. Gelwid y ddadl ffyrnig hon yn "Frwydr y Ddau Gyfansoddiad" (1879–85). Dadleuai Michael D. Jones a Phlaid yr Hen Gyfansoddiad mai yn nwylo'r tanysgrifwyr y dylai'r awdurdod fod i redeg y coleg, ond mynnai Plaid y Cyfansoddiad Newydd o dan arweiniad Dr John Thomas, Lerpwl, y dylai'r gair terfynol fod gan pwyllgor o gynrychiolwyr y cyfundebau. Cyhuddai Michael D Jones nhw o Bresbyteiddio'r Annibynwyr. Yn y diwedd mabwysiadwyd y Cyfansoddiad Newydd a diswyddwyd ef fel Prifathro yn y "Pwyllgor Torri Pen" a gynhaliwyd yn Amwythig ym 1879.

Yn y diwedd unwyd y ddau goleg ym Mangor a chaniatawyd i Michael D. Jones aros yn y Bala i ofalu am fyfyrwyr y flwyddyn gyntaf. Bu farw 2 Rhagfyr 1898, a chladdwyd ef ym mynwent yr Hen Gapel, Llanuwchllyn.

John Roberts, Ieuan Gwyllt, 1822–77
Cerddor, golygydd a gweinidog (MC)

Yn ystod y 19eg ganrif bu diwygiad cerddorol yng Nghymru ymhlith yr Ymneilltuwyr. Prif ganlyniad y diwygiad hwn oedd gweddnewidia mewn tonau ar gyfer emynau a gwelliant mewn canu cynulleidfaol. Ymhlith nifer o gymeriadau eraill, yr oedd Ieuan Gwyllt yn un o'r bobl allweddol yn y datblygiad hwn.

Deuai yn wreiddiol o Tanrhiwfelen ger Aberystwyth, tŷ bychan uwchben Pwllcenawon, hen gartref Lewis Edwards y Bala. Ganwyd ef ar 27 Rhagfyr 1822 yn ail o chwech o blant Evan ac Elizabeth Roberts. Magwraeth dlawd a gafodd gan mai gogrwr oedd ei dad, ond magwraeth Gristnogol gan fod ei rieni'n mynychu capel Seion a'i dad yn godwr canu yno. Yn fuan symudodd y teulu i Ty'nffordd ac yn ddiweddarach i Pistyllgwyn, Dyffryn Melindwr. Fe gafodd addysg yn ysgol Lewis Edwards (Cefnder Lewis Edwards, y Bala) ym Mhen-llwyn, dysgodd forwriaeth gyda D. Griffiths, mesuriaeth gyda John Jones, Capel Dewi a chaboli'r ddwy wyddor wrth draed John Evans, Aberystwyth. Cedwid ysgol Sul ar gylch yn ffermydd y dyffryn ac yno y dysgodd ddarllen. Ymddiddorai mewn cerddoriaeth yn ifanc ac ymddangosodd ei dôn 'Hafilah' yn *Yr Athraw* ym 1839.

Mabwysiadodd John Roberts y ffugenw Ieuan Gwyllt Gelltydd Melindwr, gan ei dalfyrru i Ieuan Gwyllt. Pan oedd yn bymtheg oed bu'n cadw ysgol yng Ngoginan, Tŷ-nant a Thanrhiwfelen yn ogystal ag ysgol ganu yn y gymdogaeth, gweithiodd am ddwy flynedd gyda fferyllydd yn Aberystwyth. Cafodd swydd fel athro ysgol Skinner Road yn y dref, ond cyn iddo gychwyn ar y gwaith derbyniodd hyfforddiant yng Ngholeg Normal, Borough Road, Llundain. Wedi naw mis rhoddodd y ffidil yn y to fel athro a'r gred yw nad oedd yn ddisgyblwr da. Aeth yn glerc gyda'r cyfreithwyr Hughes a Roberts cyn mynd i Lerpwl fel is-olygydd *Yr Amserau* gyda William Rees (Hiraethog) o 1852 i 1858. Yn y cyfnod hwn dechreuodd bregethu gan draddodi ei bregeth gyntaf yn Runcorn. Cyhoeddodd *Blodau Cerdd* a oedd yn cynnwys gwersi cerddorol a thonau, ac aeth ati i ddewis a dethol casgliad o donau a fyddai'n addas ar gyfer canu cynulleidfaol.

Ymddangosodd ei gasgliad *Llyfr Tonau Cynulleidfaol* ym 1859 ac yr oedd y llyfr hwn yn gychwyn ar bennod newydd mewn canu cynulleidfaol yng Nghymru. Trefnodd nifer fawr o'r tonau a chyfansoddodd lawer o rai gwreiddiol, megis ei dôn 'Moab'. Bu gwerthiant mawr ar y gyfrol ac erbyn 1863 yr oedd 17 mil o gopïau wedi ei gwerthu.

Dechreuodd ddarlithio ar gerddoriaeth, canu corawl a chynulleidfaol er mwyn annog eglwysi Cymru i wella safon eu cerddoriaeth. Sefydlodd Wyliau Cerddorol Gwent a Morgannwg, Eryri ac Ardudwy, a dywedid mai ef oedd tad y cymanfaoedd canu cynulleidfaol. Symudodd i Aberdâr i olygu *Y Gwladgarwr* a bu yno am dair blynedd. Ym 1859 priododd â Jane Richards o Aberystwyth yng nghapel Jewin Crescent yn Llundain. Derbyniodd alwad i fugeilio eglwys Pant-tywyll, Merthyr, ac fe'i hordeiniwyd yng Nghymdeithasfa Castellnewydd Emlyn 1861. Bu hefyd yn weinidog ar y Capel Coch, Llanberis. Golygodd *Telyn y Plant* a esblygodd yn T*rysorfa y Plant*, *Y Cerddor Cymraeg*, *Cerddor y Tonic Solffa* a'r *Goleuad*. Ef oedd ysgrifennydd Llyfr Emynau y Methodistiaid Calfinaidd an ym 1874 cyhoeddodd *Sŵn y Juwbili*, sef casgliad o emynau Sankey a Moody yn y Gymraeg. Ymddeolodd i'r Fron, Llanfaglan, ger Caernarfon, a bu farw ar 14 Mai 1877. Claddwyd ef ym mynwent Caeathro ger Caernarfon.

Edward (Jones) Stephen, 'Tanymarian', 1822–85
Gweinidog (A), diwygiwr cerddorol, darlithydd a bardd

Ni wyddom ddydiad geni Edward Jones, ond cofnodir ei fedydd yn llyfr eglwys Mihangel Sant, Ffestiniog, sef ar 15 Rhagfyr 1822. Yr oedd ei dad Robert Jones yn canu'r delyn a'i fam Jane yn gantores dda. Enw eu cartref oedd Rhyd-y-sarn yng nghwr uchaf Dyffryn Maentwrog. Symudasant i Benmount yn nes at Ffestiniog ac yna i Ty'maes, Llanffestiniog. Prin oedd yr addysg foreol a dderbyniodd er bod sôn iddo fynychu Ysgol Genedlaethol Penralltgoch. Prentisiwyd ef fel dilledydd gan ei frawd William pan oedd yn ifanc.

Yr oedd ei fam yn aelod gyda'r Methodistiaid Calfinaidd a byddai'n aml yn mynd wrth ei chwt i'r moddion i wrando ar enwogion fel John, David a William Jones o deulu enwog Tanycastell, Dolwyddelan. Oherwydd gwrthdaro o ganlyniad i'r cythraul canu gadawodd y Methodistiaid gan ymuno â'r Annibynwyr, ac yntau oddeutu Tair ar ddeg oed. Dangosodd ddiddordeb cynyddol mewn cerddoriaeth ac yn fuan dechreuodd bregethu dan fendith eglwys Saron, Llan Ffestiniog. Ym 1843 aeth i Athrofa'r Annibynwyr yn y Bala lle'r oedd y Parch. Michael D. Jones yn ei anterth. Yno dechreuodd ei alw ei hun yn Edward Stephen – ar ôl ei daid – yn lle ei enw bedydd Edward Jones gan fod yna fyfyriwr arall o'r un enw. Yn y coleg dechreuodd ymddiddori o ddifrif mewn cerddoriaeth gan ddechrau cyfansoddi.

Yn haf 1847 ordeiniwyd ef yn weinidog eglwys Horeb, Dwygyfylchi, Penmaen-mawr, ac ar ddechrau ei weinidogaeth pryderai rhai nad oedd yn addas i fod yn weinidog gan yr ymddangosai yn falch a larts. Yn Nwygyfylchi y cyfansoddodd yr oratorio *Ystorm Tiberias*, a gyhoeddwyd ym 1855 mewn saith o rifynnau. Dyma'r cyfanwaith cyntaf a gyfansoddwyd gan Gymro. Ym 1856 derbyniodd alwad i Fethlehem, Tal-y-bont a Charmel,

Llanllechid, ger Bethesda, a chafodd lwyddiant mawr fel gweinidog. Cynyddodd nifer aelodaeth yr eglwysi o 147 i 1,249 yn ystod ei gyfnod yno. Blodeuodd fel cerddor gan gyfansoddi, ymhlith pethau eraill, 'Requiem' ym 1858 er cof am John Jones, Tal-y-sarn. Yr oedd ymhlith to o arweinwyr a sylweddolodd bwysigrwydd a gwerth cerddoriaeth i'r eglwysi Ymneilltuol. Ei gyfraniad mawr oedd mynnu codi safon cerddoriaeth yn yr eglwysi. Gwnaeth hyn trwy gylchgronau, erthyglau yn y cyfnodolion, darlithoedd poblogaidd, cymanfaoedd canu, a thrwy bwysleisio'r angen am gorau yn y capeli. Cafodd ddylanwad ar bensaernïaeth y capeli a adeiladwyd ar ôl 1860, gan fod nifer ohonynt wedi eu hadeiladu â seti arbennig i'r côr uwchben y pulpud. Cyn hyn bu canu cynulleidfaol Cymru yn unsain ac yn ddigon ansoniarus ond yn sydyn daeth canu pedwar llais i fri. Daeth yr arfer o ledio emyn bob yn gwpled i ben ac ysgubwyd y rhagfarnau fu tuag at offerynnau cerdd o'r neilltu gan lif brwdfrydedd cerddorol.

Yn 60au'r ganrif cyfieithodd Cynffig Davies werslyfrau John Curwen i'r Gymraeg gan gyflwyno'r Tonic Sol-ffa i'r genedl. Ym 1859 daeth Tanymarian yn olygydd *Cerddor y Cysegr*, o 1861 i 1863 golygodd *Greal y Corau*, ac ym 1868 cyhoeddodd mewn cydweithrediad â'r Parch J.D. Jones, *Llyfr Tonau ac Emynau*. Cyfansoddodd nifer o donau a'r mwyaf poblogaidd yw 'Tanymarian'.

Ymhlith ei gyfansoddiadau yr oedd yr anthemau 'Cyfodwn ac Esgynwn i Seion', 'Llawen floeddiwch i Dduw', 'Wrth afonydd Babilon', a 'Cofia fi Arglwydd', a'r caneuon 'Hen Gadair Freichiau Ardderchog fy Mam' a 'Caingc y Delyn'. Bu farw 10 Mai 1885, a chladdwyd ef ym mynwent capel Bethlehem, Tal-y-bont, Bethesda.

Thomas Levi, 1825–1916
Gweinidog (MC), awdur, emynydd, golygydd a dirwestwr

Rwyf finnau'n filwr bychan,
Yn dysgu trin y cledd,
I ymladd dros fy Arglwydd
Yn ffyddlon hyd fy medd.
Pererin bychan ydwyf,
Yn cychwyn ar ei daith, –
O! arwain, Arglwydd grasol,
Hyd dragwyddoldeb maith.

Thomas Levi

Yr oedd Thomas Levi yn ŵr o gefndir tlawd a lafuriodd yn ddygn trwy gydol ei oes i'w ddiwyllio'i hun ac i rannu'r wybodaeth a gafodd a'r newyddion da a'i meddiannodd gydag eraill. Hanai o Ben-rhos nid nepell o Ystradgynlais, ac fe'i ganed 12 Hydref 1825 mewn bwthyn dinod i deulu o dras Iddewig. Enillai ei dad John Levi ei fara menyn trwy weithio mewn gweithfeydd haearn a glo, ond wedi iddo gael tröedigaeth ymfudodd i'r Unol Daleithiau. Yr oedd ei fam Prudence yn wraig dduwiol ac fe gafodd ddylanwad mawr ar y plant.

Derbyniodd beth addysg foreol yn "Ysgol y Northman" yn y pentref ond aneffeithiol oedd hwnnw gan y treuliai'r athro y rhan fwyaf o'i amser yn y Mason Arms yn llymeitian. Cyrchai Thomas Levi hefyd i ysgol nos lle y byddai'n darllen er mwyn ehangu ei feddwl. Bu'n gweithio am gyfnod yng ngwaith dur Ynysgedwyn fel prentis o foldiwr. Byddai'n mynd yn gyson hefo'i fam i'r seiat yng nghapel Cwmgïedd ac yn y fan honno darllenai'r Beibl, y llyfr emynau a *Channwyll y Cymry*. Mynychai hefyd gyfarfodydd pregethu a chymdeithasfeydd a gynhelid yn y cyffiniau. Ym 1857 fe'i hordeiniwyd i'r weinidogaeth yn sasiwn Bont-faen. Bugeiliodd eglwysi Capel yr Ynys, Ystradgynlais (oddeutu 1855–60), Philadelphia, Treforys (1860–75) a'r Tabernacl, Aberystwyth

(1876–1901) lle'r oedd 650 o aelodau. Yr oedd yn ddiflino fel awdur a llwyddodd i gyhoeddi 30 o lyfrau gwreiddiol gan gynnwys *Hanes Prydain Fawr*, 1862 a *Bywyd a Theithiau Livingstone* (1857) Cyfieithodd hefyd 60 o lyfrau o'r Saesneg i'r Gymraeg, yn cynnwys *Yr Anianydd Cristionogol*, 1859 a *Crist a Gwroniaid y Byd Paganaidd* (1887).

Yr oedd yn llwyrymataliwr ac yn bleidiwr brwd dros ddirwest – a chefnogai amcanion Urdd y Temlwyr Da ac Urdd y Ruban Glas. Ymddiddorai yn y diwygiad cerddorol ac fe gynorthwyodd Joseph Parry gyda geiriau 'Cantata'r Adar' a 'Chantata Joseph'. Cyfansoddodd nifer o emynau poblogaidd a bu ar bwyllgor llyfr emynau y Methodistiaid Calfinaidd. Ond er rhychwant eang ei ddiddordebau, ei gyfraniad pennaf oedd fel arloeswr cylchgronau i bobl ifanc. Gwelodd yr angen am gyfrwng effeithiol a fyddai'n addysgu plant ac ieuenctid. Ymddangosodd *Yr Oenig* ym 1854 o dan ei olygyddiaeth ond daeth i ben ar ôl dwy flynedd. Ymgeisiodd eto gyda *Telyn y Plant* ym 1859 ond darfu hwnnw ym 1861. Yn yr un flwyddyn ymddangosodd *Trysorfa y Plant* am y tro cyntaf, yn wahanol i'r ddwy ymdrech gyntaf noddwyd hwn gan Gyfundeb y Methodistiaid Calfinaidd a defnyddiwyd yr eglwysi fel rhwydwaith i'w ddosbarthu.

Trwy gynnwys erthyglau bywiog, lluniau, a gwobrau i enillwyr cystadleuthau, ynghyd â rhoi cil-dwrn i ddosbarthwyr, creodd gylchgrawn deniadol a darllenadwy. Bu'n llwyddiant ysgubol a chyrhaeddodd ei gylchrediad 40,000 y mis ym 1881. Bu'n olygydd *Trysorfa y Plant* hyd 1911. Priododd ddwywaith, y tro cyntaf ag Elizabeth Daniel, Cwmgïedd, a fu farw ym 1871, ac yna ym 1873 â Margaret, merch ieuengaf Hugh a Catherine Jones, Coedmadoc, Tal-y-sarn, sir Gaernarfon. Bu farw 16 Mehefin 1916 yn 90 mlwydd oed.

Griffith John, Tsieina, 1831–1912
Cenhadwr

Ganwyd Griffith John ar 14 Rhagfyr 1831 yng Nglandŵr, Abertawe, yn un o ddau o blant. Ni wyddom enwau ei rieni ond roedd ei dad yn gweithio fel fforman yng ngweithfeydd cwmni Vivian a'i feibion yn y dref. Bu farw ei fam o golera pan oedd ef yn wyth mis oed. Oherwydd ei aeddfedrwydd ysbrydol daeth yn aelod cyflawn o eglwys yr Annibynwyr, Ebeneser, yn wyth oed. Peth anarferol iawn oedd i blentyn mor ifanc gael ei dderbyn yn aelod. Pan oedd yn ddeuddeg oed dechreuodd weithio mewn siop yn Onllwyn lle y treuliodd bedair blynedd. Yng nghartref perchennog y siop traddododd ei bregeth gyntaf pan oedd yn bedair ar ddeg. O dan arweiniad ei weinidog Elijah Jacob penderfynodd fynd i'r weinidogaeth ac fe aeth i Goleg Coffa Aberhonddu ym 1850.

Tra oedd yn y coleg fe deimlodd alwad gan Dduw i fynd i'r maes cenhadol. Ysgrifennodd lythyr at gyfarwyddwyr Cymdeithas Genhadol Llundain ym 1853 yn ei gynnig ei hun i'r genhadaeth. Derbyniwyd ei gais ac fe'i hanfonwyd i goleg y Gymdeithas yn Bedford i gael ei baratoi. Wedi naw mis yn y coleg fe wirfoddolodd i fynd yn genhadwr i Tsieina. Cynhaliwyd oedfa i'w ordeinio er mwyn ei neilltuo i'r gwaith yn Ebeneser, Abertawe, a'r wythnos ganlynol fe briododd â Margaret Jane Griffiths.

Hwyliodd Griffith John i Shanghai ar y llong *Hamilla Mitchell*, gyda'i wraig a'i gyd-genhadon, taith a gymerodd 120 o ddyddiau, gan lanio yn Woosung, porthladd bach ryw ddeuddeg milltir o Shanghai ym mis Medi 1855. Aeth ati'n ddiymdroi i ddysgu siarad Mandarin, ac wedi dysgu peth o'r iaith aeth ati i deithio, mewn cychod gan fwyaf, i drefi fel Sung-cong, Soochow a Bing-wu, er mwyn rhannu'r newyddion da am Iesu Grist. Sefydlwyd gorsaf barhaol gan y cenhadon ym mhorthladd Hancow a daeth eu teuluoedd i ymuno â hwy ym 1861; wedi blwyddyn o waith yr oedd saith o aelodau yn eglwys Hancow. Yn y dref hon y treuliodd Griffith John y rhan fwyaf o'i fywyd, er iddo fynd ar deithiau'n achlysurol. Er enghraifft, ym 1868 teithiodd 3,000 o filltiroedd gydag Alexander Wylie trwy daleithiau Szechuen a Shensi yn cywain gwybodaeth. Ym 1873 bu farw ei wraig ar long yn harbwr Singapore ac enwyd Ysbyty Margaret i ferched, Hancow, er cof amdani. Profodd yr ysbyty yn gyfrwng cenhadol effeithiol yn yr ardal trwy ddangos cariad Duw yn ymarferol. Ailbriododd y flwyddyn ddilynol â Mrs Jenkins, gweddw cenhadwr Americanaidd, a bu hithau farw ym 1885. Sefydlwyd Cymdeithas Tractiau Hancow ym 1876 a Griffith John oedd ei llywydd cyntaf.

Bu'n gyfrifol am gyfansoddi nifer o'r traethodau a gyhoeddwyd gan y Gymdeithas. Cyfieithodd hefyd fersiwn Mandarin o'r Testament Newydd (1885) – nad oedd mor ysgolheigaidd â chyfieithiad Medhurst (1854) – er mwyn cyrraedd y bobl gyffredin, ac erbyn 1890 yr oedd wedi gorffen Llyfr y Salmau a'r Diarhebion. Oherwydd ei waith mawr dyfarnodd Prifysgol Caeredin radd DD, er anrhydedd iddo.

Daeth erledigaeth i ran llawer o Gristnogion brodorol yn sgil gwrthryfel ym 1900 a merthyrwyd miloedd ohonynt oherwydd eu ffydd. Daeth y cenhadon estron hefyd o dan fygythiad ac awgrymwyd y dylent symud o Hancow, ond tawelodd y dyfroedd erbyn y flwyddyn ddilynol. Agorwyd coleg gan Gymdeithas Genhadol Llundain yn Hancow, ac fe'i henwyd yn Goleg Griffith John oherwydd ei gyfraniad i'r gwaith cenhadol yno. Bu farw yn Llundain ar 25 Gorffennaf 1912 a chladdwyd ef yn Sgeti, Abertawe.

Humphrey Rowland Jones, 1832–95
Gweinidog (W) a diwygiwr

Humphrey Jones oedd un o'r cyfryngau a ddefnyddiwyd gan Dduw i gychwyn Diwygiad 1859–60. Yr oedd hwn yn un o'r diwygiadau ysbrydol grymusaf a welwyd hyd yn hyn yng Nghymru.

Ganed H.R. Jones yn Gwarcwm Bach, Llancynfelyn, 11 Hydref 1832 yn fab i Humphrey ac Elisabeth Jones. Ym 1847 ymfudodd ei rieni i America gan ei adael ef yng ngofal ei fodryb Sophia, yn Halfway Inn, Tre'r-ddôl, ac yntau yn ddim ond pum mlwydd oed. Ymsefydlodd y teulu yn Waukesha, Wisconsin, ac yna ym 1852 symudasant i sefydliad Cymreig Oshkosh, Wisconsin. Derbyniwyd Humphrey Jones yn aelod o'r eglwys Wesleyaidd yn Nhre'r-ddôl pan oedd ond yn ddeuddeg oed. Pan oedd yn bymtheg oed dechreuodd bregethu gyda'r Wesleaid, ac ar ôl chwe blynedd cyflwynwyd ef gan arolygwr y gylchdaith, y Parch. Williams Powell, fel ymgeisydd am y weinidogaeth Wesleaidd gan Gymdeithas Genhadol Llundain, a hynny yng Nghyfarfod Taleithol Nant-y-glo ym 1854.

Gwrthodwyd ei gais, unai ar sail diffyg cymwysterau, neu am nad oedd galw am weinidogion ychwanegol y flwyddyn honno, ac o gynlyniad ymfudodd i America at ei rieni, ei ddau frawd a'i chwaer. Yno ymunodd â'r eglwys Esgobol gan bregethu i'r Cymry yn Nhalaith Efrog Newydd. O fewn blwyddyn yr oedd wedi ei ordeinio'n ddiacon yng Nghynhadledd Racine a phenodwyd ef yn genhadwr i'r Cymry yn Oshkosh, Wisconsin.

Cafodd ei fendithio'n helaeth ymhlith y Cymry yn America am gyfnod o ddwy flynedd, ac yno y cafodd y glasenw Humphrey Jones, "Y Diwygiwr". Dywedir i tua 700 gael ei dychwelyd o dan eu weinidogaeth yn Oneida, Efrog Newydd, lle y pregethai yn Gymraeg a Saesneg. Ym 1857 cychwynnodd diwygiad grymus yn yr Unol Daleithiau o dan arweiniad Lanphler a dywedir bod 600,000 wedi dod i'r bywyd. Ond erbyn hynny teimlai Humphrey Jones ar ei galon y dylai ddychwelyd i Gymru a chyrhaeddodd ddinas Lerpwl yn niwedd Mehefin 1858 yn llawn tân diwygiadol. Ar ei ailymddangosiad yn Nhre'r-ddôl sylwodd y bobl fod newid mawr wedi digwydd iddo a bod dwyster anghyffredin yn perthyn i'w weinidogaeth yn enwedig yn ei weddïau cyhoeddus.

Un o'i ddyletswyddau cyhoeddus cyntaf oedd cymryd rhan yn angladd William James, Llannerch, ac wrth iddo sefyll ar wal yn gweddïo cyffyrddwyd y galarwyr. Dechreuodd Diwygiad '59 mewn angladd. Cydiodd tân y diwygiad yn yr ardal honno gan ymledu trwy Gymru. Cyfarfu Humphrey Jones â David Morgan, Ysbyty, ym Mhont-rhyd-y-groes ym 1858 a gweithiodd y ddau am gyfnod yn cynnal cyfarfodydd diwygiadol. Ond yng ngwanwyn 1859 trawyd Humphrey Jones gan iselder ysbryd ac ni chymerodd unrhyw ran bellach yn y diwygiad. Bu'n anhwylus am flynyddoedd lawer, ac er iddo ymuno â'r teulu yn America ym 1871, parhau i ddirywio a wnaeth ei gyflwr meddyliol. Oherwydd difrifoldeb y sefyllfa bu rhaid i'w frodyr ei roi mewn ysbyty meddwl yn Winnebago ac yno y bu am bum mlynedd mewn cyflwr ansefydlog.

Wedi iddo gael ei ryddhau ailgydiodd mewn pregethu a phriododd â merch John Owen, Corris, Meirionnydd, ond ergyd drom iddo oedd ei farwolaeth ym 1882. Crwydrodd trwy'r taleithiau yn pregethu i'r Cymry hyd nes iddo gael ei sefydlu'n weinidog eglwysi Annibynnol Cambria a South Bend, Minnesota, lle y gwasanaethodd hyd 1894. Dihoenodd ei iechyd a bu farw yn Chilton, Wisconsin ar 8 Mai 1895, a chladdwyd ei weddillion yn Brant, Wisconsin.

Daniel Owen, 1836–95
Gweinidog (M.C) a nofelydd

"Nid i'r doeth a'r deallus yr ysgrifenais, ond i'r dyn cyffredin."
Daniel Owen

Cyn y gellir gwerthfawrogi cyfraniad arloesol Daniel Owen rhaid deall pa mor unplyg Gristnogol oedd meddylfryd yr Ymneilltuwyr yng Nghymru ar ddechrau'r 19eg ganrif. Cuchiwyd ar unrhyw weithgaredd yn eu plith nad oedd yn uniongyrchol Gristnogol. Gwrthwynebwyd eisteddfodau, dawnsfeydd, chwaraeon, dramâu, offerynnau cerdd, a hyd yn oed ar y dechrau, gynnal ysgol ar y Sul. Wedi dyfodiad y diwygiad dirwestol ym 1839 a'i ddylanwad yn y blynyddoedd dilynol, meiriolodd y rhagfarnau at lawer o'r pethau hyn ac yn y cyfnod hwn o newid fe gafodd Daniel Owen ei gyfle i feithrin ei ddawn ysgrifennu.

Ganwyd ef ar 20 Hydref 1836 yn 53 Maes y Dref, yr Wyddgrug, sir y Fflint, yr ieuengaf o chwech o blant Robert Owen a Sarah Edwards. Boddwyd ei dad a dau o'i frodyr mewn damwain yng ngwaith glo Argoed. Ychydig o addysg a gafodd, a phan oedd yn ddeuddeg oed fe'i prentisiwyd am bum mlynedd fel teiliwr gyda John Angell Jones, a gweithiodd gydag ef am ddeng mlynedd. Arferai gweithdy teiliwr fod yn gyrchfan mewn cymdogaeth lle y byddai pobl yn siarad, trafod a dadlau, ac mae'n amlwg yn ôl tystiolaeth ei nofelau bod Daniel Owen wedi cael profiadau gwerthfawr yno.

Yr oedd yn dair ar ugain mlwydd oed cyn cael ei dderbyn yn aelod eglwysig, er ei fod yn wrandawr ffyddlon. Tipyn o syndod i'r eglwys oedd iddo ddechrau pregethu ym 1864 a gwneud cais fel ymgeisydd am y weinidogaeth ac yntau heb wneud unrhyw waith cyhoeddus cyn hynny. Yn y cyfnod hwn cyfieithodd nofel Americanaidd, sef *Twelve Nights in a Bar Room*, a gyhoeddwyd mewn pythefnosolyn o'r enw *Charles o'r Bala*. Aeth i Goleg y Bala ym 1865 ond nid oedd yn fyfyriwr o fri – er ei fod yn ddarllenwr mawr – a gorfu iddo adael yn ddisymwth ym 1867 oherwydd salwch ei fam a'i chwaer. Ailgydiodd yn ei waith fel teiliwr gyda'i hen gyflogwr ac wedi peth amser aeth i gadw ei fusnes teilwra ei hun.

Torrodd ei iechyd ym 1876 a rhoddodd y gorau i bregethu a gwaith cyhoeddus ond pydrodd arni gyda'r ysgrifennu. O dan anogaeth y Parch. Roger Edwards (awdur yr emyn, "Pa le, pa fodd dechreuaf foliannu'r Iesu mawr?"), gweinidog eglwys Bethesda'r Wyddgrug, dechreuodd ysgrifennu i'r *Drysorfa* o dan y ffug enw "Offrymau Neilltuaeth". Dechreuodd ysgrifennu'r *Dreflan* ac yna ei nofel gyntaf *Rhys Lewis*, bob yn bennod, ac fe'i cyhoeddwyd yn yr un cylchgrawn rhwng 1882 a 1885. Wedyn cyhoeddwyd *Enoc Huws* a *Gwen Tomos* yn *Y Cymro*. Daniel Owen oedd y cyntaf i gyhoeddi nofelau o'r math yma trwy gyfrwng y Gymraeg ac agorodd ddrws llenyddol i eraill ei ddilyn. Ynddynt disgrifiai'r gymdeithas a'r cyfnod yr oedd ef yn rhan ohoni. Cymdeithas Gymraeg ydoedd a'r capel yn ganolbwynt i'w gweithgareddau. Trwy ei gymeriadau lliwgar a'i ymddygiad â'r berthynas rhyngddynt llwyddodd i fynegi'r rhagrith a'r diffuantrwydd, y tyndra a'r llawenydd sy'n rhan o gynhysgaeth pobl ym mhob oes. Bu farw 22 Hydref 1895 yn 59 flwydd oed ac fe'i claddwyd ym mynwent gyhoeddus yr Wyddgrug.

Sarah Jane Rees, 'Cranogwen', 1839–1916

Ysgolfeistres, bardd, golygydd, a dirwestwr

Carodd ei chenedl â'r cariad dihalog
Roes nodau y nefoedd ar bopeth a wnaeth;
Anturiodd i'r frwydr heb ofni na bidog
Niweidiol y sennwr, na gwenwyn ei saeth.
Oferedd y Ddiod nithiai'n ddifloesgni,
Gwaharddai a hyrddia fyrddiynau i fedd.
Werin ei thraserch! a gofi di ynni
Efengyl y Forwyn yn nos dy gyni
Nes teimli di chwerthin y Wawr ar dy wedd.

J.D. Richards

Yr oedd Cranogwen yn gymeriad unigryw yng Nghymru mewn cyfnod lle nad oedd merched yn cael datblygu eu doniau na bod yn flaengar yn gyhoeddus. Hanai o Langrannog, Ceredigion, lle y'i ganed ar 9 Ionawr 1839. Fel llawer un a fagwyd ar arfordir Cymru yr oedd yr heli yn ei gwaed. Capten llong oedd ei thad a oedd yn awyddys i'w ferch gael pob mantais addysgol. Gwraig dawel oedd ei mam a ymddiddorai mewn barddoni, nodwedd a etifeddodd ei merch maes o law. Yn anochel un o'r dylanwadau mwyaf ar y plant mewn teulu capten llong yw'r fam, ac roedd hynny'n sicr yn wir yn hanes Cranogwen. Derbyniodd ei haddysg gynnar yn ysgol y pentref dan arweiniad Hugh Davies. a oedd i bob golwg yn athro da. Llwyddodd i feithrin diddordeb mawr mewn addysg ynddi a dysgodd iddi elfennau morwriaeth ac ychydig o Ladin. Yna aeth hi i ysgolion yn Aberteifi a Cheinewydd.

Wedi hynny fe'i cynghorwyd i ddysgu gwnïo ond ni allai ddygymod â'r grefft o gwbl. Yr oedd yn gas ganddi wnïo a pharhaodd yr atgasedd hwn ynddi trwy gydol ei hoes. O ganlyniad aeth i forio gyda'i thad am ysbaid o ddwy flynedd. Yr oedd ei chariad at y môr cymaint fel yr aeth i goleg yn Llundain i ddysgu am fordwyaeth a gwyddorau eraill a ystyrid yn gwbl anaddas i ferch. Dychwelodd i Langrannog lle y bu'n athrawes yn yr ysgol fel olynydd i H. Davies. Yno byddai'n addysgu plant yn bennaf ond hefyd deuai bechgyn a'u bryd ar y môr ati i ddysgu am fordwyaeth. Tystiodd llawer capten llong yn ddiweddarach eu bod yn ddyledus iddi am ei harweiniad.

Yr oedd ganddi ddiddordeb hefyd mewn barddoni a bu'n cystadlu'n gyson dros y blynyddoedd gan ennill cystadlaethau lawer. Cafodd bluen yn ei chap yn eisteddfod Aberystwyth ym 1865 pan enillodd wobr gyda'i chân i'r "Fodrwy Briodasol", gan guro beirdd fel Ceiriog ac Islwyn.

Trwy anogaeth gŵr o'r enw Mr Felix cychwynnodd ar yrfa fel darlithydd ym 1865, ac yn ystod y blynyddoedd dilynol teithiodd trwy Gymru ac America yn traddodi. Yr oedd ei meddwl craff, ei huodledd a'i hiwmor yn hudo cynulleidfaoedd ac o gnlyniad i hyn fe leddfodd y rhagfarn yn erbyn merched yn cymryd rhan yn gyhoeddus. Mewn gwirionedd agorodd y drws i ferched eraill gamu allan yn gyhoeddus. Siaradai ar destunau amrywiol fel "Arian ac Amser", "Ann Griffiths", a "Cymru – ei chrefydd a'i haddysg". Bu hefyd yn olygydd cylchgrawn *Y Frythones*, am ddeng mlynedd (1879–89); dyma'r unig gyhoeddiad Cymraeg i ferched ar y pryd. Ymrôdd Cranogwen i'r gwaith â'i holl galon oherwydd gresynai pa mor arwynebol oedd bywydau llawer o ferched; nid oedd y mwyafrif ohonynt yn mwynhau unrhyw fanteision addysgol.

Bu hefyd yn pregethu ac yr oedd hyn eto'n beth anarferol i ferch ei wneud bryd hynny. Yn wir, bu gwrthwynebiad iddi ymhlith y Methodistiaid. Aeth ati yn ystod ei blynyddoedd olaf i sefydlu Undeb Dirwestol Merched y De a chychwynodd ym 1901. Trwy'r mudiad hwn rhoddodd gyfle i ferched feithrin eu doniau a'u hyder. Bu farw 27 Mehefin 1916.

Robert Jermain Thomas, 1839–66

Cenhadwr Cristnogol Protestannaidd cyntaf Corea

Ganwyd Robert Jermain Thomas ar 7 Medi 1839, yn fab ieuengaf Robert Thomas a oedd yn weinidog gyda'r Annibynwyr yn Rhaeadr Gwy. Pan oedd yn naw oed fe symudodd gyda'i rieni i Lanofer, Mynwy, a derbyniwyd ef yn aelod cyflawn o'r eglwys pan oedd yn bymtheg oed. Treuliodd dair blynedd yng Ngholeg Llanymddyfri lle y disgleiriodd fel ieithydd amryddawn wrth ddysgu Groeg, Lladin a Ffrangeg. Gweithiodd am flwyddyn fel athro cynorthwyol gydag Albert Newth – gweinidog Annibynnol – yn Oundle, swydd Northampton, ac yna fe'i derbyniwyd i'r New College yn Llundain lle'r enillodd radd BA ym 1863. Yn yr un flwyddyn fe'i hordeiniwyd yn Llanofer i wasanaethu gyda Chymdeithas Genhadol Llundain (LMS) fel cenhadwr yn Tsieina. Priododd â Caroline Godfrey, merch ffarm o Oundle a hwyliasant i Shanghai gan lanio yno ym mis Rhagfyr 1863. Aethant i fyw i gartref William Muirhead, cenhadwr a oedd yn prysur ddysgu dwy o ieithoedd Tsieina. Ergyd drom iddo oedd marwolaeth ei wraig y flwyddyn ddilynol ar enedigaeth eu plentyn cyntaf. Ym 1864 ymddiswyddodd o'i waith gyda'r Gymdeithas Genhadol.

Teithiodd i Beijing lle bu'n darlithio am gyfnod, ac yno cyfarfu â dau fasnachwr o Gorea a ddywedodd wrtho am yr erledigaeth a ddioddefai Catholigion yno. Pan glywodd nad oedd ganddynt Feiblau yng Nghorea penderfynodd ymuno â Chymdeithas y Beibl Cenedlaethol yn yr Alban er mwyn darparu rhai. Ym 1865 mentrodd i Gorea – a oedd yn gaeedig i estroniaid a thramorwyr – ac arhosodd yno am dri mis yn dysgu sylfeini'r iaith cyn dychwelyd i Tsieina. Ym 1866 bu gwrthdaro chwyrn yng Nghorea. Lladdwyd 30,000 o bobl a llofruddiwyd llawer o offeiriaid Catholig a'u dilynwyr, naw ohonynt yn offeiriaid o Ffrainc. Anfonodd yr awdurdodau Ffrengig lyngesydd i Gorea a llwyddodd R.J. Thomas i gael lle ar y cyrch fel cyfieithydd a mordwywr. Glaniodd y llong mewn porthladd i gasglu cyflenwadau a hwyliodd ymaith gan adael R.J. Thomas ar ôl. Llwyddodd i gael lle fel cyfieithydd ar long arall, sef y *General Sherman*. Mae'r hyn a ddigwyddodd wedyn yn aneglur oherwydd bod dau fersiwn i'r hanes, ond mae un peth yn sicr, sef bod R.J. Thomas wedi ei ladd tua diwedd Awst 1866. Dywed un ffynhonnell ei fod yn gyfieithydd ar long Americanaidd a oedd ar gyrch i P'yongyang, Gogledd Corea. Ymosododd y Coreaid ar y llong oherwydd bod y criw wedi herwgipio swyddog o fyddin Corea a aeth ar fwrdd y llong i ofyn iddynt adael dyfroedd y wlad. Achubwyd y swyddog, dienyddiwyd y criw a llosgwyd y llong yn ulw.

Yr ail ffynhonnell yw adroddiadau gan filwyr Coreaidd oedd yn bresennol ar y pryd. Dywedodd un bod R.J. Thomas wedi neidio o'r llong â'i ddillad ar dân yn cydio yr ychydig Feiblau oedd ganddo'n weddill. Ceisiodd eu dosbarthu cyn iddo gael ei ddal. Dienyddiwyd y 24 o griw oedd ar y llong ynghyd â'i pherchennog, Mr Preston. Penliniodd R.J. Thomas gan gynnig ei Feibl coch olaf i'w ddienyddiwr. Caeodd ei lygaid, gweddïodd, a torrwyd ei ben i ffwrdd ac yntau ond yn saith ar hugain oed. Er y dryswch sydd ynglŷn â'i farwolaeth y mae'r eglwysi diwygiedig yng Nghorea yn ei ystyried fel y cenhadwr a'r merthyr Protestannaidd cyntaf yn eu plith a blannodd hadau'r eglwysi Cristnogol. Ym 1932 adeiladwyd capel coffa iddo y tu allan i P'yongyang.

John Evans, Eglwys-bach, 1840–97
Gweinidog (W) a phregethwr

Yr oedd John Evans yn un o arwyr gwerin Cymru ac nid peth anghyffredin oedd gweld llun ohono'n crogi yng nghartref i Wesleaid twymgalon. Ganwyd ef yn Tŷ Du, Eglwys-bach, Dyffryn Conwy, ond yna symudodd y teulu o'r fan honno i'r Goleugell.

Gweithiodd am beth amser ar y fferm gyda'i dad cyn rhoi ei fryd ar y weinidogaeth. Cychwynnodd ar y gwaith o bregethu yn gymharol ifanc – tua dau ar bymtheg oed – ac yn ei farn ei hun go druenus oedd yr ymgais hwnnw. Yr oedd mor siomedig fel y daeth i'r casgliad nad oedd Duw yn ei alw i bregethu, ond mynnai'r adnod "Gwae fi os na phregethaf yr Efengyl" blagio'i feddwl. Rai wythnosau'n ddiweddarach, wedi gweddïo dwys, pregethodd eto ac roedd y bregeth honno mor rymus fel bod dau wedi'u cyflwyno'u hunain i'r Arglwydd ar ddiwedd yr oedfa. Yn ystod ei ieuenctid yr oedd yn adnabyddus fel "bachgen bregethwr" a byddai torfeydd yn ymgynnull i wrando arno'n pregethu, gyda mwy yn fynych y tu allan i'r capel nag oedd y tu mewn.

Rhoddwyd y glasenw "Spurgeon bach" i John Evans oherwydd ei debygrwydd i'r pregethwr byd-enwog, C.H. Spurgeon, Llundain. Y rhyfeddod yw mai ychydig iawn o addysg elfennol a gafodd, a hynny yn yr Ysgol Genedlaethol leol, ond gweithiodd yn galed trwy gydol ei oes i'w ddiwyllio'i hun. Ysgrifennodd un tro, "Gan nad beth fyddo athrylith naturiol dyn, i feddwl neu i siarad, rhaid iddo lafurio yn ei efrydfa yn ddiarbed a pharhaus, onide clindarddach drain dan grochan fydd ei waith i gyd." Yn ystod y ddau dro y bu yn Llundain yn gweinidogaethu gyda'r Cymry a'r Saeson, mynnodd gael digon o amser i ddilyn cyrsiau yng Ngholeg y Brenin gan ennill tystysgrifau mewn Athroniaeth, Llenyddiaeth Saesneg, Hanes a Daearyddiaeth. Cyhoeddodd nifer o gyfrolau yn ystod ei oes, gan gynnwys *Pulpud City Road*, *Pregethau a Darlithiau*, a'i gyfrol ar ei arwr mawr, John Wesley.

Gan mai gweinidog "Wesla" ydoedd, a'r enwad wedi pennu fod ei gweinidogion i newid eglwys bob tair blynedd, fe grwydrodd fel sipsi. Bu'n weinidog yn Amlwch, yr Wyddgrug, Lerpwl dair gwaith, Bethesda, Llundain ddwy waith, Bangor, Croesoswallt a Phontypridd.

Yr oedd yn bregethwr o fri a thyrrai'r werin i wrando arno yn agor y gair mewn cymanfaoedd pregethu. Yr oedd hefyd yn ddiwygiwr, ac mewn rhai mannau lle y bu'n gweinidogaethu cychwynnodd diwygiadau ysbrydol dwys, fel ym Mangor ym 1887. Ym 1893 symudodd i fyw i Bontypridd i gychwyn Cenhadaeth Deheudir Cymru y Wesleaid. Adeiladwyd capel er cof amdano ym Mhontypridd nid nepell o'r bont enwog â'r enw Eglwys-bach mewn llythrennau bras ar ei dalcen. Bu'n briod ddwywaith, yn gyntaf â Charlotte Pritchard o Lerpwl, ac yna â Clara Richardson o Ealing.

Bu farw John Evans yn ddisymwth yn 57 oed. Ar 23 Hydref 1897 aeth i gyfarfod pregethu yn Shaw Street, Lerpwl, gan letya'r noson honno gyda theulu o'r eglwys, a bu farw yn ystod y nos.

Y mae'r cofiant a ysgrifennwyd iddo gan John Price Roberts a Thomas Hughes yn eithriadol o ddarllenadwy ac ymhlith cofiannau difyrraf y cyfnod. Y mae nid yn unig yn gyfnod o fywyd a gwaith y gwrthrych, ond hefyd yn ddarlun o arferion a hynodion yr oes.

Joseph Parry, 1841–1903
Cerddor a chyfansoddwr

Yn ystod y 19eg ganrif bu diwygiad cerddorol ymhlith Ymneilltuwyr Cymru. Ar ddechrau'r ganrif honno yr oedd canu cynulleidfaol ar y cyfan yn unsain aflafar ac offerynnau cerdd yn cael eu cysylltu â'r Diafol. Yn ystod y ganrif gweddnewidiodd yr agwedd tuag at gerddoriaeth ac fe ddaeth canu cynulleidfaol, yn bedwar llais ac offerynnau, cerddorfeydd a chorau, yn beth cyffredin. Yr oedd pobl fel Joseph Parry yn allweddol yn y diwygiad hwn.

Fel rhan o'r Chwyldro Diwydiannol fe dyfodd Merthyr Tudful o fod yn dref fechan wledig i fod yn dref enfawr brysur yn ystod y 19eg ganrif, ac yno y ganwyd Joseph Parry ar 21 Mai 1841. Fel cymaint o fechgyn ifanc yn y cyfnod hwnnw fe aeth i weithio mewn pwll glo, sef glofa Goblins a phan yn ddeuddeg oed cafodd ei gyflogi yng ngwaith haearn Cyfarthfa. Deuai ei dad Daniel Parry yn wreiddiol o Drewyddel, Aberteifi, a'i fam Elizabeth o Gydweli, Caerfyrddin, a chawsant nythaid o wyth o blant a Joseph oedd y trydydd ohonynt. Anfonwyd ef am gyfnod byr i ysgol oedd yn gysylltiedig â gwaith Cyfarthfa. Mynychai'r teulu Bethesda, capel yr Annibynwyr, lle'r oedd pob un ohonnynt yn canu yn y côr gyda'i gilydd. Ymunodd Joseph Parry hefyd â chôr cymysg a arweinid gan Rosser Beynon.

Rhwng 1815 a 1859 amcangyfrifir bod 4,917,598 o bobl gwledydd Prydain wedi ymfudo, ac yn eu plith yr oedd Joseph Parry a'i deulu. Hwyliodd Daniel Parry o Gaerdydd i Philadelphia yn Ionawr 1853 gan ymgartrefu yn Danville, Pennsylvania yn yr Unol Daleithiau. Y flwyddyn ddilynol ymunodd ei briod ag ef gyda pedwar o'r plant, a Joseph yn eu plith. Cafodd y mab swydd fel roliwr yn The Rough a Ready Rolling Mills yn y dref. Yr oedd ei ddiddordeb mewn cerddoriaeth yn parhau a dechreuodd gael gwersi gan John Abel Thomas ac yna John M. Price, a datblygodd yn sydyn fel cerddor. Dechreuodd gystadlu mewn eisteddfodau yn America a Chymru ac enillodd y brif wobr yn eisteddfod Danville

1860 gyda'r gytgan 'A Temperance Vocal March'.

Daeth drosodd i eisteddfod Aberystwyth ym 1865 lle y cafodd groeso gwresog a'i dderbyn i Urdd Cerddor, fel 'Pencerdd America'. Penderfynodd Cyngor yr eisteddfod dalu am ddwy flynedd o hyfforddiant iddo; y cyntaf yng ngholeg Dr Evan Davies, Abertawe, a'r ail yn y Royal Academy of Music yn Llundain. Sefydlwyd cronfa i ariannu'r fenter ac erbyn haf 1868 yr oedd $7,000 yn y coffrau yn ddigon iddo astudio yn Llundain am dair blynedd. Y diwedd fu iddo ennill gradd Mus.Bac. Coleg Sant Ioan, Caergrawnt.

Dychwelodd i Danville ym 1871 gan sefydlu ysgol gerdd yno ond yna dewiswyd ef yn bennaeth adran cerdd newydd Coleg Prifysgol Cymru, Aberystwyth, a daliodd y swydd honno o 1874 i 1880. O 1881 i 1888 bu'n bennaeth coleg cerdd a sefydlodd yn Abertawe. Yng nghyfnod olaf ei fywyd, o 1888 hyd ei farwolaeth, bu'n ddarlithydd cerddoriaeth yng Ngholeg Prifysgol Cymru, Caerdydd ac am gyfnod yn organydd eglwys Annibynnol Ebeneser. Bu'n gyfansoddwr toreithiog trwy gydol ei oes yn cynhyrchu caneuon, cytganau, anthemau, tonau, a rhai gweithiau offerynnol. Ei ddarnau enwocaf yw'r operâu *Blodwen* (1880) a *Saul* (1892) a'i emyn-donau 'Aberystwyth', 'Sirioldeb' a 'Dies Irae'. Bu farw 17 Chwefror 1903 ym Mhenarth, Caerdydd. Dywedid bod 7,000 o alarwyr wedi ymgynnull ar gyfer ei angladd yng nghapel Bethel, Penarth.

Robert Ambrose Jones, 'Emrys ap Iwan', 1848–1906

Gweinidog (MC), llenor a beirniad llenyddol

> "Ni faidd neb ddweud nad oes ganddo amser i weddïo
> nac i weithio; canys y mae hynny yr un peth â dywedyd . . .
> fod Duw wedi ei osod ef mewn amgylchiadau sy'n
> ei rwystro i ogoneddu Duw."
>
> *Emrys ap Iwan*

Ganwyd Robert Ambrose Jones ar 24 Mawrth 1851 ger Abergele lle roedd ei dad yn arddwr ym Mryn Aber. Ef oedd mab hynaf John a Maria Jones. Ar ôl gadael yr ysgol fe aeth i weithio mewn siop ddillad yn Lerpwl ond ymhen blwyddyn dychwelodd i fro ei febyd fel garddwr ym Modelwyddan. Dechreuodd bregethu'n ddeunaw oed ac fe aeth i'r Athrofa yn y Bala lle'r oedd Pulston Jones, Iolo Caernarfon a Griffith Ellis yn gyd-fyfyrwyr iddo. Wedi gorffen ei gwrs yn y coleg bu'n cadw ysgol yn Rhuallt, ac am dri mis yn gofalu am eglwys Saesneg yng Nghaergwrle ger Wrecsam. Bu ganddo ddiddordeb yn Ewrop a'r cyfandir trwy gydol ei oes, ac un rheswm am hynny oedd bod ei hen nain yn Ffrances oedd yn gweini yn Hen Wrych, Abergele, ac a briododd y pen garddwr. Aeth dramor i ddysgu Ffrangeg ac Almaeneg a bu'n athro Saesneg yn Lausanne, Bonn a Giessen (1874). Daeth adref am ychydig ym 1876 ond dychwelodd i dreulio rhai misoedd ar y cyfandir yn Heidelberg, Bonn, a Giessen.

Ysgrifennodd lythyrau yn ddiwyd i'r cyfnodolion Cymraeg ar bynciau llosg y dydd ac ymddangosodd y rhan fwyaf ohonynt yn *Y Faner* a'r *Genhinen* o dan benawdau fel 'Bully', 'Taffy' a 'Paddy', 'Gair at rieni Cymreig' a 'Wele dy Dduwiau o Walia'. Ymddangosodd erthyglau ganddo hefyd yn *Y Gwyddoniadur*.

Gwrthododd y Methodistiaid Calfinaidd ei ordeinio'n weinidog yng Nghymdeithasfa Llanidloes ym 1881. Y rheswm am hynny oedd ei fod yn gwrthwynebu'n chwyrn eu polisi'r o agor eglwysi Saesneg mewn ardaloedd Cymraeg. Yr oedd yn gas ganddo daeogrwydd ieithyddol y Cymry a'r hyn a elwid ganddo yn Saisaddoliaeth, ac oherwydd hynny bu gwrthdrawiad rhyngddo a hoelion wyth y Methodistiaid, megis Dr Lewis Edwards, Y Bala. Fe'i hordeiniwyd yn y diwedd yn yr Wyddgrug ym 1883. Bu'n weinidog ar eglwysi yn Rhuthun, Trefnant a Rhewl (1900) yn Nyffryn Clwyd weddill ei oes. Ysgrifennodd yn ddiwyd trwy'r blynyddoedd a chyhoeddwyd llyfr gramadeg Cymraeg o'i waith ym 1881, a'i argraffiad rhad o *Gweledigaethau y Bardd Cwsc* ym1898. Oherwydd ei agweddau arloesol mewn llawer maes a'i arddull bigog, edrychid arno â chryn ddrwgdybiaeth gan rai o'i gyfoedion. Mewn gwirionedd dim ond ar ôl ei farwolaeth y daeth clod iddo ac y sylweddolwyd gwerth ei waith ysgrifenedig ac arwyddocâd ei weledigaeth ynglŷn â Chymru â'r Gymraeg.

Gwir y gair, os mynn glod, bydd farw. Un o'i brif amcanion oedd adfer hunanbarch a hyder y genedl Gymreig ac yr oedd yn barod i ddadlau ei ochr yn y cylchoedd enwadol a gwleidyddol. Ymhlith llyfrau eraill, cyhoeddwyd wedi ei farw ddwy gyfrol o'i *Homiliau* a thair cyfrol o'i erthyglau gan y Clwb Llyfrau Cymreig (1837–40). Cyfrannodd hefyd fel beirniad llenyddol a cheisiodd amlinellu ein traddodiad rhyddieithol clasurol, gan bwysleisio'r angen i ysgrifennu Cymraeg coeth a chyhyrog. Bu farw yn Rhewl 6 Ionawr 1906 ac yno y claddwyd ei weddillion.

Miss Gee, Dinbych, canol y 19eg ganrif.
Cristion ac athrawes

Yn flynyddol yng Nghymru fe gyflwynir Medal Gee i bobl gan Gyngor Eglwysi Rhyddion Cymru am eu ffyddlondeb i'r ysgol Sul. Hir wasanaeth yw unig amod ei derbyn, a dechreuwyd ar yr arferiad gan deulu Miss Gee er cof amdani hi a'i rhieni.

Yr oedd Miss Gee yn un o naw o blant yr argraffydd Thomas Gee a'i briod Susannah, Dinbych. Yr oedd ganddi ddiddordeb mawr yn yr ysgol Sul a gweithiodd yn galed i lwyddo gwaith y sefydliad hwnnw. Fe roddodd yr ysgol Sul, y mudiad dirwestol, ynghyd ag ambell ddiwygiad – yn enwedig 1904–05 – gyfle i ferched fod yn flaengar yn yr eglwysi ac yn gymdeithasol; cawsant lwyfan i ddefnyddio'u doniau trefniadol a chyhoeddus. Heblaw am hynny ychydig o gyfle oedd gan ferched cyffredin i ddatblygu eu doniau oherwydd patrwm cymdeithasol yr oes, agweddau dynion a'r baich trwm o orchwylion a dyletswyddau y disgwylid iddynt eu cyflawni.

Wrth gwrs yr oedd rhieni Miss Gee yn weithgar iawn gyda'r ysgol Sul. Ystyrid ei thad yn arch-holydd y cyfarfodydd ysgolion a bu ei mam yn athrawes ysgol Sul am ddeg a thrigain o flynyddoedd. Yr oedd llawer o nodweddion ei rhieni yn Miss Gee, mwyneidd-dra ei mam ac ysbryd penderfynol ei thad. Gwraig fechan eiddil oedd hi a chanddi feddwl clir a chalon llawn trugaredd a daioni. Tua chanol y 19eg ganrif, defnyddiodd yr ysgol Sul yn nhref Dinbych fel modd i gyflwyno'r Efengyl ac fel cyfrwng i addysgu'r werin datws nad oedd unrhyw gyfle addysgol arall ar gael iddynt.

Un o ardaloedd difreintiedig y dref oedd Lôn Abram lle'r oedd meddwon, ymladdwyr a herwhelwyr yn byw. Yr oedd rhai ohonynt yn ddychryn nid yn unig i drigolion y dref ond hefyd i'r heddweision. Parodd cyflwr y bobl hyn dristwch mawr i Miss Gee a phenderfynodd weithredu. Wedi ymgynghori â'i thad a'i chyfeillion llogodd dŷ yng nghanol Lôn Abram ym 1877 a dechrau cynnal ysgol Sul yno ar gyfer plant ac oedolion. Llwyddodd i gasglu chwch o bobl i ddechrau ac yn raddol cynyddodd y nifer. Pan fyddai'r tafarndai'n cau am ddau o'r gloch byddai'n annog yfwyr yn gyson i ddod o'r dafarn i'r ysgol Sul. Wrth gwrs roedd rhaid rhoi digon o raff iddynt megis caniatáu iddynt gnoi baco a phoeri ar lawr cyn belled â'u bod yn parhau i ddod. A phan fyddai'r iaith yn mynd yn lliwgar ni fyddai'n cystwyo ond yn hytrach yn awgrymu'n garedig y gellid hepgor ambell air. Yr oedd y rhan fwyaf o'r mynychwyr yn gwbl anllythrennog felly aeth ati i ddysgu'r ABC iddynt; hyfrydwch mawr iddi oedd gweld dynion canol oed yn dysgu darllen ac ysgrifennu am y tro cyntaf. Ym 1882 prynodd Thomas Gee dŷ Bodawen yn y dref a'i gyflwyno i wasanaeth cenhadaeth ei ferch; hithau sefydlodd ysgol genhadol yno.

Gweithiodd yn galed hefyd gyda'r mudiad dirwestol. Am flynyddoedd lawer cynhaliai ysgol gân ar nos Sadwrn o naw hyd un ar ddeg er mwyn ceisio cadw rhai o'r tafarndai. Treuliai oriau ar nos Sadwrn yn nhai pobl oedd yn gaeth i alcohol er mwyn cu hatal rhag syrthio i demtasiwn a bu ganddi ran allweddol yn sefydlu Cymanfa Gwynedd, Undeb Dirwestol Merched Gogledd Cymru a Chymanfa Dyffryn Clwyd. Am gyfnod o hanner can mlynedd bu'n ymweld â'r ysbyty lleol bob nos Sul a phrynhawn Mawrth. Trwy gydol ei hoes mynegodd ei ffydd yn yr Arglwydd yn ymarferol yn ein hagwedd at ei chyd-ddyn, gan ddangos cariad gweithredol. Bu farw 25 Rhagfyr 1916.

Howell Elvet Lewis, 'Elfed', 1860–1953
Gweinidog (A) bardd ac emynydd

I dawel lwybrau gweddi,
O Arglwydd, arwain fi,
rhag imi gael fy nhwyllo
gan ddim daearol fri:
mae munud yn dy gwmni
yn newid gwerth y byd,
yn agos iawn i'th feddwl
O cadw fi o hyd.

Elfed

Ganed Elfed ar 14 Ebrill 1860 yn y Gangell, Caerfyrddin, i deulu o werinwyr goleuedig a mynychwyr capel Blaen-y-coed. Deuai ei dad James Lewis o gymdogaeth Tanglwst, ger Capel Iwan, a'i fam Anna o Gwm-gof. Ganwyd iddynt un ar ddeg o blant ond bu farw dau ohonynt yn eu plentyndod.

Prin fu cyfle addysg Elfed ond yr oedd yn amlwg yn blentyn galluog o'r dechrau. Dysgodd yr ABC o Feibl ei dad, a'r cartref a'r ysgol Sul oedd prif ffynhonnell ei addysg, ond pan oedd yn wyth agorwyd ysgol gan T.G. Miles yn ysgoldy'r capel. Profodd Elfed ei fedr yn fuan ac fe'i gwnaed yn ddisgybl-athro ar ei gyfoedion. Aberth mawr i'w rieni oedd ei anfon yn bedair oed i Ysgol Ramadeg Castellnewydd Emlyn. Dechreuodd bregethu yn ieuanc ac fe'i hadwaenid fel bachgen-bregethwr. Ymddiddorai mewn barddoni a dechreuodd gystadlu mewn eisteddfodau gan fabwysiadu'r ffugenw "Coromandel".

Derbyniwyd ef i Goleg Caerfyrddin yn un ar bymtheg oed lle'r oedd gŵr o'r enw Vance Smith yn brifathro, a William Morgan a David E. Jones yn athrawon. Gallai yn hawdd fod wedi mynd i goleg prifysgol i raddio, ond am ei fod ef yr hynaf o deulu lluosog derbyniodd alwad i Fwcle, sir Fflint, yn ŵr ifanc ugain oed ym 1880.Yn ystod ei yrfa bu'n bugeilio cynulleidfaoedd ym Mwcle,

Hull, Llanelli a Llundain. Tra oedd yn weinidog yn Hull enillodd brif wobrwyon yr Eisteddfod Genedlaethol yn ogystal â gwobrwyon eisteddfodau llai. Enillodd y prif draethawd yn eisteddfod Llundain 1887 ar farddoniaeth gymraeg yn y 18fed ganrif ac yn Eisteddfod Genedlaethol Wrecsam 1888 cipiodd y Goron am bryddest, sef 'Y Saboth yng Nghymru'. Cyhoeddodd hefyd *Caniadau Elfed* a'i gyfrol o bregethau, *Plannu Coed*, a bu'n gyd-olygydd *Y Caniedydd Cynulleidfaol*. Yn y gyfrol olaf hon yr ymddangosodd llawer o'i emynau mwyaf poblogaidd am y tro cyntaf, fel, 'Pwy sydd gyda'r wawr yn rhodio', 'Pob peth ymhell ac agos', 'Rho im yr hedd na ŵyr y byd amdano', a 'Na foed cydweithwyr Duw byth yn eu gwaith yn drist'.

Ym 1904 derbyniodd Elfed alwad i King's Cross lle bu'n gweinidogaethu hyd 1940. Yn ddiamau yr oedd yn berson anghyffredin o ddawnus a gallu cynhenid ganddo i drin geiriau, dawn a fendithiwyd gan Dduw. Ond ei faes arbennig oedd maes yr emyn. Canodd emynau sy'n taro pob tant – emynau efengylaidd, emynau o fawl ac emynau moesol ymarferol ac mae ganddo rai ar gyfer pob achlysur. Yn wir, cyfansoddodd emynau sydd ymhlith trysorau'r iaith Gymraeg, ac y maent yn parhau yn gymorth i addoli, i fynegi ac i esbonio gwirioneddau ein ffydd. Y mae 44 o'i emynau yn Caneuon Ffydd.

Bu'n briod dair gwaith: y tro cyntaf â Mary Taylor, yna â Elisabeth Lloyd, ac yn olaf â Mary Davies. Yr oedd yn dad i saith o blant. Bu farw ym Mhenarth yn blygeiniol ar fore dydd Iau 10 Rhagfyr 1953.

Henry Thomas Jacob, 'Jacobs Abergwaun', 1864–1957
Gweinidog (A), darlithydd, llenor a bardd

O na ddôi'r nefol wynt
i chwythu eto,
fel bu'n y dyddiau gynt
drwy'n gwlad yn rhuthro
nes siglo muriau'r tŷ
a phlygu dynion cryl;
O deued oddi fry –
mae'n bryd i'w deimlo.

H.T. Jacobs

Ganed H. T. Jacob yn Nhreorci, Cwm Rhondda, Morgannwg, ar 14 Rhagfyr 1864, yr ail o ddeg o blant Thomas Jacob a'i wraig Ann. Gof oedd ei dad wrth ei alwedigaeth a dysgodd H.T. Jacobs y grefft honno ganddo. Y gwaith olaf a wnaeth oedd y giât sy'n arwain i mewn i gapel Bethlehem (MC) Treorci. Codwyd ef i bregethu yn eglwys Bethania, lle roedd Dr Ben Davies yn weinidog, ac ym 1885 aeth i ysgol Watcyn Wyn yn Rhydaman i'w baratoi ei hun ar gyfer coleg. O'r fan honno aeth i Fanceinion i goleg yr Annibynwyr, sef y Lancashire Independent College. Yn gyfoedion iddo yno yr oedd Dr J.D. Jones, Bournemouth a'r Prifathro Thomas Lewis, Aberhonddu. Priododd ar 20 Awst 1890 â Margaret Ellen Evans o Landeilo a chawsant bump o blant, dwy ferch a thri mab.

Bu'n gweinidogaethu mewn tair eglwys yn ystod ei oes, sef Bethel, Trecynon, Aberdâr, Peniel ger Caerfyrddin, a'r Tabernacl, Abergwaun. Yr oedd yn enwog fel pregethwr efengylaidd, grymus ac effeithiol a dynnai'r tyrfaoedd i wrando arno'n agor gair Duw yn drawiadol. Dyma ychydig frawddegau o bregeth a draddododd yng nghyfarfodydd Undeb yr Annibynwyr ym Mrynaman.

Peth diddorol yw dilyn cwrs unrhyw gelfyddyd, pe bai ond y process o wneud papur. Dilyner y cwrs hwn ac fe'n synnir yn fawr. Fe ddywedodd rhywun y gallai droi carpiau budron, ysbwriel y tomennydd yn bapur gwyn a glân... Dilynwch y carpiau i'r olchfa a'r chwalfa, lle y tynnir hwynt edefyn oddi wrth edefyn, ac ymlaen o beiriant i beiriant ac o law i law, nes o'r diwedd fe'u gwelir ar bapur gwyn a graenus ar fwrdd palas y brenin. Mae pellter mawr rhyngddo yn awr a'r hyn oedd gyntaf... Os goddefir i mi ddweud, o ddefnyddiau a geir ar domennydd pechod y mae Duw yn llunio'r saint; "Yr Hwn sydd yn codi'r tlawd o'r llwch, a'r anghenus o'r domen."

Ymddiddorai mewn barddoniaeth hefyd trwy gydol ei oes a chyhoeddwyd cyfrol o'i waith, sef *Caneuon y Bwthyn*, ym 1945. Cyfansoddodd nifer o emynau adnabyddys yn ogystal, a daeth yn ddarlithydd poblogaidd gan siarad ar destunau megis 'Yr hen godwr canu', 'Yr hen goliar' a 'General Booth'. Un o'r rhesymau pam roedd cymaint o weinidogion yn cymryd at ddarlithio oedd ei fod yn eu galluogi i ennill ychydig geiniogau yn fwy tuag at y cyflogau gwael yr oedd llawer ohonynt yn eu derbyn gan eu heglwysi. Roedd gan H.T. Jacob ddiddordeb mawr yn y genhadaeth dramor hefyd, diddordeb a'i harweiniodd i gyhoeddi *Dilyn y wawr* a *Cofiant Hopcyn Rees*. Aeth ar daith i Dde'r Affrig ym 1923 lle y cyfarfu â phennaeth Khama, a chael cyfle i bregethu iddo.

Bu farw ei wraig ym 1950, ac yntau ym 1857, a rhoddwyd ei weddillion i orffwys ym mynwent capel y Tabernacl, Abergwaun.

William Nantlais Williams, 1874–1959
Gweinidog (MC), emynydd, golygydd a bardd

Suai'r gwynt, suai'r gwynt
wrth fyned heibio i'r drws;
a Mair ar ei gwely gwair
wyliai ei baban tlws:
syllai yn ddwys yn ei ŵyneb llon,
gwasgai Waredwr y byd at ei bron,
canai ddiddanol gân.

W. Nantlais Williams

Un o blant New Inn oedd Nantlais Williams. Fe'i ganed ar 30 Rhagfyr 1874 yn Llawr-cwrt, Gwyddgrug, ger Pencader, Caerfyrddin, y cyw melyn olaf o nythaid o ddeg o blant Daniel a Mari Williams. Byddai'r teulu'n mynychu moddion gras yng nghapel y pentref ac yno y dechreuodd bregethu ym 1894. Derbyniodd addysg gynnar yn ysgol New Inn, a phan oedd yn ddeuddeg oed fe'i prentisiwyd fel gwehydd gyda'i frodyr. Yna aeth i Ysgol Ramadeg Castellnewydd Emlyn lle'r oedd John Phillips, mab y Parch. Evan Phillips yn brifathro. Wedyn bu'n fyfyriwr yng Ngholeg Trefeca cyn derbyn galwad i'r unig eglwys y bu'n weinidog arni, sef Bethany, Rhydaman.

Ordeiniwyd ef ym 1901, a bu yn Bethany hyd ei ymddeoliad ym 1944. Yn y cyfnod hwn fe flodeuodd fel pregethwr a bardd a daeth yn boblogaidd ar sail y ddwy grefft. Yr oedd ganddo ddiddordeb mewn barddoniaeth yn ifanc a chyhoeddodd gasgliad o'i waith ym 1898, sef *Murmuron y Nant*. Bu'n cystadlu'n frwd mewn eisteddfodau. Enillodd gadair mewn eisteddfod yn Rhydaman ym 1899, ac yn Eisteddfod Genedlaethol Bangor 1902 bu'n gyd-fuddugol ar chwech o delynegion. Ond daeth tro ar fyd, yn llythrennol, pan gafodd dröedigaeth yn ystod Diwygiad

1904–05 a phenderfynodd na fyddai'n cystadlu mwyach. Yr oedd hyn yn sicr yn golled i'r byd ond yn fendith i'r eglwys Gristnogol gan iddo gysegru ei ddoniau er hyrwyddo Efengyl Iesu Grist. Tros y blynyddoedd cyfansoddodd doreth o emynau eneiniedig, llawer ohonynt ar gyfer plant. Y ddau brif gasgliad o'i emynau oedd *Emynau'r Daith* (1949) a *Clychau Seion* (*c*.1952), a chyhoeddodd dri chasgliad o emynau i blant, sef *Moliant plentyn, rhan I* (1920), *Moliant plentyn, rhan II* (1927) a *Clychau'r Gorlan* (1942). Mewn cydweithrediad â chyfeillion cyfansoddodd nifer o ganeuon i blant, ynghyd â gweithiau cerddorol eraill. Ond ni chyfyngai ei olygon i emynau'n unig oherwydd bu'n olygydd *Y Lladmerydd* (1922-26), *Yr Efengylydd* (1916-33), a *Trysorfa'r Plant* (1934-47). Cyhoeddodd ddwy gyfrol o atgofion, sef *Y Deugain Mlynedd Hyn* (1921) ac *O Gopa Bryn Nebo* (1967).

Ar ôl y diwygiad treuliodd Nantlais Williams lawer o amser gyda gŵr a gyrchent i'r cynadleddau efengylaidd fel Keswick a Llandrindod, ac ym 1917 sefydlodd gynhadledd flynyddol o'r un anian yn Rhydaman. Bu bendith fawr ar ei weinidogaeth yno ac arwydd o hynny oedd adeiladu capel newydd ym 1930. Bu hefyd yn ddylanwadol o fewn enwad y Methodistiaid Calfinaidd ac fe'i gwnaed yn Llywydd y Gymanfa Gyffredinol ym 1940. Cyn diwedd ei oes fe dderbyniodd radd MA, er anrhydedd gan Brifysgol Cymru. Prif waith ei fywyd oedd cyhoeddi Iesu Grist fel Gwaredwr trwy gyfrwng ei bregethu, a gwnaeth hynny gydag afiaith. Fe fu'n briod ddwywaith, yn gyntaf, ag Alice Maud Jones a roedd iddo dri o feibion a dwy ferch; bu hifarw hi'n annhymig ym 1911. Wedyn ym 1916 priododd ag Annie Price. Bu farw ar 18 Mehefin 1959, a chladdwyd ei weddillion o flaen capel Bethany, Rhydaman.

Evan John Roberts, Y Diwygiwr, 1878–1951

Diwygiwr

Un o'r diwygiadau cyffredinol mwyaf yn hanes Cymru oedd Diwygiad 1904–05. Ymledodd o Gymru ledled y byd gan gychwyn diwygiadau mewn gwledydd eraill. Er y bu llawer o Gristnogion yn flaengar yn y gwaith, wyneb cyhoeddus y diwygiad oedd Evan Roberts.

Ganed ef ar 8 Mehefin 1878 yn Island House, Bwlchmynydd, Casllwchwr, Morgannwg, yn fab i Henry a Hannah Roberts. Bu'n gweithio fel glöwr yng Nghasllwchwr ac Aberpennar pan oedd yn ieuanc a phrentisiwyd ef yn of ym 1902. Bu tanchwa un diwrnod, pan nad oedd yn gweithio yn y pwll, ac fe gafwyd hyd i'w Feibl – a gadwai yno – ac effeithiau'r tân arno. Mae'r Beibl i'w weld hyd heddiw yn Llyfrgell Genedlaethol Cymru, Aberystwyth. Yr oedd yn ddyn ieuanc dawnus a gweithiodd yn ddygn i addysgu ei hun. Byddai'n cael profiadau ysbrydol cyfriniol ar adegau a thystiodd ei fod wedi gweddïo am dair blynedd ar ddeg am ddiwygiad yng Nghymru. Roedd yn aelod ffyddlon yn Moriah eglwys y Methodistiaid Calfinaidd, Casllwchwr, ac yn athro ysgol Sul.

Ei hoff lyfrau oedd y Beibl, *Hyfforddwr*, Thomas Charles, *Taith y Pererin*, John Bunyan a'r llyfr emynau. Dechreuodd bregethu ym 1903 a derbyniwyd ef yn ymgeisydd am y weinidogaeth gan y Methodistiaid Calfinaidd. Yn Medi 1904 aeth i ysgol John Phillips, Castellnewydd Emlyn, i gael ei hyfforddi ar gyfer y weinidogaeth. Ar y pryd yr oedd symudiad ysbrydol grymus ymhlith ieuenctid yr ardal honno a gychwynnodd yng Ngheinewydd o dan arweiniad Seth Joshua a chofodd hwnnw ddylanwad trwm ar Evan Roberts. Un diwrnod wrth i Seth Joshua ollwng y gynulleidfa trwy weddi ar derfyn oedfa ym Mlaenannerch daeth Evan Roberts o dan ddylanwad yr Ysbryd Glân. Syrthiodd ar ei liniau a gwaeddi ar Dduw, "Plyg fi; plyg fi; plyg ni!" Yr oedd hwn yn brofiad allweddol yn ei bererindod ysbrydol: llanwyd ef â'r

Ysbryd Glân a datblygodd sêl i efengylu dros Grist.

Dychwelodd i Gasllwchwr i genhadu lle cafwyd cyfarfodydd gwlithog a chyffrous, ac o'r fan honno ymledodd diwygiad ysbrydol cyffredinol trwy Gymru ac yn wir y tu hwnt i'w ffiniau i wledydd ar hyd a lled y byd, megis Ffrainc, yr Almaen, India ac Ariannin. Evan Roberts oedd ffigwr amlycaf y diwygiad a barhaodd o Dachwedd 1904 hyd Ionawr 1906. Aeth ar saith ymgyrch: y tair cyntaf i Forgannwg, yna Lerpwl, sir Fôn, y Bala a sir Gaernarfon. Cafodd sylw mawr yn y papurau newydd a byddai newyddiadurwyr yn ei ddilyn i bobman gan gofnodi ei eiriau a'i ymddygiad.

Amrywiai'r ymateb i Evan Roberts yn ystod y diwygiad. Mewn rhai mannau cafodd groeso gwresog, tra mewn mannau eraill daeth o dan lach arweinwyr Cristnogol. Gwnaeth lawer o les i'r eglwysi er iddo gael ambell i gam gwag ynghanol gwres teimladol y diwygiad.

Heb os bu effaith y diwygiad yn fawr. Yng Nghymru cafodd miloedd dröedigaethau wrth iddynt ddod i gredu yn Iesu Grist fel Gwaredwr; tyfodd aelodaeth eglwysig, rhoddwyd lle pwysicach i ferched yng ngweithgareddau'r eglwysi, a chodwyd to newydd o arweinyddion a chenhadon. Y mae peth o ddylanwad y diwygiad yn parhau hyd heddiw o fewn i eglwysi, mewn unigolion a theuluoedd. Yn ogystal â hyn esgorodd ar gyrff Cristnogol newydd fel yr Eglwys Apostolaidd a mudiad y "four-square" Elim a ymledodd trwy'r byd. Pan ddaeth y diwygiad i ben pylodd y tân fu'n llosgi mor danbaid yn Evan Roberts ac ni fu iddo'r un dylanwad byth wedyn. Llosgodd yn eirias am gyfnod byr ac yna cafodd nodded yng nghartref Mrs Jessie Penn-Lewis yn Nghaerlŷr. Diflannodd o lygaid y cyhoedd, er iddo ymddangos yn ysbeidiol mewn cyfarfodydd yng Nghymru rhwng 1925 a 3190. Yn ddiweddarach cafodd lety gyda chyfeillion ym Mhorth-cawl a Rhiwbeina, Caerdydd. Bu farw yng Nghaerdydd ar 29 Ionawr 1951 a chladdwyd ei weddillion ym mynwent Moriah, Casllwchwr, lle y dadorchuddiwyd cofeb iddo ym 1953.

Caradog Roberts, 1878–1935
Cerddor, cyfansoddwr ac organydd

Ym mhentref enwog Rhosllannerchrugog, sir Ddinbych, y ganwyd Caradog Roberts, mewn tŷ o'r enw, Mount View a hynny ar 30 Hydref 1878, yn fab i John a Margaret Roberts. Daeth ei ddoniau cerddorol i'r amlwg pan oedd yn ifanc ac enillodd nifer o wobrwyon wrth gystadlu mewn eisteddfodau. Dywedid ei fod cyn dechrau yn Ysgol Gynradd y Rhos yn eistedd am oriau wrth harmoniwm yn cyfansoddi tonau. Treuliodd gyfnod fel disgybl-athro ac wedyn, yn groes i'r graen, prentisiwyd ef fel saer gyda Jenkin a Jones, Seiri Coed yn Johnstown. Gweithiodd fel saer am dair blynedd, ac yn ystod y cyfnod hwnnw adeiladodd sedd ar gyfer organ newydd Capel Mawr, Rhos, a agorwyd gan Dr Roger Rogers, organydd Eglwys Gadeiriol Bangor.

Achubodd Caradog Roberts ar ei gyfle a chanu ffiwg gan Guilmant yng nghlyw Dr Rogers. Canlyniad hynny oedd i Dr Rogers argyhoeddi ei rieni fod ganddo ddoniau pur arbennig ac y dylai gael hyfforddiant arbenigol. Rhoddodd y gorau i'w waith fel saer ac aeth ati i astudio cerddoriaeth. Cafodd ei wersi cyntaf ar y piano a'r organ gan Dan C. Owen, organydd eglwys Sant Ioan, Rhos, a chyn pen dim yr oedd yn cyfeilio i gorau'r pentref. Cafodd wersi pellach gan Norton Bailey a Dr Joseph C. Bridge organydd Eglwys Gadeiriol Caer gan ennill graddau ARCO, FRCO, ARAM, ac LRAM, rhwng 1899 a 1902.

Ym 1903 fe gafodd hyfforddiant gan Dr Johannes Weingarter organydd Eglwys Gadeiriol Lerpwl, a'r flwyddyn ddilynol fe'i penodwyd yn organydd capel Annibynwyr Mynydd Seion, Ponciau; gwasanaethodd yn y swydd honno am naw mlynedd. Ym mis Tachwedd 1905 enillodd radd Baglor mewn Cerddoriaeth yn Rhydychen, ac ym 1911 derbyniodd radd Doethur mewn Cerddoriaeth.

Ef oedd y Cymro ieuengaf, a'r cyntaf o ogledd Cymru, i dderbyn y radd hon. Penodwyd ef yn organydd a chôr-feistr eglwys Annibynwyr Bethlehem y Rhos a chyflawnodd y gwaith hyd ei farwolaeth. Priododd â Laura Roberts ym 1912 a chawsant un ferch, sef Stella.

Bu'n gyfarwyddwr cerdd Coleg y Brifysgol, Bangor, o 1914 hyd 1920, gan drefnu gweithgareddau cerddorol, ac yn arweinydd cymdeithasau corawl y Rhos a Llandudno. Hefyd sefydlodd nifer o ddosbarthiadau nos ar hyd arfordir y gogledd yn dysgu elfennau cerddoriaeth. Cyfrannodd yn helaeth at ganiadaeth y cysegr trwy fod yn olygydd *Y Caniedydd Cynulleidfaol* 1921, a *Caniedydd Newydd yr Ysgol Sul*, 1930. Gwasanaethodd yn gyson fel organydd, beirniad, ac arweinydd medrus cymanfaoedd canu.

Ond cyfraniad mwyaf arhosol Caradog Roberts i'r dystiolaeth Gristnogol, heb os nac oni bai, oedd ei gyfansoddiadau a gynhwysai nifer o ffurfiau cerddorol, megis unawdau, anthemau ac emyn-donau. Cyfansoddodd ddarnau cerddorol, fel y caneuon 'Bore'r Pasg', 'Crossing the Bar', 'Cleddyf yr Ysbryd' a'i anthem 'Yr Arglwydd yw fy Mugail', sy'n parhau yn boblogaidd. Y mae rhai o'i donau, fel 'Rachie' ac 'In Memoriam' yn gampweithiau sydd bellach yn cael eu defnyddio'n fyd-eang gan Gristnogion wrth ganu clod i'r Arglwydd. Bu farw fore Sul, 3 Mawrth 1935, yn 56 oed, a chladdwyd ef ym mynwent gyhoeddus Rhosllannerchrugog.

David John Lewis, 'Lewis Tymbl', 1879–1947
Gweinidog (A), pregethwr a darlithydd

Yr Arglwydd Iesu yn marw i brynu.
Yr Arglwydd Iesu yn prynu i buro.
Yr Arglwydd Iesu yn puro i gadw.
Yr Arglwydd Iesu yn cadw i ddefnyddio.
(Pennau un o bregethau D.J. Lewis)

Ganwyd David John Lewis yn y Mynydd-bach, tyddyn ger pentref Hermon ym mhlwyf Llanfyrnach, Penfro, ar 28 Rhagfyr 1879, yr ail o bump o blant Dan a Mari Lewis. Gweithiai ei dad yn y gwaith plwm lleol a phan gaeodd hwnnw aeth i chwilio am waith yn Aberdâr. yno fe gafodd ddamwain ddifrifol a bu rhaid iddo roi'r gorau i'w waith. Er hynny, cafodd David Lewis fagwraeth dda gan fynychu ysgol pentref Hermon a derbyn ei addysg gynnar trwy gyfrwng y Saesneg. Un o'i gyfoedion oedd T.E. Nicholas. Fe'i magwyd ar aelwyd Gristnogol ac addolai'r teulu yng nghapel Llwyn-yr-hwrdd lle'r oedd y Parch. John Stephens yn weinidog.

Wedi gorffen yn yr ysgol prentisiwyd D.J. Lewis fel teiliwr yn Brynawel, siop Dafydd Jones yn Hermon, ynghyd â chwech o fechgyn eraill. Tua throad y ganrif ymdeimlodd â galwad Duw i'r weinidogaeth ac anfonodd lythyr at yr Athro Thomas Rees, Aberhonddu, yn gofyn am gyngor. Cynghorwyd ef i geisio rhagor o addysg ac felly'n ddiymdroi dechreuodd ar y 'Matriculation' yn Ysgol yr Hen Goleg, Caerfyrddin, wrth draed Joseph Harry. Treuliodd naw mis yno gan ddatblygu fel disgybl o safon. Ym 1902 dechreuodd ddilyn cwrs gradd yng Ngholeg Prifysgol, Caerdydd dan nawdd Coleg Coffa, Aberhonddu, ac ym 1905 enillodd radd anrhydedd ail ddosbarth mewn Hebraeg.

Y mis Hydref dilynol ymgymerodd â gradd mewn diwinyddiaeth gan ddisgleirio fel myfyriwr ond derbyniodd alwad gan eglwys ieuanc Bethesda'r Tymbl cyn cwblhau ei gwrs. Cynhaliwyd y cyfarfodydd ordeinio ar 2–3 Gorffennaf 1907, a dyma gychwyn ar y berthynas rhwng Lewis a'r Tymbl.

Daeth i fri trwy Gymru benbaladr fel pregethwr Cyrddau Mawr a allai wefreiddio cynulleidfa wrth agor gair Duw. Nodweddid ei bregethau gan wybodaeth ysgrythurol fanwl a dealltwriaeth o Hebraeg a Groeg, sef ieithoedd gwreiddiol y Beibl.

Hoffai ddefnyddio eglurebau a straeon hefyd er mwyn esbonio ystyr adnodau yn gliriach, a gallai wneud hynny gydag effeithiolrwydd mawr gan gyfareddu ei wrandawyr. Elfen arall o'i ddul o draddodi oedd defnyddio brawddegau cofiadwy – yn Saesneg – fynychaf fel "Roll up the mat" a fyddai'n aros yn y cof ac ar ddiwedd ei bregeth byddai'n codi ei lais o ran cyweirnod a sain gan orffen gydag uchafbwynt.

Daeth yn bregethwr poblogaidd a bu galw am ei wasanaeth o bob cyfeiriad yn enwedig o'r cyfarfodydd pregethu. Golygai hynny deithio mawr a phrysurdeb parhaus a effeithiodd ar ei iechyd yn achlysurol pan fyddai'n ei gor-wneud hi. Ei bregethau enwocaf oedd "A fynni di dy wneuthur yn iach?", "Bwrw dy fara ar wyneb y dyfroedd" a "Mair yn torri'r blwch ennaint". Darlithiodd lawer ar bynciau megis, "Y Gelf o Fyw", "David Livingstone" a "Shôn Gymro". Ni phriododd a bu'n byw mewn dau lety yn y Tymbl yn ystod ei weinidogaeth o ddeugain mlynedd. Fe'i gwnaethpwyd yn gadeirydd Undeb yr Annibynwyr am 1945–46, a thestun ei anerchiad oedd 'Bwrw'r draul'. Bu farw ar 10 Mawrth 1947 a chladdwyd ei weddillion ym mynwent Crymych.

Edward Tegla Davies, 1880–1967
Gweinidog (EF), llenor a heddychwr

Yn yr Hen Giat, Llandegla, Dinbych, y ganwyd Tegla Davies ar 31 Mai 1880. Edward oedd ei enw bedydd ond mabwysiadodd yr enw Tegla yn ddiweddarach o barch i'w bentref genedigol. Ef oedd y chweched o wyth plentyn William a Mary Ann Davies, a magwraeth dlawd a gafodd oherwydd i'w dad gael ei anafu yn chwarel y Foel Faen a olygodd na allai ennill llawer o gyflog.

Symudodd y teulu i Gwynfryn ym 1893 ac yna i Fwlch-gwyn wrth ymyl Wrecsam ym 1896. Cynhelid dyletswydd teuluaidd yn ddyddiol ar yr aelwyd. Yn y cyfnod hwn cyfarfu Tegla ag Ehedydd Iâl (William Jones), awdur yr emyn 'Er nad yw 'nghnawd ond gwellt', a chafodd hwnnw argraff ddofn arno. Derbyniodd addysg gynnar yn ysgol Llandegla ond anfoddhaol oedd yr addysg honno gan fod yr athro'n treulio'r rhan helaethaf o'i amser yn slochian yn yr Hand. Pan oedd yn bedair ar ddeg oed dechreuodd Tegla fel disgybl-athro yn ysgol Bwlch-gwyn, a digwyddiad pwysig yn ei ddatblygiad oedd dyfodiad athro newydd i'r ysgol, sef Tom Arfor Davies. Hyd hynny bu'r addysg yn gwbl Saesneg a Seisnig ond yr oedd T.A. Davies fel chwa o awyr iach oherwydd ei bwyslais ar y Gymraeg a Chymreigrwydd. Cyflwynodd Tegla i waith O.M. Edwards ac aeth ati i'w ddarllen gydag afiaith. Bu farw T.A. Davies yn ŵr ifanc 27 oed a chollodd Tegla un o'i arwyr cyntaf.

Wedi iddo wrando ar John Evans, Eglwys-bach yn pregethu, a dilyn awgrym Ben Davies, Ystalyfera, i ddarllen y Beibl o glawr i glawr, fe gafodd dröedigaeth yn ddwy ar bymtheg oed. Daeth yn aelod eglwysig gyda'r Wesleaid a dechreuodd bregethu ym mis Rhagfyr 1897. Bu'n bregethwr cynorthwyol am ddwy flynedd ac fe dderbyniwyd ymgeiswyr i'r weinidogaeth a deuddeg arall yn y cyfarfod taleithiol ym Mangor ym 1901. Cafodd flwyddyn o brofiad yn y weinidogaeth yn Ffynnongroyw, Fflint, cyn mynd i Goleg Didsbury, Manceinion ym 1902 ar gyfer hyfforddiant o bedair blynedd. Cafodd brofiadau newydd yn y fan honno. Ei gylchdaith gyntaf ym 1905 oedd Abergele lle y bu am gyfnod o dan gyfarwyddyd y Parch. Evan Jones. O'r fan honno aeth i Leeds am flwyddyn cyn glanio ym Mhorthaethwy, Môn ym 1907. Arfer y Wesleaid oedd symud eu gweinidogion o gylchdaith i gylchdaith bob tair blynedd, felly yn ystod ei yrfa bu Tegla mewn llawer ardal yn gofalu am gylchoedd o eglwysi. Ym 1908 priododd â Jane Eleanor Evans, Siop y Gwynlys, Bwlch-gwyn, a ganwyd iddynt dri o blant, sef Dyddgu, Arfor a Gwen.

Ei gyfraniad mawr i'r bywyd Cristnogol Cymraeg oedd ei waith fel llenor. Bu'n olygydd ar nifer o gylchgronau fel *Yr Eurgrawn* ym 1911 (dros dro), *Y Winllan* 1920–28, *Yr Efrydydd* 1931–35 a *Chyfres y Pobun* 1944–50. Ymddangosodd rhai o'i lyfrau poblogaidd, fel *Hunangofiant Tomi* (1912), *Nedw* (1922) a *Y Doctor Bach* fel cyfresi yn *Y Winllan* i ddechrau, sef cylchgrawn Cristnogol i blant a ieuenctid. Ysgrifennodd yn ddiflino gan gyhoeddi ymhlith pethau eraill lyfrynnau Cristnogol i blant; addasiad o *Taith y Pererin*, erthyglau mewn papurau a chyfnodolion a hunangofiant, sef *Gyda'r Blynyddoedd*. Ymddangosodd ei nofel hir, *Gŵr Pen y Bryn*, yn benodau yn *Yr Eurgrawn* (Cylchgrawn y Wesleaid) ac yn llyfr ym 1923. Cyhoeddodd dros ddeugain o lyfrau i gyd.

Ystyrid Tegla Davies yn un o bregethwyr fwyaf effeithio a dylanwadol ei enwad yn ei ddydd ac yr oedd yn un o hyrwyddwyr cynnar beirniadaeth Feiblaidd yng Nghymru. Derbyniodd radd D.Litt, gan Brifysgol Cymru ym 1958 am ei gyfraniad i lenyddiaeth Gymraeg. Bu farw 9 Hydref 1967, a chladdwyd ef ym mynwent y Gelli, Tregarth, Bangor.

George M. Ll. Davies, 1880–1949
Heddychwr a chymodwr

Ar ddiwedd y 19eg yr oedd cymdeithas gref o Gymry yn Lerpwl llawer ohonynt o'r gogledd oedd wedi ymfudo i'r ddinas fawr i chwilio am waith. Yn eu plith yr oedd John Davies, masnachwr te llwyddiannus, cynghorydd Rhyddfrydol a blaenor yn eglwys Princess Road, a'i wraig Gwen Davies oedd yn wreiddiol o Dal-y-sarn ac yn wraig gadarn, sicr ei daliadau ac yn un a ddylanwadodd yn drwm ar ei chwe phlentyn. Ganwyd mab iddynt ar 31 Ebrill 1880 a rhoddwyd iddo'r enw urddasol George Maitland Lloyd Davies.

Aeth George M. Ll. Davies i ysgol gynradd breifat, yna dilynodd ei frodyr i'r enwog Liverpool Institute ac o'r fan honno dechreuodd fel clerc ym Manc Lerpwl. Ond nid oedd yn fodlon ei fyd yno a theimlai dynfa tuag at y weinidogaeth Gristnogol. Er hynny, parhaodd yn y banc a chafodd ddyrchafiad ym 1908 i fod yn oruchwyliwr cangen yn Wrecsam. Yno, penderfynodd ef a'i frodyr ymuno â'r Ffiwsilwyr Cymreig a hynny'n groes i ddymuniad eu mam. Yn fuan sylweddolodd ei gamgymeriad ac yn ddiweddarach ysgrifennodd, "Sylweddolaf fy mod, drwy ymuno â'r fyddin i gymhwyso fy hun i gymryd bywyd cyd-ddyn wedi ymddwyn yn groes i ewyllys Duw ac wedi bradychu Crist." O ganlyniad penderfynodd chwilio am waith fyddai'n dod ag ysbryd cariad a chymod rhwng pobl.

Bu'n fregus ei iechyd am gyfnod ond derbyniodd swydd fel ysgrifennydd Ymddiriedolaeth Tai a Chynllunio Trefi Cymru a noddwyd gan yr Arglwydd Davies. Er ei fod yn hapus yn y gwaith eto yr oedd anniddigrwydd yn ei galon wrth iddo'i holi ei hun ynghylch ystyr ei fywyd. Ym 1915 gwelodd ddatganiad Brawdoliaeth y Cymod a bwysleisiai mai cariad – fel y'i datguddiwyd yn Iesu Grist – oedd yr unig ffordd i gael buddugoliaeth dros ddrygioni. Penderfynodd y byddai o hynny ymlaen yn ceisio heddwch a chymod rhwng pobl â'i gilydd a daeth yn gyd-ysgrifennydd Cymdeithas y Cymod gyda'r Parch. Richard

Roberts, gan fynd i weithio i Bloomsbury, Llundain. Blynyddoedd anodd oedd y rhain i heddychwyr oherwydd Rhyfel Mawr 1914–1918, a'r mwyafrif yn frwd tros wladgarwch Prydeinig a theyrngarwch i'r brenin. Prif waith George Davies i ddechrau oedd hyrwyddo gwaith y cymdeithasau oedd eisoes yn bodoli, sefydlu rhai newydd a gofalu am gylchgrawn cyntaf cymdeithas y cyfnod sef *The Venturer*. Yn ddiweddarach ymddangosodd cylchgrawn Cymraeg *Y Deyrnas* a barhaodd am dair blynedd. Priododd â Leslie Royde Smith ym 1916. Ond erbyn hynny roedd yr awdurdodau'n dechrau cadw golwg arno; fe'i gwysiwyd i ymddangos gerbron tribiwnlys fel gwrthwynebydd cydwybodol a chafodd ei ryddhau'n amodol. Anfonwyd ef i fod yn was fferm yn Llanaelhaearn yn Llŷn a thra roedd yno dechreuodd bregethu am heddychiaeth yn y pentrefi cyfagos. Ymhen dim fe'i cafodd ei hun gerbron y llys ym Mangor am dorri cyfraith y brenin a dedfrydwyd ef i fis o garchar yn Wrecsam. Yn ddiweddarach ymddangosodd gerbron llys milwrol a chael ei ddedfrydu i ddwy flynedd o lafur caled yn Wormood Scrubs.

Yn ystod y ddwy flynedd hynny bu mewn pedwar carchar, sef Wormwood Scrubs, Knutsford, Smethwick a Dartmoor, a chafodd lawer o brofiadau dirdynnol a effeithiodd ar y gweddill o'i fywyd. Wedi i'r Rhyfel Mawr ddod i ben cafodd ei ryddhau ac ymsefydlodd yn Nant Ffrancon, Dyffryn Ogwen, ond ar ôl byr amser aeth i Blas Maenan, Dyffryn Conwy, gan ddechrau gweithredu fel cymodwr. Bu'n gymodwr mewn ymrafaelion diwydiannol, megis ceisio amodau teg i'r chwarelwyr yn chwareli'r Penrhyn, Trefor a Phenmon. Ymunodd â'r Crynwyr oherwydd eu pwyslais ar heddychiaeth. Hefyd bu'n allweddol wrth setlo'r anghydfod rhwng cwmni'r Ocean a'r glowyr yn streic 1921 a streic fawr 1926. Ym 1923 fe'i hetholwyd yn Aelod Seneddol am gyfnod byr, yn cynrychioli Prifysgol Cymru. Cefnogai fudiad COPEC (Christian Organisation of Politics, Economics a Citizenship) yn frwd, a gweithiodd yn egnïol rhwng 1925 a 1930 dros Fudiad Addysg y Gweithwyr.

Bu'n weinidog gyda'r Methodistiaid Calfinaidd yn Nhywyn, Meirionnydd, am gyfnod byr ond oherwydd anghydweld fe ymadawodd gan ailymuno â'r Crynwyr. Derbyniodd ysgoloriaeth ganddynt i fynd i Goleg Woodbrooke, Selly Oak, Birmingham, gyda'r bwriad o astudio gwaith ac egwyddorion y Crynwyr, ond ar ôl blwyddyn a hanner symudodd i Fryn Mawr, Gwent ym 1932 i weithio mewn canolfan gymdeithasol o dan nawdd y Crynwyr. Yno gweithiodd ymhlith y di-waith yng nghymoedd y de a chafodd wahoddiad i fynd i Lundain i gyfarfod Gandhi.

Ym 1937 etholwyd ef yn llywydd Cymdeithas Heddychwyr Cymru. Wedi cyfnod byr yn Rhosllannerchrugog dychwelodd i'r de i weithio fel warden ym maes-yr-haf, Trealaw, Rhondda, sef gwersyll gwyliau a sefydlwyd gan y Crynwyr; bu yno hyd 1946. Pan dorrodd ei iechyd, fe symudodd ef a'i briod i Ddolwyddelan, Dyffryn Conwy, lle yr ymunodd eto â'r Presbyteriaid. Bu farw yn Ysbyty Dinbych ar 16 Rhagfyr 1949 a chladdwyd ei weddillion ym mynwent Dolwyddelan.

Daniel Powell Williams, 'Pastor Dan', 1882–1947
Sefydlydd yr Eglwys Apostolaidd

Yr Eglwys Apostolaidd yw'r unig gorff o eglwysi Cristnogol a gychwynnodd yng Nghymru ac a ymledodd trwy'r byd. Digwyddodd hynny yn sgil Diwygiad 1904–05 a oedd yn gynhenid Gymreig ei darddiad. Ni sylweddolwn fel Cymry pa mor ddylanwadol fu effeithiau'r diwygiad hwn, ac un o'i ffrwythau oedd yr Eglwys Apostolaidd a sefydlwyd gan Pastor Dan.

Ganwyd ef yn Nyffryn Aman, ar 5 Mai 1882 mewn tyddyn o'r enw Garn-foel ger Pen-y-groes, Caerfyrddin, yn un o ddeuddeg o blant William ac Esther Williams. Aeth ei dad yn ddall pan oedd Daniel yn ddeg oed a bu rhaid iddo adael yr ysgol er mwyn cynorthwyo i gadw'r blaidd o'r drws. Ychydig o addysg a gafodd felly, ac o ganlyniad bu'r eglwys Annibynnol ym Mhen-y-groes, lle yr addolai'r teulu yn ddylanwad mawr arno.

Ym 1904–05 daeth y diwygiad i Ddyffryn Aman ac effeithiodd yn fawr ar yr ardal ac ar deulu Daniel Powell. Dechreuodd ef a diacon o eglwys y Bedyddwyr gynnal cyfarfodydd diwygiadol yng nghapel Calfaria. Ar ddydd Nadolig 1904 aeth i Gasllwchwr, ac yno profodd dröedigaeth a chael arddodiad dwylo gan y diwygiwr ei hun, Evan Roberts. Teimlai alwad gynyddol i fynd i bregethu a thraddododd ei bregeth gyntaf ar 1 Chwefror 1906. Am gyfnod dilynodd drefn yr Annibynwyr o godi pregethwyr a derbyniodd alwad gan ddwy eglwys, ond fe'i gwrthododd oherwydd ni theimlai'n fodlon. Tra oedd ar wyliau gyda chriw o Gristnogion yn Aberaeron ym 1909 fe gafodd yr hyn a elwid yn "fedydd yr Ysbryd" ar fryn uwchlaw'r môr a dechreuodd lefaru â thafodau. Wedi pendroni, gadawodd yr Annibynwyr ac ymuno â chwmni o Gristnogion oedd o'r un argyhoeddiad ag ef ei hun ac a addolai mewn neuadd yn y pentref. Aent yn gyson i gynadleddau pentecostaidd ac yn un o'r rhain yn Abertawe y dechreuodd D.P. Williams bregethu yn Saesneg.

Yn y cyfarfodydd hyn datblygodd eu syniadau am fedydd

yr Ysbryd, ffrwythau'r Ysbryd, llefaru â thafodau, iacháu a'r angen am apostolion a phroffwydi yn yr eglwys. Oherwydd y pwyslais ar apostolion ymwahanodd y gynulleidfa hon a bu coleddwyr apostoliaeth yn addoli mewn gwahannol fannau. Yn y diwedd codasant gwt sinc a'i alw'n Babell y Cyfarfod.

Datblygodd Daniel Williams fel arweinydd ac ymunodd ei frawd William Jones ag ef fel proffwyd. Cysylltodd yr eglwys â'r Faith Apostolic Church yn Winton, Bournemouth, ac yn raddol fe dyfodd y mudiad. Agorwyd swyddfa fechan yn Llwynhendy ac ymhen tipyn symudwyd i Ben-y-groes. Ymddangosodd rhifyn cyntaf cylchgrawn yr Eglwys Apostolaidd ym 1916 yn dwyn y teitl *Cyfoeth y gras: The Riches of Grace*. Cylchgrawn dwyieithog oedd hwn ar y cychwyn ond yn raddol dros y blynyddoedd collodd y Gymraeg ei lle. Yn yr un flwyddyn lluniwyd cyfansoddiad swyddogol yr eglwys ac o dipyn i beth cysylltwyd cynulleidfa wrth gynulleidfa ar hyd a lled Prydain cyn i'r mudiad ymestyn ei adenydd yn fyd-eang.

Ym 1937 unwyd yr holl ganghennau â'r pencadlys ym Mhen-y-groes, y ganolfan genhadol yn Bradford a'r ganolfan gyllidol yn Glasgow. Llywydd yr eglwys a chadeirydd Cyngor yr Apostolion a'r Proffwydi oedd Daniel Powell Williams. O 1917 ymlaen cynhaliwyd confensiwn blynyddol ym Mhen-y-groes ym mis Awst lle y tyrrai cynadleddwyr o bedwar ban y byd, ac ym 1933 agorwyd y Deml Apostolaidd sy'n dal 5,000 o bobl. Agorwyd Ysgol Feiblaidd yno hefyd ym 1934 ar gyfer hyfforddi gweithwyr. Bu'n Pastor Dan yn briod ddwywaith yn gyntaf ag Elizabeth Harries a chael saith o blant ac yna â Mabel Thomas. Bu farw 13 Chwefror 1947.

Esther Lewis 1887–1958
Cenhades

Ganed Hetty Evans ar fferm Efail-y-Banc yn Rhydargaeau, Caerfyrddin. Gof oedd ei thad John Evans a oedd wedi etifeddu'r efail gan ei dad yntau. Yr oedd y teulu'n aelodau ffyddlon o'r eglwys a gyfarfyddai yng nghapel Bethel, Rhydargaeau.

Wedi cyfnod yn yr ysgol elfennol fe aeth i weithio fel cynorthwyydd mewn siop, ac yn y cyfnod hwnnw ymdeimlodd â galwad Duw i'r genhadaeth dramor i wasanaethu a thystio i'w Gwaredwr. Penderfynodd ailgydio yn ei haddysg trwy fynychu Ysgol Uwchradd Caerfyrddin lle y'i hyfforddwyd fel athrawes a chafodd waith yn Ysgol Pen-y-groes, Dyfed ym 1912. Treuliodd ddwy flynedd yn yr ysgol honno ac yna fe aeth am gyfnod byr i weithio gyda chenhadaeth Chapman ac Alexander yng Nghaeredin lle y magodd brofiad gwerthfawr.

Neilltuwyd hi i'r genhadaeth yng Nghymanfa Gyffredinol Bootle, Lerpwl, ym mis Mai 1914. Ym mis Medi'r un flwyddyn hwyliodd i India, i Karimganj, ardal oedd yn enwog am ei wres llethol ac a elwid gan rai y "Popty Poeth". Yn yr ardal honno, tra oedd y gwŷr allan yn gweithio, byddai'r gwragedd yn treulio'r rhan fwyaf o'r amser o'r golwg yn eu tai. Rhoddai hynny gyfle arbennig i genadesau i ymweld â hwy er mwyn sgwrsio am iechyd plant, gwnïo ac am yr Efengyl Gristnogol. O'r cyfarfodydd hynny y datblygodd mudiad y Zenana. (Zenana oedd y rhannau hynny o anedd-dai Hindwaid o gast uchel lle y gwaherddid gwrywod nad oedd yn deulu agos.)

Penderfynwyd cynhyrchu ac argraffu papur Cristnogol wedi ei anelu at ferched yn dwyn y teitl *Cyfaill Merched Bengal*. Nid oedd dim byd tebyg i'w gael yn India ar y pryd a bu'n gymorth i hyrwyddo'r gwaith Cristnogol gan ei fod yn mynd i mewn i gartrefi lle'r oedd llawer mwy yn cael cyfle i ddarllen am y "newyddion da o lawenydd mawr".

Gwelwyd hefyd yr angen i ddatblygu addysg ac ysgolion ac aethpwyd ati i agor ysgolion dyddiol yn y pentrefi. Dechreuodd

Hetty weithio yn yr ysgol yn Karimganj ac ym 1925 fe'i gwnaed yn brifathrawes.

Oherwydd y gwres llethol byddai'r ysgolion yn cychwyn tua chwech o'r gloch yn y bore er mwyn osgoi tymheredd crasboeth y prynhawn. Ond yn y Gymanfa Gyffredinol a gynhaliwyd yng Nghroesoswallt ym 1933 penderfynwyd cau'r ysgolion, er mwyn rhyddhau'r athrawon i wneud gwaith arall. Daethpwyd i'r casgliad mai gwell fyddai mynd ati i geisio efengylu yn y pentrefi bach cyfagos gan dargedu gwragedd a merched ifanc. Ceisiwyd gwneud hynny trwy eu dysgu i ddarllen a gwnïo yn ogystal â'u haddysg ynghylch glanweithdra. Defnyddiwyd hefyd y 'Magic Lantern' fel dull o gyflwyno'r Efengyl. Gosodid cynfas wen rhwng dau bolyn yn y pentrefi ac yna dangoswyd lluniau wrth adrodd hanes Iesu Grist. Cynorthwyodd Esther Lewis Dr Helen Rowlands i agor cartref i weddwon yn Karimganj a elwid yn Dipti Nibash (Annedd Goleuni).

Yn ystod cyfnod o wyliau priododd ar 1 Mawrth 1945 yng Ngharmel, Aberafan â David John Lewis, blaenor uchel ei barch yng nghapel Bethania (MC) Cymer Afan, byr iawn fu eu bywyd gyda'i gilydd oherwydd ar yr ail o Hydref yn yr un flwyddyn bu fawr ei phriod ar ôl gwaeledd byr. Yn sgil ei phrofedigaeth lem dychwelodd i India ond y tro hwn i bentref Sylhet i weithio ymhlith gwragedd. Cyn hir ymddeolodd gan ymgartrefu gyda'i chwaer yn Cross Inn. Bu farw yn ysbyty Caerfyrddin ar 4 Tachwedd 1958 a chladdwyd ei gweddillion ym mynwent Cymer.

Jane Helen Rowlands, 'Helen o Fôn', 1891–1955
Cenades (MC)

Ganed Jane Helen Rowlands ar 3 Ebrill 1891 ym Mhorthaethwy, Môn. Capten llong oedd ei thad Jabez, a gwniadwraig oedd ei mam Martha, a ddeuai'n wreiddiol o Lanfair Mathafarn Eithaf. Hi oedd yr ieuengaf o dri o blant. Aeth ei brawd, y Parch. William Rowlands, i weinidogaethu mewn eglwysi Presbyteraidd Cymraeg a Saesneg yn Awstralia. Ordeiniwyd ei brawd arall, Thomas John, yn weinidog yn Eglwys Bresbyteraidd Cymru ac yn fugail yn Llanfechell a Jerwsalem, Môn, a Laird Street, Penbedw, ond yna trodd at yr Eglwys yng Nghymru a daeth yn rheithor Llandudno. Edmygai Helen ei brodyr ac yr oedd dylanwad Cristnogol trwm arni gan y byddai ei mam yn cadw dyletswydd deuluaidd bob bore a hwyr. Elwodd hefyd ar weinidogaeth y Parch. Thomas Charles Williams, Capel Mawr, Porthaethwy.

Dangosodd allu barddonol yn gynnar pan enillodd gystadleuaeth yr englyn yn eisteddfod flynyddol Penrhiw. Wedi iddi fynychu Ysgol Ramadeg Biwmares, bu'n llwyddiannus yn Arholiad Uchaf Bwrdd Canolog Cymru gan ennill 'Matriculation' Prifysgol Cymru. Enillodd hefyd ysgoloriaeth i Goleg y Brifysgol, Bangor, a chychwynnodd ar gwrs gradd yn Saesneg a Ffrangeg. Yr oedd yn gyd-efrydydd a Kate Roberts y llenor. Ar ôl tair blynedd enillodd radd anrhydedd dosbarth cyntaf yn y Ffrangeg. Yn sgil hyn enillodd ysgoloriaeth Osborne Morgan i wneud gwaith ymchwil am ddwy flynedd, a threuliodd un tymor yng Ngholeg Newnham yng Nghaergrawnt. Mae'n amlwg iddi ddioddef ing ysbrydol yn ystod y cyfnod hwn oherwydd roedd tyndra yn ei chalon rhwng datblygu ei gyrfa academaidd ac ymdeimlad o alwad i'r genhadaeth.

Dychwelodd adref i Fôn a threulio cyfnod fel athrawes Ffrangeg yn ei hen ysgol ym Miwmares ac yna yn Ysgol Ganolradd y Merched yn y Drenewydd. Yr oedd i Drefaldwyn fwy o draddodiad cenhadol gyda glewion fel John Davies, Tahiti, a John

Evans, cenhadwr cyntaf y Presbyteriaid, yn hanu o'r ardal. Dyfnhaodd yr alwad a derbyniwyd hi'n genhades yng Nghymanfa Gyffredinol Llundain 1915. Yn ddiymdroi aeth am hyfforddiant arbenigol ar gyfer y maes cenhadol yng Ngholeg St Colm, Caeredin.

Hwyliodd Jane Helen Rowlands ynghyd â chenhades arall, Aranwen Evans, am y maes cenhadol o borthladd Lerpwl ym 1916 ar y llong *City of Marseilles*. Treuliodd ei deng mlynedd cyntaf yn India yn nosbarth Sylhet, a'i phrif waith oedd dysgu mewn ysgol lle'r oedd rhyw gant o ferched, ond byddai hefyd yn pregethu ac yn cadw ysgol Sul. Ym 1927 symudwyd hi i ofalu am y gwaith i ym Maulvi Bazaar, o ganlyniad i waeledd y Parch. J. Pengwern Jones. Wedi dwy flynedd yno fe'i penodwyd yn brifathrawes ysgol iaith yn Darjeeling lle y dysgai'r cenhadon yr ieithoedd brodorol. Bu yno am chwe blynedd ac o dan ei harweiniad medrus hi bu'r ysgol yn llwyddiant mawr. Symudodd wedyn i ofalu am ysgol i ferched yn Karimganj ac i efengylu yn y pentrefi cyfagos.

Enillodd MA trwy gyfrwng y Fengaleg ym Mhrifysgol Calcutta, ac ym 1930 enillodd ddoethuriaeth ym Mhrifysgol Sorbonne gyda'i thraethawd ymchwil Ffrangeg, 'La Femme Bengalie Dans La Literature du Moyen âge', sef 'Y Ferch ym Mengal yng ngoleuni Llenyddiaeth yr Oesodd Canol'. Ym 1940 sefydlodd Dipti Nibash (Annedd Goleuni) yn Karimganj, sef canolfan i ofalu am weddwon ifanc a phlant amddifad a ystyrid yn ddinasyddion eilradd. Bu farw'n ddisymwth yn ei chwsg yn Dipti Nibash ym mis Chwefror 1955 a chladdwyd ei gweddillion ar dir y Genhadaeth yn Karimganj.

John Saunders Lewis, 1893–1985
Ysgolhaig, awdur, dramodydd a bardd

> Gwinllan a roddwyd i'm gofal yw Cymru fy ngwlad,
> I'w thraddodi i'm plant
> Ac i blant fy mhlant
> Yn dreftadaeth dragwyddol;
> Ac wele'r moch yn rhuthro arni i'w maeddu.
> Minnau yn awr, galwaf ar fy nghyfeillion,
> Cyffredin ac ysgolhaig,
> Deuwch ataf i'r adwy,
> Sefwch gyda mi yn y bwlch,
> Fel y cadwer i'r oesoedd a ddêl y glendid a fu.
>
> *O* Buchedd Garmon *gan Saunders Lewis*

Ganed Saunders Lewis yn Bolton-cum-Seacombe ar lannau'r Mersi ar 15 Hydref 1893, yn un o dri o feibion Lodwig a Mary Lewis. Yr oedd ei dad wedi bod yn weinidog ar eglwys Bresbyteraidd Liscard Road, Seacombe er 1891, ac yno y bu hyd 1916 pryd y symudodd i Abertawe. Roedd ei fam yn ferch i'r enwog Barch. Ddr Owen Thomas, Lerpwl, ac yn wyres i'r Parch. William Roberts, Amlwch, dau o gewri Presbyteriaeth. Ergyd drom i'r teulu oedd marwolaeth Mary ym 1900 a magwyd y bechgyn yn dyner gan ei chwaer, Ellen Elizabeth Thomas. Aeth Saunders Lewis i ysgol breifat Ysgol Uwchradd i Fechgyn, Liscard, ac yna i Brifysgol Lerpwl i astudio Saesneg a Ffrangeg. Pan ddaeth y Rhyfel Mawr (1914–18) ymunodd â'r South Wales Borderers gan wasanaethu yn Ffrainc am bum mlynedd a chael ei anafu'n ddrwg.

Wedi'r rhyfel dychwelodd i'r brifysgol gan raddio gydag anrhydedd dosbarth cyntaf yn y Saesneg ym 1920. Ar ôl treulio blwyddyn fel llyfrgellydd yn sir Forgannwg fe'i penodwyd yn ddarlithydd yn y Gymraeg yng Ngholeg y Brifysgol, Abertawe ym 1922. Yn y flwyddyn honno hefyd priododd â Margaret Gilcriest, gwraig o dras Wyddelig, ac fe gawsant un ferch, sef Mair. Yn dilyn marwolaeth ei dad ym 1933 fe ymunodd ag Eglwys Rufain gan gefnu ar ei fagwraeth Ymneilltuol. Ysgrifennodd yr Esgob D.J. Mullins amdano, 'Iddo ef, fel i bob Cristion, Crist Iesu yw'r datguddiad terfynol a roddwyd i ddynion, yr unig enw a roddwyd i ni gael ein hachub drwyddo.'

Ym 1936 carcharwyd Saunders Lewis, y Parch. Lewis Valentine a D.J. Williams am naw mis am losgi'r Ysgol Fomio ym Mhen Llŷn. O ganlyniad fe gollodd ei swydd a threuliodd un mlynedd ar bymtheg yng nghyffiniau Aberystwyth yn cynnal ei deulu trwy newyddiadura, ffermio, a dysgu mewn ysgolion Catholig. Ym 1952 fe'i penodwyd yn ddarlithydd yn Adran y Gymraeg, Coleg y Brifysgol, Caerdydd. Ymddeolodd ym 1957 ond parhaodd i ysgrifennu'n egnïol. Fel darlithydd, llenyddiaeth Gymraeg oedd ei brif faes a chyhoeddodd doreth o erthyglau a llyfrau, megis, *A School of Welsh Augustans* (1924), *Williams Pantycelyn* (1927), a *Braslun o Hanes Llenyddiaeth Gymraeg hyd 1535* (1932). Cyhoeddodd ddwy nofel, sef *Monica* (1930) a *Merch Gwern Hywel* (1964), a thair ar hugain o ddramâu, yn eu plith *Buchedd Garmon* (1937), *Blodeuwedd* (1948) a *Gymerwch Chi Sigarét?* (1956). Bu hefyd yn barddoni, ac ymhlith ei gerddi mwyaf cofiadwy y mae 'Y Dilyw' a 'Mari Fadlen'.

Bu Saunders Lewis yn weithgar yn wleidyddol yng Nghymru, yn ogystal, ac yr oedd ymhlith y rhai a ffurfiodd Blaid Genedlaethol Cymru ym 1925, gan ddal swydd y llywydd o 1926 i 1945. Traddododd ddarlith radio bwysig ym 1962, sef *Tynged yr Iaith*, darlith a ysbrydolodd rai i sefydlu Cymdeithas yr Iaith ac i ddechrau ymgyrchu dros hawliau'r iaith. Bu farw ym 1985 a chladdwyd ei weddillion ym mynwent Gatholig Penarth.

Lewis Valentine, 1893–1986
Gweinidog (B), emynydd a heddychwr

Dros Gymru'n gwlad, O Dad, dyrchafwn gri,
y winllan wen a roed i'n gofal ni;
d'amddiffyn cryf a'i cadwo'n ffyddlon byth,
a boed i'r gwir a'r glân gael ynddi nyth;
er mwyn dy Fab a'i prynodd iddo'i hun,
O crea hi yn Gymru ar dy lun.

Lewis Valentine

Ganwyd Lewis Edward Valentine ar 1 Mehefin 1893 yn Llanddulas, sir Ddinbych, rhwng Abergele a Hen Golwyn. Mab ydoedd i'r gweinidog gyda'r Bedyddwyr, Samuel Valentine a'i wraig Mary. Derbyniodd ei addysg gynnar mewn ysgol leol a dechreuodd bregethu ym 1912. Y flwyddyn ddilynol aeth i Goleg y Brifysgol, Bangor i ymbaratoi ar gyfer y weinidogaeth. Gwaetha'r modd cychwynnodd y Rhyfel Mawr (1914–18) ac ymaelododd â'r Officers' Training Corps, ac yna'r Corfflu Meddygol a sefydlwyd gan Dr John Williams, Brynsiencyn, i weini ar y clwyfedig. Yn ddiweddarach ysgrifennodd am rai o'i brofiadau yn y rhyfel yn *Seren Gomer* yn dwyn y teitl 'Dyddiadur Milwr'. Fe'i gyrrwyd i'r Somme yn Ffrainc ym Medi 1916, ac yn Hydref 1917 fe'i hanafwyd yn Passchendaele a'i wenwyno gan nwy.

Bu mewn ysbytai am flwyddyn yn agos at farw, a bu'n ddall am dri mis. Gadawodd y rhyfel ôl annileadwy arno weddill ei oes ac addawodd 'i ddal ar bob cyfle i wrthwynebu rhyfel'. Bu'r rhyfel yn fodd i gadarnhau ei Gymreictod ac fe ymroddodd i achos ei iaith a'i genedl. Wedi dychwelyd o'r drin aeth yn ôl i'r coleg ym Mangor ble y daeth yn ysgrifennydd cyntaf cymdeithas Gymraeg y Macwyaid ac yn llywydd Cyngor y Myfyrwyr.

Lewis Valentine oedd y cyntaf yng Nghymru i ennill gradd MA, yn yr Hebraeg. Ar ddiwedd ei gwrs derbyniodd alwad gan Eglwys y Tabernacl, Llandudno, ac fe'i hordeiniwyd ym 1921. Ei briod waith trwy gydol ei oes oedd pregethu'r Efengyl a chyflawni ei ddyletswyddau fel gweinidog gyda'i eglwysi. Bu hefyd yn ddiwyd gyda sefydlu Plaid Genedlaethol Cymru ym 1924 ac ef oedd y llywydd cyntaf. Priododd â Margaret E. Jones ym 1926 a chawsant ddwy ferch, sef Hedd a Gweirrul. Ymladdodd Plaid Genedlaethol Cymru ei hymgyrch etholiadol gyntaf ym 1929 gyda Lewis Valentine yn ymgeisydd yn etholaeth sir Gaernarfon. Dyma'r tro cyntaf i unrhyw un sefyll ar sail cenedlaetholdeb Cymreig.

Wrth i gymylau duon rhyfel mawr arall grynhoi, penderfynodd y llywodraeth godi ysgol fomio ym Mhenyberth, Llŷn. Lleiswyd gwrthwynebiad chwyrn yn erbyn hynny ond ni wrandawai'r awdurdodau, felly penderfynodd arweinwyr y Blaid Genedlaethol, sef Saunders Lewis, D.J. Williams a Lewis Valentine, losgi'r adeiladau oedd yn cael eu codi. Digwyddodd hynny ar 8 Medi 1836, ac o ganlyniad taniwyd cenedlaethau o Gymry i sefyll dros eu hunaniaeth, eu hiaith a'u hawliau. Dedfrydwyd y tri i naw mis o garchar yn Wormood Scrubs, ac ar ôl iddo gael ei ryddhau bu Lewis Valentine yn byw bywyd tipyn tawelach o'i gynharu â bwrlwm y blynyddoedd cynnar, gan symud i fod yn weinidog ar eglwys y Bedyddwyr Penuel, Rhosllannerchrugog ym 1947. Penodwyd ef yn olygydd *Seren Gomer* ym 1951, a chyflawnodd y gwaith tan 1975.

Trwy gyfrwng y cylchgrawn hwnnw mynegodd ei farn ar bynciau mawr Cristnogaeth, y berthynas rhwng y ffydd Gristnogol, yr iaith a'r genedl, addysg a gwleidyddiaeth. Ymddeolodd ym 1970 gan symud i Landdulas. Bu farw ar 5 Mawrth 1986 yng nghartref gofal Como yn Llandrillo ger Bae Colwyn.

Martyn Lloyd-Jones, 1899–1981
Pregethwr, esboniwr Beiblaidd ac awdur

Yr ail o dri mab Henry a Margaret oedd Martyn Lloyd-Jones, a phan aned ef ar 20 Rhagfyr 1899 yr oedd ei dad yn cadw siop ar Donald Street, y Rhath, Caerdydd. Ym 1905 gwerthodd ei dad y busnes gan brynu siop yn Llangeitho, ac yn ysgol gynradd y pentref hwnnw y cychwynnodd Martyn ar ei yrfa academaidd. Er bod ei fam a'i dad yn gallu'r Gymraeg, Saesneg oedd iaith yr aelwyd, a phan aeth i Langeitho yr oedd yn ddi-Gymraeg, ond buan y dysgodd yr iaith gan ddod yn gwbl rugl. Er mai Annibynnwr oedd ei dad, mynychent gapel y Methodistiaid Calfinaidd yn y pentref gan mai hwnnw oedd yr unig un oedd yno. Pan gynhaliwyd dathliadau daucanmlwyddiant geni Daniel Rowland gan Sasiwn y De fe gafodd Martyn Lloyd-Jones ei gyffwrdd gan bregethu grymus yn rhai o'r cyfarfodydd.

Aeth i Ysgol Uwchradd Tregaron a phenderfynu mynd yn feddyg. Gwaetha'r modd aeth ei dad yn fethdalwr a bu newid mawr yn amgylchiadau'r teulu. Prynodd ei dad fusnes gwerthu llefrith yn Llundain ac fe symudodd y teulu yno ym 1914 gan ymaelodi yn eglwys Gymraeg Charing Cross. Bu'r busnes yn llwyddiant ac fe aeth Martyn Lloyd-Jones i ysgol St Marylebone i orffen ei gyrsiau. Aeth yn fyfyriwr i Ysgol Feddygol Ysbyty St Bartholomew pan oedd ond yn un ar bymtheg oed. Cafodd yrfa addysgol ddisglair gan ennill graddau MRCS, LRCP, MBBS, MD ac MRCP, ac fe'i gwnaed yn Brif Gynorthwyydd Clinigol yr ysbyty. Gwnaeth waith ymchwil ar glefyd y galon ac erbyn ei fod yn bump ar hugain oed yr oedd ganddo glinig preifat ar Harley Street, Llundain.

Yn ogystal â mynychu capel Charing Cross byddai hefyd yn mynd i Gapel Westminster i wrando ar Dr Campbell Morgan. Ym 1923 daeth Dr John Hutton i fugeilio'r eglwys honno ac fe gyfareddwyd Martyn Lloyd-Jones gan ei bregethu cadarn. Teimlodd Martyn newid graddol yn ei galon a galwad i bregethu'r Efengyl a phenderfynodd newid trywydd. Pregethodd am y tro cyntaf mewn neuadd genhadol i Gymry yn Nwyrain Llundain. Ym

1926 priododd â Bethan Phillips, merch Dr Tom Phillips, arbenigwr llygaid yn Harley Street, a chawsant ddwy ferch, sef Elizabeth ac Ann. Ystyriodd fynd i goleg y Methodistiaid Calfinaidd yn Aberystwyth ond penderfynodd chwilio am le fel efengylydd ymhlith tlodion. Gwahoddwyd ef i Sandfields, Aberafon, a dechreuodd ar y gwaith ym 1927.

Cafodd un ar ddeg o flynyddoedd llwyddiannus yno ac fe gynyddodd aelodaeth yr eglwys o 146 i 514. Ym 1938 derbyniodd wahoddiad gan Dr Campbell Morgan i fynd i'w gynorthwyo yng Nghapel Westminster, a phan ymddeolodd Dr Morgan ym 1943 cymerodd Martyn Lloyd-Jones yr awenau. Datblygodd gyfarfodydd newydd, fel y gyfeillach ar nos Wener, ac anogwyd y gynulleidfa i aros yn y capel trwy gydol y Sul. Tyrrai gwrêng a bonedd i wrando ar ei bregethu Beiblaidd grymus a daeth llawer i gredu. Byddai dwy fil yn y gynulleidfa yn oedfa'r bore a'r nos. Yr oedd ei gyfraniad yn allweddol wrth sefydlu nifer o fudiadau fel Mudiad Efengylaidd Cymru, Inter-Varsity Fellowship, The Banner of Truth, Y Gynhadledd Biwritannaidd a'r London Bible College.

Bu cryn anghytuno yng Nghymru a Lloegr ynghylch ei alwad ddigyfaddawd ar i Gristnogion efengylaidd gefnu ar eu henwadau a chychwyn eglwysi newydd. Ymddeolodd o'r weinidogaeth ym 1968 gan barhau i fyw yn Llundain. Erbyn hyn y mae dros drigain o lyfrau a llyfrynnau o'i waith wedi eu cyhoeddi. Bu farw ar 1 Mawrth 1981 a rhoddwyd ei weddillion i orffwys ym mynwent y Gelli, Castellnewydd Emlyn.

David James Jones, 'Gwenallt', 1899–1968
Bardd, beirniad, ysgolhaig a heddychwr

Gwae inni wybod y geiriau heb adnabod y Gair,
A gwerthu ein henaid am doffi a chonffeti ffair,
Dilyn ar ôl pob tabwrdd a dawnsio ar ôl pob ffliwt
A boddi hymn yr Eiriolaeth â rhigwm yr Absoliwt.

O 'Ar Gyfeiliorn', Gwenallt

Gwenallt oedd bardd Cristnogol mwyaf yr ugeinfed ganrif ac mae'n un o feirdd rhagoraf Cymru. Yr oedd dwy elfen gref yn rhedeg fel llinynnau arian trwy ei farddoniaeth gan adlewyrchu ei gefndir, sef Cristnogaeth a diwydiant.

Ym Mhontardawe ar waelod Cwm Tawe, wyth milltir i'r gogledd-ddwyrain o Abertawe, y ganwyd Gwenallt ar 18 Mai 1899. Ef oedd yr hynaf o dri phlentyn Thomas ('Ehedydd') Jones a'i wraig Mary. Pan oedd yn bedair oed symudodd y teulu i'r Alltwen, yr ochr arall i afon Tawe. Mynychent gapel y Methodistiaid Calfinaidd, Soar, Pontardawe, lle roedd ei dad yn flaenor. Yn dilyn addysg elfennol yn yr Alltwen aeth i Ysgol Sir Ystalyfera, ond cyn iddo sefyll ei Dystysgrif Uwch fe'i carcharwyd oherwydd ei heddychiaeth. Pan oedd yn ei arddegau, teimlai fod bwlch amlwg rhwng Cristnogaeth Ymneilltuol a'r gweithiwr cyffredin a mabwysiadodd safbwynt y Sosialydd Cristnogol gan ymuno â'r Blaid Lafur Annibynnol.

Ymaelododd hefyd â dwy gymdeithas basiffistaidd, sef y Gymdeithas Wrth-Gonsgripsiwn a Chymdeithas y Cymod, ac yn ystod y Rhyfel Byd Cyntaf bu'n wrthwynebydd cydwybodol. Oherwydd hyn fe'i carcharwyd yn Wormood Scrubs a Dartmoor rhwng 1917 a 1919 a pharodd ei brofiadau chwerw o erledigaeth iddo droi yn Farcsydd anghrediniol. Yn ddiweddarach daeth i brofiad fel Cristion ac fe ddisgrifiodd ei dröedigaeth fel hyn: 'Troi yn Gristion wrth ddarllen fy Meibl. Tröedigaeth Rhesymolwr a Rhamantydd.' Dros y blynyddoedd bu'n aelod gyda'r Eglwys yng

Nghymru, ac yn y Tabernacl, Aberystwyth (MC), ac yr oedd ganddo gydymdeimlad mawr â'r Mudiad Efengylaidd.

Aeth i Goleg Prifysgol Cymru, Aberystwyth, ym 1919, gan ennill gradd dosbarth cyntaf yn y Gymraeg a gradd ail ddosbarth yn y Saesneg. Cafodd ysgoloriaeth i wneud gradd bellach ac enillodd MA am ei draethawd 'Cerddi'r Saint'. Penodwyd ef yn athro Cymraeg yn Ysgol Sir y Barri ac yna, ym 1927, yn ddarlithydd yn Adran y Gymraeg Coleg y Brifysgol, Aberystwyth lle y bu hyd ei ymddeoliad ym 1966. Ym 1934 priododd â Nel Owen Edwards a chawsant un ferch, sef Mari. Dyrchafwyd ef yn uwch-ddarlithydd a dyfarnwyd gradd D.Litt. er anrhydedd iddo gan Brifysgol Cymru ym 1967. Gwnaeth gyfraniad pwysig i ysgolheictod Cymraeg, yn enwedig ym maes llenyddiaeth a syniadaeth y ddeunawfed a'r bedwaredd ganrif ar bymtheg. Ef oedd un o aelodau cyntaf yr Academi Gymreig a golygydd cyntaf y cylchgrawn *Taliesin*, ond fel bardd a llenor y gwnaeth ei gyfraniad mwyaf.

Torrodd ei ddannedd fel bardd mewn eisteddfodau lleol ac yn y coleg gyda chyfeillion fel Idwal Jones, Iorwerth C. Peate a G.J. Morse. Enillodd ei awdl 'Y Mynach' Gadair Eisteddfod Genedlaethol Abertawe (1926), a'i awdl 'Breuddwyd y Bardd' Gadair y Genedlaethol ym Mangor (1931). Cyhoeddodd gyfrolau o'i gerddi, yn eu plith *Ysgubau'r Awen* (1939), *Cnoi Cil* (1942), *Eples* (1951), ac *Y Coed* (1969), gan fynegi ynddynt ei brofiadau a'i fyfyrdodau dwys dros Gymru, Cristnogaeth a diwydiant. Bu farw yn ysbyty Aberystwyth ar 24 Rhagfyr 1968.

Waldo Goronwy Williams, 1904–71
Bardd, emynydd a heddychwr

Un funud fach cyn 'r elo'r haul i'w orwel,
Un funud fwyn cyn delo'r hwyr i'w hynt,
I gofio am y pethau anghofiedig
Ar goll yn awr yn llwch yr amser gynt.

Waldo Williams

Ganwyd Waldo yn un o bump o blant ar 30 Medi 1904 yn Hwlffordd, Penfro, lle roedd ei dad, John Williams, yn brifathro ar Ysgol Gynradd Prendergast. Pan oedd yn saith oed symudodd y teulu i ardal wledig Mynachlog-ddu. Magwyd ei fam Angharad yn Lloegr, ac er iddi ddysgu Cymraeg yn ddiweddarach, Saesneg oedd iaith yr aelwyd ac addysg, ond y Gymraeg oedd iaith y capel a'r gymuned. Bryd hynny roedd Mynachlog-ddu yn ardal gwbl Gymraeg ac yno y dysgodd Waldo siarad yr iaith. Ym 1915 symudasant i Landysilio lle y mynychent gapel Bedyddwyr Blaenconin, ac yno y bedyddiwyd Waldo.

Yr oedd y cartref yn un diwylliedig. Yr oedd ei dad yn sosialydd brwd a ymddiddorai mewn gwleidyddiaeth. Deuai'r *Genhinen* a'r papurau enwadol i'r tŷ ynghyn â chylchgrawn yr heddychwyr Cymraeg, *Y Deyrnas*, gan fod ei rieni'n heddychwyr o argyhoeddiad. Dechreuodd Waldo farddoni pan oedd yn fachgen ifanc.

Wedi iddo orffen yn Ysgol Ramadeg Arberth ym 1923 aeth Waldo i Goleg Prifysgol Cymru, Aberystwyth, gan raddio mewn Saesneg ym 1926, ac yna arhosodd am flwyddyn arall i ddilyn cwrs Addysg. Trwy gydol y tridegau bu'n athro yn sir Benfro, ac yn gynnar ym 1942 priododd â Linda Llewellyn. Yn yr un flwyddyn fe ymddangosodd o flaen tribiwnlys yng Nghaerfyrddin fel gwrthwynebydd cydwybodol, ac arweiniodd ei safiad at wrthdaro gyda'r awdurdod addysg. O ganlyniad derbyniodd swydd yn Ysgol Ramadeg Botwnnog yn Llŷn. Cafodd ergyd drom ym 1943 pan fu farw ei briod yn dilyn gwaeledd byr. Y flwyddyn ddilynol penderfynodd ehangu ei orwelion ac aeth yn athro i Kimbolton, swydd Huntingdon, lle y bu hyd 1946 pryd y symudodd i Lyneham, Wiltshire. Ym mis Tachwedd yr un flwyddyn cyhoeddodd llywodraeth Prydain ei bwriad i feddiannu 16,000 o erwau o dir y Preseli er mwyn eu troi yn faes ymarfer i'r fyddin.

Bygythid troi allan 85 o aelodau capel Bedyddwyr Mynachlog-ddu a chau yr ysgol lle bu ei dad yn brifathro. Cododd ymgyrch gref yn erbyn y cynlluniau a llwyddwyd i'w rhwystro. Cafodd y digwyddiad hwn ddylanwad dwfn ar Waldo ac fe'i hadlewyrchir yn nifer o'i gerddi, megis 'Cwmwl Haf' a 'Chymru'n Un'. Ym 1950 dychwelodd i Gymru i fod yn athro yn sir Frycheiniog ond ni fu yno'n hir oherwydd y rhyfel yng Nghorea. Teimlai'n flin ac yn euog oherwydd yr hyn a wnaed yno gan y fyddin â'r arfau a brynwyd â'i drethi ef, a gwrthwynebai wasanaeth milwrol gorfodol hefyd. Penderfynodd wrthod talu ei drethi ac ymddiswyddodd o'i waith. Atafaelodd yr awdurdodau ei eiddo ac ym 1963 fe'i bwriwyd i'r carchar am chwe wythnos.

Penderfynodd ym 1953 y byddai'n ymaelodi â Chymdeithas y Cyfeillion oherwydd ei phwyslais ar heddwch. Ym 1959 safodd mewn etholiad cyffredinol fel ymgeisydd seneddol ar ran y Blaid Genedlaethol yn sir Benfro. Enillodd 2,250 o bleidleisiau ond ni safodd eto oherwydd nad oedd yn gyffyrddus fel gwleidydd. O 1963 ymlaen bu'n athro Cymraeg ail-iaith yn Noc Penfro, Abergwaun a Gwdig. Ysgrifennodd lawer o farddoniaeth, erthyglau ac adolygiadau, a'i gyfrol enwocaf o farddoniaeth oedd *Dail Pren*. Bu farw ym mis Mai 1970.

T. Glyn Thomas, 1905–73
Gweinidog a phregethwr poblogaidd

Ganwyd T. Glyn Thomas yn Llangadog ym 1905 yn un o bump o blant y Parch. a Mrs John Elias Thomas. Yr oedd ei dad yn weinidog ar eglwysi Providence a Bethlehem. Bu farw ei rieni pan oedd yn dair ar hugain oed a bu rhaid iddo ysgwyddo'r cyfrifoldeb o fagu ei frawd a'i chwaer iau. Wedi peth amser symudasant i Fronallt, Banc-y-twr, Dre-fach, Llanelli. Cafodd ei addysg yn ysgol elfennol Llangadog ac yna yn Ysgol Ramadeg Llandeilo ac yr oedd o'r cychwyn yn ddisgybl ymroddedig. Wedyn aeth i Goleg Prifysgol Cymru, Aberystwyth, i astudio Cymraeg, Saesneg a Lladin, gan ennill gradd anrhydedd mewn Lladin.

Treuliodd dymor yr hydref 1927 yn athro yn ysgol breifat Elmhurst, Croydon, cyn symud ym mis Ionawr 1928 i fod yn athro Lladin yn Ysgol Ramadeg Dyffryn Gwendraeth lle y bu am wyth mlynedd. Yn y cyfnod hwn fe gyflwynodd ei draethawd, yn dwyn y teitl 'The local cults of ancient Latinum outside Rome, with the exception of Ostia', gan ennill gradd MA, Prifysgol Cymru. Yn ogystal â bod yn athro cymerai ran amlwg ym mywyd eglwysi Capel Seion, Dre-fach, a'r Tabernacl, Llanelli, a theimlai'n gynyddol ei fod yn cael ei alw gan Dduw i'r weinidogaeth Gristnogol. Yn nyddiau coleg gadawodd cyrddau gweddi ieuenctid Dr Peter Price, gweinidog Seion, Baker Street, Aberystwyth, eu hôl yn drwm arno, ynghyd ag arweiniad Mr John Hughes, yr athro ysgol Sul.

Traddododd T. Glyn Thomas ei bregeth gyntaf tua diwedd 1926 ym Methlehem, Llangadog, ond yn ystod ei gyfnod yn ysgol y Gwendraeth y dechreuodd bregethu o ddifrif. Aeth y sôn amdano fel pregethwr ieuanc grymus ar led trwy Gymru a thu hwnt. Pregethai fel un oedd ar dân dros ei Arglwydd a heidiai pobl i wrando arno. Yn y diwedd yr oedd yr alwad i'r weinidogaeth mor gryf fel y penderfynodd ei gyflwyno'i hun i'r gwaith. Derbyniodd alwad gan eglwys Gymraeg Barret's Grove, Stoke Newington, gogledd Llundain, ac fe'i hordeiniwyd ar 5 Tachwedd 1936. Wedi cyfnod o dair blynedd symudodd i eglwys Annibynnol Ebeneser, Queen Street, Wrecsam, ac fe'i sefydlwyd yno ar 3 Hydref 1939. Bendithiwyd ei weinidogaeth rymus o 34 o flynyddoedd yn helaeth, a thrwy gydol ei oes bu'n bregethwr poblogaidd ac effeithiol. Gweithiai'n ddeddfol yn ei stydi bob bore gan ddilyn patrwm sefydlog wrth ddarllen y Beibl, gweddïo, myfyrio, ysgrifennu a pharatoi ar gyfer gwasanaethau. Yn y prynhawn byddai fynychaf yn ymweld â'r cleifion, a chyn gadael ward mewn ysbyty byddai bob amser yn mynd ar ei liniau i weddïo.

Yr oedd yn awdur toreithiog a chyhoeddodd gannoedd o erthyglau a deg o lyfrau. Yn eu plith yr oedd ei gyfrolau o fyfyrdodau, *Ar Ddechrau'r Dydd, Ar Derfyn Dydd, Albert Schweitzer* a *Heb Amser i Farw: Mahatma Gandhi.* Ysgrifennodd erthygl i bapur lleol bob wythnos bron yn ddi-dor am 30 mlynedd, etholwyd ef i gadair Undeb yr Annibynwyr Cymraeg ym 1968. Yn y cyfarfodydd blynyddol yn Soar, Pen-y-groes, Arfon, traddododd ei anerchiad grymus a chofiadwy lle y galwodd am genhadaeth gyd-enwadol yng Nghymru. O ganlyniad fe ffurfiwyd 'Cymru i Grist' a chynhaliwyd ymgyrchoedd cenhadol trwy'r wlad. Credai'n angerddol mai ein hangen pennaf yw clywed y neges am Iesu, y newyddion da sy'n rhoi gobaith ac ystyr i fywyd. Priododd ag Eleanor Roberts o Drawsfynydd ym 1949 a ganwyd iddynt ddau o feibion, sef Huw a Rhodri. Bu farw 8 Rhagfyr 1973.

William Thomas Davies, 'Pennar', 1911–96
Prifathro, ysgolhaig, bardd a chyfrinydd

'Chwefror 1 (Mawrth): Ar un ystyr efengylaidd iawn, ni all neb fod ar goll yn y Duwdod. Yr ydym ar goll hebddo. Ynddo Ef yr ydym yn ein Cartref.'

Allan o Cudd fy Meiau, *Pennar*

Ganed William Thomas Davies yn Aberpennar ar 12 Tachwedd 1911, yn un o bump o blant Joseph ac Edith Anne Davies. Bu ei dad yn filwr ac yn löwr, ac o ganlyniad i ddamweiniau yn y pwll bu'n orweddiog am saith mlynedd olaf ei oes. Golygai hyn eu bod yn cael trafferth i gael dau ben llinyn ynghyd, a gadawodd y profiad ei ôl ar Pennar Davies trwy gydol ei oes. Er bod ei dad yn gallu'r Gymraeg, Saesneg oedd iaith yr aelwyd gan fod ei fam yn ddi-Gymraeg. Nid oeddent yn deulu crefyddol ac nid oedd Beibl yn y cartref, ond mynychai'r plant ysgol Sul y Bedyddwyr yn y Ffrwd ac yna eglwys yr Annibynwyr Saesneg, Providence.

Dechreuodd ei ddiddordeb yn y Gymraeg ac yng Nghymru yn Ysgol y Dyffryn ac Ysgol Sir Aberpennar. O'r fan honno aeth i Goleg Prifysgol Cymru, Caerdydd, ym 1929 gan ennill gradd dosbarth cyntaf mewn Lladin ym 1932 a Saesneg ym 1934. Aeth i Goleg Balliol, Rhydychen, wedyn, gan wneud gwaith ymchwil ar John Bale (1495–1563), esgob Ossory, ac ennill gradd B.Litt. ym 1938. Yna hwyliodd dros yr Iwerydd i Brifysgol Iâl yn yr Unol Daleithiau gan ennill doethuriaeth am ei waith ymchwil ar George Chapman (?1559–1634) ym 1943. Bu'n Gymrodor Prifysgol Cymru o 1938 i 1940 a bu hefyd yn darllen diwinyddiaeth yng Ngholeg Mansfield, Rhydychen.

Am gyfnod fe'i galwai ei hun yn agnostig, ond oddeutu 1938 daeth gweddnewidiad i'w fywyd pan ddaeth yn ymwybodol o'r nerthoedd ysbrydol oedd ar waith ym mywyd dyn ac yn y greadigaeth, a gwelod mai Crist a'i Groes a roddai ystyr i'w fywyd. Penderfynodd ymgysegru i'r weinidogaeth Gristnogol, ac wedi iddo orffen yn Rhydychen fe'i hordeiniwyd yn weinidog eglwys Annibynwyr Saesneg, Minster Road, Caerdydd, ym 1943. Yn yr un flwyddyn priododd â Rosemarie Wolff a chawsant bump o blant, sef Meirion, Rhiannon, Geraint, Hywel ac Owain.

Ym 1946 fe'i penodwyd yn Athro Hanes yr Eglwys o dan brifathrawiaeth Gwilym Bowyer yng Ngholeg Bala-Bangor, ac ym 1950 symudodd i fod yn is-brifathro yng Ngholeg Coffa Aberhonddu. Pan unwyd y sefydliad hwnnw â Choleg Presbyteraidd Caerfyrddin yn Abertawe ym 1959, penodwyd Pennar Davies yn Brifathro. Daliodd y swydd honno hyd ei ymddeoliad ym 1981. Fel Prifathro cododd genedlaethau o bobl i'r weinidogaeth Gristnogol yng Nghymru gan roi hyfforddiant cymwys iddynt. Daliodd swyddi academaidd o bwys, bu'n gefnogwr brwd i Blaid Cymru gan sefyll fel ymgeisydd ddwywaith yn Llanelli, a bu'n Llywydd Undeb yr Annibynwyr am y flwyddyn 1973–74. Dyfarnwyd gradd DD er anrhydedd iddo gan Brifysgol Cymru ym 1987.

Cyhoeddodd lawer o erthyglau, cerddi a nofelau, ond erys *Cudd fy Meiau* (1957) yn un o'i weithiau mwyaf cofiadwy. Ymddangosodd am y tro cyntaf yn wythnosol yn *Y Tyst*, wrth y ffug-enw, 'Y Brawd o Radd Isel'. Y mae'r gyfrol ar ffurf dyddiadur blwyddyn lle mae Pennar yn cofnodi ei bererindod ysbrydol. O ddydd i ddydd cofnoda ei deimladau, ei brofiadau, ei sicrwydd a'i amheuon gan agor drws ei enaid i'r darllenydd. Bu farw ar 29 Rhagfyr 1996.

Gwynfor Evans, 1912–2005
Gwleidydd a heddychwr

Gwynfor Evans oedd un o'r gwleidyddion mwyaf ei arwyddocâd a welwyd yng Nghymru nid yn unig yn yr ugeinfed ganrif ond yn ein hanes fel cenedl. Ganwyd ef yn y Barri ar 1 Medi 1912, yn fab i Dan a Catherine Evans. Bu ei daid, Ben Evans, yn weinidog gyda'r Annibynwyr yng Nghastell-nedd, Llanelli a'r Barri. Yr oedd ei dad yn ddyn busnes medrus ac yn berchennog siop nwyddau haearn a ddatblygodd yn ddiweddarach i fod yn siop adrannol nid anenwog. Derbyniodd addysg elfennol yn ysgolion cynradd ac uwchradd y Barri. Er bod ei rieni'n siarad Cymraeg, Saesneg oedd iaith yr aelwyd a dechreuodd ddysgu Cymraeg pan oedd yn ddeunaw oed. O'r ysgol fe aeth i Goleg y Brifysgol, Aberystwyth ym 1931 i astudio'r gyfraith, ac yno bu'n weithgar gyda Mudiad Cristnogol y Myfyrwyr.

Yn Aberystwyth dyfnhaodd ei ymdeimlad o Gymreictod ac ar ddiwedd ei gwrs ymaelododd â changen y Barri o Blaid Cymru. Y flwyddyn honno (1934) aeth i Goleg Sant Ioan, Rhydychen, i astudio'r gyfraith ymhellach, a bu yno tan 1936. Datblygodd ei syniadaeth wleidyddol ac yr oedd wedi ei gwreiddio'n ddwfn yn ei ffydd Gristnogol. Ffurfiwyd Cymdeithas Heddychwyr Cymru ym 1938 gyda George Davies yn llywydd, a'r flwyddyn ddilynol dewiswyd Gwynfor yn ysgrifennydd. Ym 1939 daeth yr Ail Ryfel Byd i newid trywydd ei fywyd. Oherwydd ei ddaliadau fel heddychwr gwrthododd ymuno â'r lluoedd arfog a gorfu iddo fynd gerbron tribiwnlys yng Nghaerfyrddin fel gwrthwynebydd cydwybodol.

Roedd ei heddychiaeth ef ac arweinyddion eraill Plaid Cymru yn eithriadol bwysig oherwydd ataliwyd y mudiad cenedlaethol yng Nghymru rhag dilyn llwybrau treisgar fel y ddigwyddodd mewn gwledydd eraill yn yr un cyfnod. Penderfynwyd dilyn ffyrdd gwleidyddol i gael y maen i'r wal. Bu'n hynod o weithgar yn yr ymgais i achub Mynydd Epynt rhag rhaib y Swyddfa Ryfel. Yn hytrach na mynd yn dwrnai agorodd fusnes garddwriaethol yng Nghaerfyrddin. Priododd â Rhiannon Thomas ar ddydd Gŵyl Ddewi 1941 ac fe gawsant saith o blant. Ym 1945 fe'i hetholwyd yn Llywydd Plaid Cymru a bu yn y swydd honno am 36 o flynyddoedd.

Yn y pumdegau ymgyrchodd o blaid Senedd i Gymru ac roedd yn amlwg yn y frwydr i atal Cyngor Dinas Lerpwl rhag boddi Cwm Celyn. Ac yntau'n ddeugain oed, fe'i hetholwyd yn Llywydd Undeb yr Annibynwyr ym 1953, y llywydd ieuengaf erioed, a thraddododd ei anerchiad llywyddol ym Mhen-y-groes, yn dwyn y teitl 'Cristnogaeth a'r Gymdeithas Gymreig'.

Ymgeisiodd saith gwaith am sedd Caerfyrddin cyn iddo'i hennill dros Blaid Cymru ym 1966 mewn isetholiad yn dilyn marwolaeth y Fonesig Megan Lloyd George. Yr oedd hwnnw'n un o'r digwyddiadau mwyaf syfrdanol yn hanes gwleidyddiaeth Prydain. Ym 1979 pleidleisiodd Cymru yn erbyn datganoli a bu hyn yn ergyd drom iddo. Y flwyddyn ddilynol dywedodd y llywodraeth Dorïaidd na fyddent yn darparu sianel deledu Gymraeg, gan dorri addewid a wnaed ganddynt ynghynt. Penderfynodd Gwynfor y byddai'n ymprydio hyd farwolaeth pe na bai'r llywodraeth yn cadw ei gair, ond cyn iddo ddechrau ymprydio ildiodd y llywodraeth a sefydlwyd S4C ym 1982. Cyhoeddodd nifer o lyfrau, gan gynnwys *Aros Mae* (1971), *Bywyd Cymro* (1982) a *Heddychiaeth Gristnogol yng Nghymru* (1991). Bu farw yn ei gartref, Talar-wen, Pencarreg ar 21 Ebrill 2005, yn 92 mlwydd oed.

William Rhys Nicholas, 1914–96
Gweinidog (A), emynydd a bardd

Tydi a wnaeth y wyrth, O Grist, Fab Duw,
tydi a roddaist imi flas ar fyw:
fe gydiaist ynof drwy dy Ysbryd Glân,
ni allaf tra bwyf byw ond canu'r gân;
rwyf heddiw'n gweld yr harddwch sy'n parhau,
rwy'n teimlo'r ddwyfol ias sy'n bywiocáu;
mae'r Halelwia yn fy enaid i,
a rhoddaf, Iesu, fy mawrhad i ti.

W. Rhys Nicholas

Ganed W. Rhys Nicholas ar 23 Mehefin 1914 ym Mhen-parc, Tegryn, plwyf Llanfyrnach. Ef oedd y pumed o naw o blant William a Sarah Nicholas. Yr oedd ei dad yn saer maen ac yn bregethwr cynorthwyol a bu farw'n gymharol ifanc. Mynychai'r teulu gapel Annibynnol Llwyn-yr-hwrdd ac yno y codwyd ef i'r weinidogaeth gan y Parch. Stanley Jones. Derbyniodd ei addysg yn Ysgol y Cyngor, Tegryn, ac yna yn ysgol baratoi y Parch. John Philips, Castellnewydd Emlyn, ond yn anffodus fe'i trawyd gan afiechyd a bu yn ysbyty Talgarth am flwyddyn a mwy. Pan ymgeisiodd am fynediad i Goleg Presbyteraidd Caerfyrddin ym 1938 yr oedd ymhlith 35 o ymgeiswyr, ac yr oedd hefyd ymhlith y pump a dderbyniwyd. Wedyn aeth i Goleg Prifysgol Cymru, Abertawe, lle'r enillodd radd anrhydedd yn y Gymraeg.

Wedi gorffen ei gwrs coleg yng Nghaerfyrddin ac ennill gradd BD, ordeiniwyd ef i'r weinidogaeth mewn oedfa arbennig yng nghapel Llwyn-yr-hwrdd ym 1945, ac fe'i sefydlwyd yn fugail Eglwys y Bryn, Llanelli, ym 1947. Yn ystod ei yrfa bu'n gweinidogaethu yr eglwysi Horeb a Bwlch-y-groes, Ceredigion (1952–65), ac yna yn eglwys y Tabernacl, Porth-cawl, hyd ei ymddeoliad. Priododd â Beti Evans, Bwlchycoryn, ym 1946 a bu hi'n hynod ofalus ohono hyd ei marwolaeth ym 1985.

Bu Rhys Nicholas yn weithgar iawn gydag Undeb yr

Annibynwyr fel cynorthwywr i'r ysgrifennydd cyffredinol, y Parch. Curig Davies. Gwasanaethodd fel cadeirydd golygyddion *Y Caniedydd* a *Caniedydd yr Ifanc* a bu'n gyfarwyddwr cyhoeddi Tŷ John Penri. Ef oedd llywydd yr Undeb am y flwyddyn 1982–83 a theitl ei anerchiad llywyddol oedd 'Maen Prawf Cristnogaeth'. Bu'n gyd-olygydd *Y Genhinen* am bymtheng mlynedd gyda Meuryn ac yna Emlyn Evans ac fe gymerodd ran allweddol yn sefydlu papur bro *Yr Hogwr*. Cyhoeddodd nifer o gyfrolau o emynau, cerddi a salmau, gan gynnwys *Cerdd a Charol, Oedfa'r Ifanc, Cerddi mawl, Y Mannau Mwyn a Cherddi Eraill*, ynghyd â chofiant i Thomas William, Bethesda'r Fro.

Ond ei gyfraniad pennaf i'n bywyd Cristnogol fel cenedl oedd ei emynau cofiadwy. Meddai ar y ddawn arbennig honno a'i galluogai i fynegi profiadau ysbrydol a mawl calon y Cristion i'w Dduw a'i Waredwr mewn geiriau gwefreiddiol o ddealladwy. Ysgrifennodd am yr emyn gan ddweud, 'Nid sylwadaeth grefyddol yw emyn, nid disgrifiad barddonol o gyflwr crefyddol y dydd, nid apologia dros unrhyw safbwynt diwinyddol arbennig... Ymateb yr enaid unigol i gariad rhyfeddol yr anfeidrol Dduw, a hwnnw'n brigo mewn mawl a mawrhad. Dyna yw gwir emyn.' Yr oedd yr Haleliwia yn ei enaid ef. Y mae pump ar hugain o'i emynau yn y gyfrol *Caneuon Ffydd*. Bu farw yn ei gartref ym Mhorth-cawl ar 2 Hydref 1996.

Robert Tudur Jones, 1921–98
Hanesydd, ysgolhaig, awdur ac athro

Ganed Robert Tudur Jones yn Nhyddyn Gwyn, Llanystumdwy, Cricieth ar 28 Mehefin 1921, yn un o dri o blant John Thomas ac Elizabeth Jones. Yr oedd ei rieni yn blant Diwygiad 1904–05 ac felly magwyd ef, Meg a John Ifor ar aelwyd Gristnogol yn y Rhyl lle'r oedd eu tad yn gweithio i gwmni rheilffordd yr LMS.

Fel teulu mynychent gapel Carmel a oedd yn foth i fywyd ysbrydol a chymdeithasol llawer o Gymry'r dref. Dangosodd allu anghyffredin yn gynnar. Tra byddai plant yr ysgol Sul yn dysgu adnod neu ddwy byddai ef yn dysgu pennod gyfan ar ei gof. Ergyd fawr i'r teulu oedd marwolaeth ei fam ym 1932 pan nad oedd Tudur ond yn un ar ddeg oed. Aeth i Ysgol Ramadeg y Rhyl gan ddatblygu'n academaidd ac yn ysbrydol. Dau ddigwyddiad allweddol yn ei dröedigaeth oedd pregeth gan y Parch. T. Glyn Thomas a phrofiad a gafodd mewn ymgyrch efengylu yn y Pafiliwn, y Rhyl, pryd y daeth 'wyneb yn wyneb â Iesu Grist mewn ffordd hollol bersonol'.

Yn fuan teimlodd alwad gan Dduw i'r weinidogaeth. Ym 1939 aeth i Goleg Bala-Bangor ym Mangor gan ennill gradd BA, dosbarth cyntaf, a BD. Wedyn fe aeth i Goleg Mansfield, Rhydychen, gan ennill D.Phil. am ei draethawd ymchwil 'The life, work and thought of Vavasor Powell'. Gan iddo orffen yr ymchwil yn gynnar treuliodd chwe mis yng Nghyfadran Brotestannaidd Prifysgol Strasbourg yn yr Almaen. Ym 1948 priododd â Gwenllïan Edwards ac fe'i hordeiniwyd yn weinidog ar eglwys Seion, Baker Street, Aberystwyth. Wedi cwta ddwy flynedd fe'i penodwyd yn athro Coleg Bala-Bangor, ac yn dilyn marwolaeth Gwilym Bowyer yn 1965 fe'i dyrchafwyd yn Brifathro, swydd a ddaliodd hyd ei ymddeoliad o'r coleg ym 1988. Ganwyd iddynt bump o blant, sef Nest, Rhys, Geraint, Meleri ac Alun. Aeth y tri mab i'r weinidogaeth ac ergyd drom oedd marwolaeth annhymig Rhys.

Dros y blynyddoedd bu'n weithgar mewn llu o feysydd. Trwy Goleg Bala-Bangor hyfforddodd genhedlaeth o weinidogion ar gyfer yr eglwysi yng Nghymru a thu hwnt. Ysgrifennodd a chyhoeddodd yn ddi-dor am dros ddeugain mlynedd ac y mae cyfanswm ei lyfrau a'i erthyglau yn syfrdanol. Ymhlith ei lyfrau y mae *Congregationalism in England* (1962), *Hanes yr Annibynwyr* (1966), *Vavasor Powell* (1971), *Yr Ysbryd Glân* (1972) a *Ffydd ac Argyfwng Cenedl* (1981).

Bu'n olygydd *Y Cofiadur* (1958–72), *Welsh Nation* (1951–64) a'r *Ddraig Goch* (1964–71). Cyfrannai erthyglau niferus i gylchgronau fel *Barn*, *Y Tyst* a'r *Cymro* (ysgrifennodd 1,508 o erthyglau i'w golofn 'Tremion' yn *Y Cymro*). Pregethai yn gyson o Sul i Sul gan wasanaethu eglwysi o bob enwad ar hyd a lled Cymru. Pregethai'n eneiniedig a chlir ac ni fyddai'n goreuro ei fynegiant o'r Efengyl â dysg.

Credai fod ymwneud â'r gymdeithas ac â gwleidyddiaeth yn rhan gwbl naturiol o fywyd y Cristion. Fel cenedlaetholwr ymdrechodd yn galed i hyrwyddo'r ymwybyddiaeth Gymreig gan ysgrifennu ac areithio o blaid hawliau cenedl y Cymry a lleisio'r angen iddi gael ofalu am ei buddiannau ei hun. Yn etholiadau cyffredinol 1959 a 1964 safodd yn aflwyddiannus fel ymgeisydd seneddol dros Blaid Cymru ym Môn. Yr oedd yn ymwybodol iawn o'n cyflwr bregus fel cenedl. Bu farw yn ei gartref, Tre Ddafydd, Bangor Uchaf, ar 23 Gorffennaf 1998 a rhoddwyd ei weddillion i orffwys ym mynwent gyhoeddus Bangor. Cyflawnodd ei holl waith er gogoniant i'w Arglwydd a'i Waredwr Iesu Grist ac er hyrwyddo ei Deyrnas.

'Oherwydd dewisais beidio â gwybod dim yn eich plith ond Iesu Grist, ac yntau wedi ei groeshoelio.' *1 Corinthiaid 2:2*

Mynegai